国家出版基金项目
NATIONAL PUBLICATION FOUNDATION

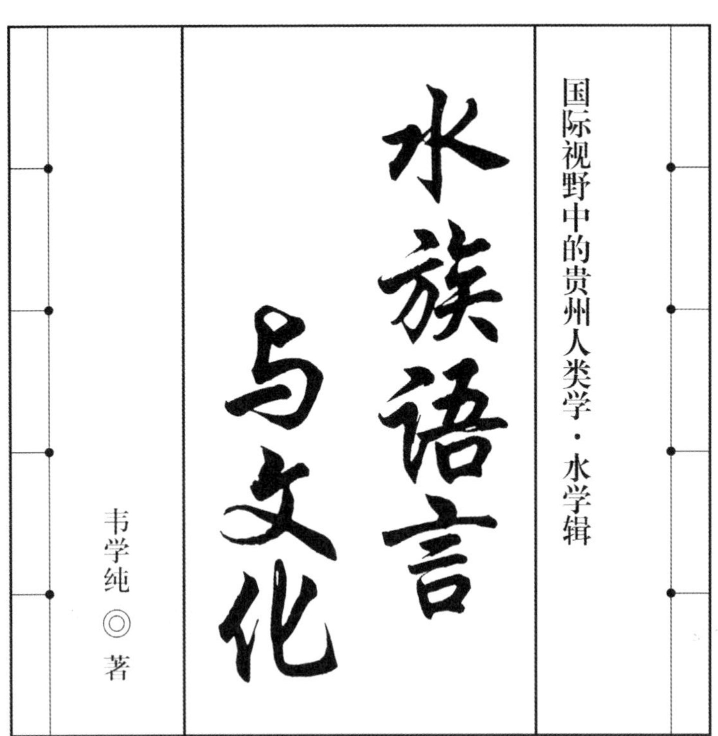
国际视野中的贵州人类学·水学辑
水族语言与文化
韦学纯◎著

贵州大學出版社
Guizhou University Press

图书在版编目（C I P）数据

水族语言与文化 : 汉文、水文、国际音标 / 韦学纯著 . -- 贵阳 : 贵州大学出版社，2021.10

（国际视野中的贵州人类学 . 水学辑）

ISBN 978-7-5691-0377-9

Ⅰ . ①水… Ⅱ . ①韦… Ⅲ . ①水语－研究－汉语、水语②水族－民族文化－研究－汉语、水语 Ⅳ . ① H269 ② K286.9

中国版本图书馆 CIP 数据核字 (2021) 第 209368 号

水族语言与文化

SHUIZU YUYAN YU WENHUA

著　　者：韦学纯

出 版 人：闵　军
策划编辑：王印娟
责任编辑：高雪蓉　潘莎路
装帧设计：陈　艺　申　云

出版发行：贵州大学出版社有限责任公司
地址：贵阳市花溪区贵州大学北校区出版大楼
邮编：550025 电话：0851-88291180
印　　刷：深圳市和谐印刷有限公司
开　　本：710 毫米 ×1000 毫米　1/16
印　　张：16.25
字　　数：251 千字
版　　次：2021 年 10 月第 1 版
印　　次：2021 年 10 月第 1 次印刷

书　　号：ISBN 978-7-5691-0377-9
定　　价：88.00 元

作者简介

韦学纯，男，1967年生，博士，水族，出生于贵州省三都水族自治县，中国社会科学院民族学与人类学研究所副研究员，中国社会科学院大学硕士生导师。曾主持汉字拼音输入系统，英汉、汉英机器翻译系统的研发工作。著作有《水-汉-泰-英词典》《中国民族语言文字研究史论》《中国水族》《水族》《水语语法标注文本》《水语词汇与常用语典藏》《中国民族地区经济社会调查报告·贵州三都水族自治县卷》等十余部。

编者的话

中国的文化地理，可以进行多种解读。以秦岭－淮河线为界，北为北方旱地小麦文化，南为南方稻作文化；以瑷珲－腾冲线为界，东为农耕文化，西为游牧文化；以地方特色为名，又有齐鲁文化、巴蜀文化、岭南文化、吴越文化等。

上古时期，巫官文化与史官文化并立庙堂，而后独尊史官文化传统的儒家文化呈一统天下之势，“巫”的处境每况愈下，退出庙堂，而居于西南一隅，在世居民族中残存。如此看来，西南世居民族中保有的巫文化，恰是中华文明的渊源之一。

贵州现已建省600余年。昔以中原为中心的儒家文化依“五服制度”分野，贵州地处“要荒”，位列边缘。但若以“巫文化”视之，贵州却正是“巫文化圈”之中心，所谓“西南之奥区”。在中原未得到重视的巫文化体系，恰好在贵州得以保存。

从人类学的角度来看，贵州本土文化有100多年的历史。19世纪末，人类学的研究方法传入中国，贵州成为重要的研究对象。从早期的传教士、西方学者到中期的国内学者，再到近期的本土学者，文化人类学在贵州大致经历了三个重要阶段，并取得大量成果，成为研究贵州省情和地域文化特征的重要视角。

我们期望，《国际视野中的贵州人类学》丛书能成为研究贵州文化史和少数民族史不可或缺的重要文库，能推动地方文化史和贵州“原生”精神文明的研究，进而促成“贵州学”和“贵州学派”的诞生。

前　言

文化是一个国家、一个民族的灵魂。文化兴，国运兴；文化强，民族强。民族文化是指民族在社会历史发展过程中所创造的物质财富和精神财富的总和。水族是中华民族的一员，水族在发展过程中所创造的物质财富和精神财富丰富多样，精彩纷呈。

水语是水族人民的母语，在水族聚居的中心地区，群众在日常生活中都使用本民族语言。在杂居区或城镇附近，会汉语的水族人就比较多，这些人虽然对外说汉语，但在家里或和本族人交谈，仍然使用水语。近年来，随着社会经济的发展，文化教育水平也不断提高，所以无论水族的聚居区还是杂居区，兼通汉语的人越来越多。在三都水族自治县（以下简称“三都县”）、荔波县、独山县等广大的水族地区，水语仍是本民族之间主要的交际工具。

各地的水族民众之间一般都可以用水语互相通话，且没有方言的差别，只有土语的差别。主要表现在：语音上有细微差别，但语音之间的对应关系比较整齐；词汇上的差别主要体现在词义、来源以及使用习惯的不同；语法上主要为个别虚词的不同。根据各地语音和词汇的差别，并参照语法，我们可以将水语分成三个土语：三洞土语，主要分布在三都县、独山县和荔波县，各个地区之间在语音、语法、词汇等方面有一定的差异，但一般说来，基本没有交流障碍；阳安土语，主要分布在三都县的阳安、阳乐、林桥以及独山县董渺一带；潘硐土语，主要分布在都匀市的套头（潘硐、归兰、匀东）和独山县的翁台等地。三个土语之间，由于地域的不同，交流状况也不相同。三洞土语和阳安土语连接较为紧密，由于这两个土语区地缘相近，人们通婚频繁，所以用这两个土语交流的人是比较多的。潘硐土语主要分布在都匀市，中间隔着其他民族，交往并不多，词汇差异要大一些，有一定的交流障碍。

本书通过水语音系和声、韵、调的配合情况来对水语本体进行描写，同时通过水语基本词汇来展现水族丰富的物质文化和精神文化，包括自然环境、家庭及婚姻制度、饮食文化、服饰文化、村落文化、民间文学、精神文化以及水族与周边民族（侗族、毛南族等）在语言文化上的渊源关系等内容。此外，读者可以通过附录的经典句子等来了解水语在水族人实际生活中的运用。

目　录

第一章　水族历史文化与社会发展……001

第二章　水语音系和声、韵、调的配合……014

第三章　水族物质文化……102

第四章　水族精神文化……144

第五章　水语与周边语言的关系……194

附录　经典水语 800 句……211

参考文献……240

后　　记……245

第一章 水族历史文化与社会发展

根据2020年第七次全国人口普查统计，中国境内水族人口为495 928人。[①]水族主要分布于黔桂交界的龙江、都柳江上游地带，贵州省黔南布依族苗族自治州的三都水族自治县（以下简称“三都县”）、荔波县、独山县、都匀市等为水族主要聚居区，黔东南苗族侗族自治州的榕江、丹寨、雷山、从江、黎平等县为水族主要的散居区，此外，在广西壮族自治区河池市的金城江区、南丹县、环江毛南族自治县，柳州市的融水苗族自治县等以及云南省富源县也有水族村落分布。水族与周边的汉、苗、布依、侗、瑶、壮等民族，友好相处，团结互助，共同建设和谐的新农村。

水族是中华民族大家庭中一个古老、勇敢、勤劳而文明的民族。水族自称 sui^3，音译为“水”。对于水族的来源，民间和学术界有“殷人后裔说”“百越（两广）源流说”“江西迁来说”“江南迁来说”等多种说法，以上说法实际上是针对水族发展史的某一时段或某一分支而论的，都有一定的历史性与合理性。据《百越源流史》载，岭南地区以及东南沿海一带，在古代居住着许多部落，史学界统称为“百越”。大约在殷商之后，水家先民从中原往南迁徙，融入百越族群之中，逐步形成了以“中原文化、百越文化”为主流的南北民族

① 国家统计局编《中国统计年鉴.2021=China Statistical Yearbook-2021》，中国统计出版社，2021，第834页。

融合的二元结构形式。水族先民南迁之后可能融入百越的“骆越”支系中，然后逐步发展成为单一民族。因此，水族文化中或可保留着殷商文化和百越骆越文化。水族是典型的山地农耕民族，饭稻羹鱼是水族重要的社会习俗。

1957 年，国务院批准成立三都水族自治县，将这一族群的族称定为水族。水族有本民族的语言和传统文字。水语属汉藏语系壮侗语族侗水语支。水族古文字以及用这种古文字书写的各类文化典籍，水语统称为“勒睢 / 泐睢（le^1sui^3）”，汉译为“水书”。水书是夏商文化的孑遗，是水族的百科全书，也是水族人的精神支柱。水族古文字保留着图画文字、象形文字、抽象文字兼容的特色，水书则被誉为水族的“易经”“百科全书”。2002 年，中华人民共和国国家档案局、中央档案馆将水书列入首批“中国档案文献遗产名录”，作为重点民族古籍进行收藏。2006 年，“水书习俗”被列为第一批国家级非物质文化遗产名录。

水族主要生活在都柳江、龙江上游地带，这里气候温和，宜于种植。在水族和周边其他民族的辛勤开拓和经营下，这里竹木成林，变成了鱼米花果之乡。水稻、小麦、玉米、棉花、油菜、苎麻、蓼蓝草等是这里主要的农作物。水果有李、橙、橘、桃、梨和杨梅等品种。都柳江、龙江上游水产丰富，有鲤鱼、鲫鱼、青鱼等。竹木种类主要有杉、松、楠木、楠竹、麻竹等，林区中还生长着麦冬、杜仲、茯苓等多种珍贵的药材。矿藏种类主要有铁、煤、汞、锑、硫黄、铅、锌等。

水族的风俗文化不仅丰富多彩，而且颇具特色。下面我们就从生产、生活、礼仪、岁时、社会以及文学艺术等方面对水族的风俗文化进行介绍。

水族地区的农业生产是建立在小家庭基础之上的，生产工具主要有犁、耙、钉耙、耥耙、秧耙、踏犁（步犁）、笃撬、薅锄、挖锄、铲锄、手锄、斧头、柴刀、镰刀、锯镰、摘刀、谷桶、木槌、铁锤、水碾、舂碓、扁担、扦担、凿子、推刨、锯子、梭镖、弓箭、铁夹、鸟枪、火炮等。其中，值得一提的是摘刀、踏犁（步犁）。摘刀主要用于收割糯稻、红稗及喂牛的芭茅草，收割时，右手持刀，一次一穗或一刀一根地割下作物，然后结束成把，以便于搬运或晾晒。踏犁（步犁）适合于山区深翻土地，既省力又不踩实泥土，颇受农户欢迎。在入冬之前，水族地区的农业生产主要为挖泡冬田、翻稻茬田，让冰雪扎松土壤、杀死虫害；入冬之后，人们便会抓紧时间割草积肥。快开春时，他们便开始修整水塘、水渠、水沟。在古代，山区梯田的开发，大多会在冬季农闲时进行。

水族有悠久的水稻种植历史，并形成了众多浓厚的稻作习俗。水族历法是以稻作物候为依据的，如水族的卯节与端节就是根据稻作种植与收割的时间而形成的盛大年节。过去，人们认为，在稻作生产关键阶段，只有博得稻神欢心才能获得丰收。因此，从浸种、撒秧、栽秧到收割等每个关键阶段，水族都要依据水书择吉行事。开秧门之前，将两把稻秧带到家中以鱼肉酒饭供祭，请着盛装的年轻媳妇主祭，喃喃祈求神灵保佑稻作丰产："别人的稻谷用摘刀采摘，我家的稻谷用斧头砍。斧头砍根桩，摘刀摘尖梢……"然后，由这位媳妇带着秧苗先下田栽几行之后，其他盛装待命的妇女才纷纷下田劳作。开秧门仪式，既是对稻神的尊重，又是人们借少妇旺盛的生殖力，祈求禾稻获得更大的丰产。另外，水塘养鱼、稻田养鱼是水族地区的重要技能与特色之一，人们运用田鱼产卵和稻草团分卵繁殖等方法，减轻了洪水及野兽对渔业的危害，使鱼稻获得双丰收。所以，饭稻羹鱼成为水族的传统习俗之一。

过去水家人用的布料，全靠自种、自纺、自织、自染。在"自染"环节中，制作染料靛青的程序颇为复杂。栽种蓼蓝草是第一步，人们先将紧挨的两座山丘上的杂树、乱草砍倒，填在山坳处，再用山上腐殖质肥的泥土盖在上面，将其作为育苗的基地；接着把蓼蓝草苗扦插进土中，这样就算不施肥，蓼蓝草苗也长得特别茂盛。采摘后，人们把蓼蓝草浸泡在专用的靛池中，用石灰将其沤制成靛青染料。水家人这种传统的小农经济基本是以家庭为单位的，但是遇到打田、栽秧、收割、翻田等集中的农活时，邻里总是会互相换工帮忙。遇到劳力或畜力缺乏的人家，大家都会伸出援助之手，互帮互助。中华人民共和国成立前，水族一些山寨在分配猎物时，还留有"上山打猎，见者有份"的原始集体劳作遗风。水族有集体制作酒曲的悠久历史，制作酒曲通常由年长的妇女领队，大家上山采集草木为药材，然后集体熬制曲汁，再分给每户去制作酒曲。水族地区著名佳酿为九阡酒。

水族村寨大多是同血缘氏族聚居。起房造屋，通常要依主人的生辰八字择吉行事。水族传统的房屋结构，大多属于“人楼居，梯而上”的古越人卯榫“干栏”式建筑遗风，由“依树为巢而居”演化而来。传统的杆栏住房，在平整地基之后，先用两米来高的粗大柱头修建稳实的承重平台，之后搭上厚实的楼板，最后在其上架立高层的木排房架。“上以自处，下居鸡豕”，底层大多作为喂养禽、畜，安装石碓、石磨及堆放杂物之用。干栏木屋既具有防潮、防虫蛇、防盗的功能，又节约用地，颇受人们欢迎。为了纳福迎祥，屋基选择、坐山朝向、木料准备、大梁砍伐、立柱上梁、乔迁生火等每个环节，一般都依照水书的宜忌行事。起房立柱，通常选用卯时。“卯者，茂也”，“卯”在水书中含有生育、开启、发达之义。其时，木匠师父还要迎请分管起造的水书创始人“六夺公”到场保佑，并以鱼肉就饭祭祀。新房上梁之后，主人家把染过的布匹从大梁上垂挂下来，将驮着谷穗、新衣、布匹、秤、口袋等物品的马匹以及水牛牵进新屋。当天即在堂中生火，以烟大火旺为荣，取巫术相似律以期实现人丁发达、财源广进之目的，同时省掉择吉乔迁之烦恼。

水族婚姻沿袭传统习俗，恪守“同宗血缘不娶、异宗异姓氏族开亲”的原则。“父母之命，媒妁之言”，依旧是水族地区男女青年婚姻的主流思想。婚姻注重门当户对，讲究明媒正娶。即使在当代，水族青年男女婚姻完全自主的现象仍较为少见。水族很早就实行一夫一妻制了，在古代，议定婚姻范围的过程十分严肃，由此产生了《倒栽杉》《倒栽枫》和《破姓开亲》的种种传说。同时，婚姻与当地的习惯法紧密相连，故有“南低宇，吃不得”之谚语，即同血缘家族屋檐下的吊丧肉吃不得，并且即使相隔的年代久远也不能开亲。违反上述原则，就会受到当地习惯法的惩罚，习惯法最严厉的是沉埋处罚，水族人世世代代都严格遵守本民族的婚姻习俗。鱼是水族的图腾崇拜物。在婚俗中，鱼常作为信物、圣物出现。在荔波、九阡等地请媒人提亲时，男方母亲会悄悄把包好的几条小干鱼置于盛着礼品的竹篮底部。而女方之母收到礼品时，也首先查看篮底是否有小干鱼。若应允婚事，则收下礼品和干鱼。在新娘出阁之前的祭祖席上，鱼更不可少，新娘还要吃下一筷鱼，以祈祖宗保佑。迎亲时，女方只有看到男方带来的罩鱼笼和象征大鱼的金刚藤叶子等信物，才能发亲。迎亲进门时，男方要用新的小罐子盛上井水和两条小鱼，放在大门及新房门口，祝福新人如鱼得水、恩爱白头，并希望新人获得如鱼类一样旺盛的生殖能力。为了家庭人丁兴旺，民族强盛，鱼在联姻中作为信物、圣物的习俗，在水族社会中世代传承而不衰。

女方允亲之后，通常要吃认亲酒、定亲酒，男方向女方家送上一头肥猪，若干银饰、礼金、服装及红糖等礼品，公开联姻消息。接着就是吃“大酒”接亲，那时，聘礼悉数送到女方家中，场面更为壮观。迎新娘进屋时，新郎的家人全部退到屋外，虚掩大门迎候。大门外放着柴块，或放着打菜的竹篮及刀具。穿盛装的新娘来到大门口，顺手抓起门外的柴块或提篮推门进屋，象征劳作归来的家庭主人，并靠劳动开创幸福的新生活。新娘跨进大门的同时，新郎母辈中的一人朝新娘身上喷一口水，或用一束芭茅草拂拭，或撒一把常青的树叶，借以驱除来家途中可能染上的有邪气的绿眼鬼，从此幸福吉祥。水族的传统婚礼中，新人没有拜堂和闹新房之礼俗，新娘当晚由伴娘陪宿，次日回娘家。过几天，新郎把新娘请来，之后开始过新婚生活。过去舅爷的权力大，有优先娶姑妈女儿为媳妇的权力，俗称“回娘头亲”。现在，“回娘头亲”习俗已逐步消失，外甥女即使出嫁，作为礼仪只给舅父送一般性的礼物。水族的传统婚礼中，新郎一般不迎亲，而是请几位未婚男女充当姨娘、舅爷的“菲、祝”代迎，大多数地区的新娘撑伞徒步行走，但有“忌踩脚印”之习俗，即遇上抬死人或有另外的新娘经过的路段，接亲的人要背新娘行走以避让消灾。都匀市套头地区的水族，还保留着由新娘的兄弟全程背新娘到新郎家的古俗。

水族丧葬习俗的主要特点是：禁忌繁多，厚葬、隆祭、久祀。水族丧葬集中体现了祖灵崇拜、神灵崇拜、自然崇拜的信仰文化内涵。同时，丧葬活动又成为水族传承孝道文化和祭祖礼仪、调整人际关系、提升血缘氏族凝聚力、交流社会知识的重要活动之一。水族的厚葬，并不体现在随葬、陪葬物品的贵重与多寡上，而是反映在石棺坟墓的制作、大型墓碑的建造等方面。这种现象远远超过相邻的周边民族。目前，水族的石棺坟墓中有三都县引朗石棺墓群、荔波县水浦石棺墓群等两个贵州省级文物保护单位。水族石棺一般为二层或三层，外形与干栏住房结构相似，并雕刻有精美的花鸟鱼虫及人物故事等图案。水族丧葬的隆祭之风，还表现在为死者举行的各种盛大而复杂的吊丧“开控”活动，有的将其称为“砍利”。吊丧活动规模有“小控”“中控”“大控”和“特控”，选取哪一规模吊丧往往依据主人家的经济实力而决定。特控又称“控腊”，规模最大，过去只有大户人家才能担负得起。水族大多数地区吊丧时要忌荤吃素，以鱼为主祭品，男丧重马及水牛，女丧重水牛及猪。丧葬吊丧活动，有条件的要吹芦呐、跳舞、唱歌、演花灯、耍龙舞狮、制作各类纸扎的旗幡伞盖等。

丧葬活动集中地反映了水族社会伦理道德观念、信仰世界的生死观与鬼神观，也反映了他们从祭祖中寻求永生和纳福的功利目的，因此成为集中传承孝道和知识的重要实践活动，成为禁忌最繁多、礼节最烦冗的民俗活动，也成为民间运用水书、培养水书先生的绝妙机会。鱼是大多数水族地区的图腾崇拜物，在祭祀祖先和丧葬活动中，鱼的圣物角色尤为突出。当有人过世，首要大事是通知氏族成员忌荤吃素。水族吃素，只忌禽畜兽类，不忌水产鱼虾之类，而以鱼为最珍贵的祭品和待客的佳肴。吊丧食素，既表示对死者的哀悼、缅怀之情和对主人家的尊重与同情，又是维系氏族情感、增强和提升氏族凝聚力的重要标志。祭祀中，有的会用面粉拌和植物油制成鱼、虾、蚌、蟹等水产类模型祭品，有的还以活鱼祭祀墓穴，有的要将鱼卵撒在新坟封土上等。鱼是大多数水族地区的图腾崇拜物，鱼卵象征水族后裔兴旺发达。今天的子孙，就是明天的祖宗。死与生、老与少，环环相扣，生生不息，家庭兴旺和民族昌盛的美好愿望都贯穿在水族的丧葬活动之中。水族重土葬，还分浅葬、假葬、深葬，以及杜绝恶性遗传的倒坛葬等。随着社会的进步，水族地区丧葬活动逐步呈现“不择吉下葬，而以亡人过世三天或五天为葬期”的新局面，而且丧葬仪式也逐步简化以适应时代发展。

在语言使用方面，水族地区普遍使用水语交流。日常交往，人们沿袭尊长、尊老的美德。村寨里的媳妇，凡见到年长的祖父母辈长者，通称为公、奶；见到父母辈长者，通称为父、母。结婚生育之后，人们习惯以孩子的名字称呼孩子的父母为某某之父、某某之母。新媳妇到来的三五天内，除了每天清晨给新郎家担水之外，她还要为每户近邻挑一担新娘水，既表示新娘贤淑孝顺，也为家族认识新娘提供机会。

对于待客礼节，水族重酒、重烟而轻茶。客人来到，要尽力招待，一般客人待以荤菜，重要的亲友杀鸡鸭招待，贵宾则杀小猪款待。入席之后，人们要先用筷子蘸一滴酒点在桌子上，表示先敬奉祖宗与神灵，然后再享用。以鸡头、鸭头敬客，是水族重要的礼节之一。交杯酒、肝胆酒是水族待客敬酒的礼仪。水族待客以酒为贵，并有“客人不醉不罢休”的不成文规矩。水族喝交杯酒形式特殊，席间所有饮者联臂举杯，右手端着自己的酒杯向右侧的饮者伸去，而左手则接过左侧饮者递来的杯子，席间便形成了一个互饮的封闭圆圈。通常由长者、尊者或客人先饮，其余的人则高呼三声“耶——”来助兴。杀猪待客通常有肝胆酒的礼仪，就是将附着苦胆的整片猪肝，用火子烧结胆管口，煮熟后一道供祭。饮用时，把胆汁注入酒里。肝胆酒表示主人真心诚意待客，象征肝胆相照、苦乐与共，且苦胆有清火明目、降低血压和帮助消化的功效，适量饮服肝胆酒对身体有裨益。外嫁的女子回娘家来省亲返回时，家族邻里或以彩色糯米饭赠予，或以粽子赠予，往往还附上鸡或鸭的翅膀和腿，或一块熟的猪肉，或几条炕鱼和几块煎炸豆腐。这些礼仪既表示亲近，又加深了情感。水族重糯食，一挑挑的糯谷穗（亦称米廉、谷廉）是婚丧起造的重要礼品之一。

水族的岁时节日丰富而奇特，共有20多个，如端节（借端、吃端）、卯节（借卯）、额节（借额）、苏宁喜（借宁喜）、敬霞节（敬霞、拜霞）、春节（借荐）、清明节（挂青、挂社）、端午节（借王）、铜鼓节、洗澡节（六月六）、黄饭节、花椒节、二月二祭白龙、三月祭龙节、六月祭土地、六月祭山神、七月半、七月接送老祖宗、中秋节、重阳节、十月舂牛粑、拜庙（拜菩萨、拜哥善、拜善）、宇魆（韵娘）、吃新节（借咬里、借熬利）等。节日繁多，特色浓厚，过节日子依照水书择定，个性鲜明。水族纷繁多彩的岁时节日，与水族悠久的历史、历法、农耕文化、原始信仰等紧密相连。

水族有本民族自己的历法——水历。水历与夏历基本一致，不同的是水历以夏历八月为岁末，九月为岁首。所以他们有着自己的重要节日——端节，水族人过这个节日就像汉族人过春节。端节，水语称“借端”，意为吃端，是新年开端、辞旧迎新、庆贺丰收、祭祀祖先、聚会亲友的年节。2006 年，“水族端节”被列为第一批国家级非物质文化遗产名录、贵州省首批省级非物质文化遗产代表作名录。端节是水族过节范围最广、人数最多、历时最长、批次最多的节日，是水族最盛大的年节。端节在水历年终十二月及次年二月过节，对应阴历八月至十月，正是桂花飘香、稻谷成熟的时候。古时中国称新年正月为端月，端月的第一天为端日，水族至今依旧如此称呼。端节祭祖要忌荤，以鱼为至珍祭品，鱼包韭菜是传统的供馔。祭祖除了准备丰厚的食品之外，还会摆上锄犁和镰刀等生产工具，借以启迪后代继往开来，靠劳动去开拓幸福。

水族端节属古代稻作物候的部落庆典遗风。东汉许慎《说文解字》释“年”为“谷熟也”，谷熟庆典曰过年。水族的水历以及盛大的端节，准确诠释了汉字“年”的本义。端节以亥日为主干推算节期，古代分九批、现在分七批按地域或氏族村寨轮流过节，其间还有地支午日、未日、酉日过节的。端节首尾间隔，一般年成历时 50 余天，闰年为 60 余天。首批端节，从都匀市套头地区开始，后面六批端节轮到三都、独山、荔波、榕江、丹寨、雷山等县的水族。过端阶段，村村寨寨敲击铜鼓、皮鼓，吹笙唱歌，彻夜不绝，终月不止，亲友和周边民族都来走访祝贺，水族山乡沉浸在欢乐的氛围之中。端节赛马是水族先民在发祥地的征战遗风，逐步演化成为重大的群众性娱乐活动，也是南方民族独有的习俗之一。赛马在约定的“端坡”上举行，穿着节日盛装的男女老幼从四面八方聚集在这里。当跑道主祭人拔掉草标，高呼“开端、开年、开道”之后，众骑手扬鞭奋蹄，竞相奔驰，一片欢腾。“端坡”上有文艺节目演出，有各种商品出售，所以“端坡”也是人们情感和物质交流的场所。

额节，意为吃额，是荔波县拉交等地区水族的年节，除了没有跑马活动之外，过节的时段、内涵与端节相似。

卯节，水语称“借卯”，意为吃卯，在夏收夏种结束之后的水历九月至十月间（对应阴历五六月）分四批过节，是预祝稻作丰收与人口增殖的重大年节之一。头三批分布在荔波县的水利、洞托、水浦等地，最盛大的第四批卯节是在三都县九阡镇、荔波县永康乡等地关尾。节期在水书中被认为是“绿色生命最旺盛的时节”。卯节，以地支卯日为节期，并以辛卯日为上吉，以丁卯日为至凶。卯节以祭祖、祭祀稻秧、祈雨、对歌为主要内容，是祈求稻作丰产和人口增殖的传统年节之一。三都县水族各村的卯节，现已被作为重要的旅游文化资源进行开发。

“苏宁喜”是由水语直接音译而来的，意为水历四月丑日节。水历四月对应阴历腊月，该节源于对生母娘娘祭祀的古节，被誉为水族的“妇幼节”，是贵州省三都县和勇村的年节。节日期间，人们互相走访庆贺，而娃儿们却别有一番乐趣，他们提着特制的小提篼，结队挨家逐户去讨吉利的年饭，人们也会热情地接待，给他们每人散发彩色糯米饭、肉块、豆腐干及红鸡蛋等。

铜鼓节，是居住在都匀市基场、阳和两乡的水族于清明节后第一个卯日在陈蒙山垭口欢度的节日。相传先祖迁来时，部落斗争频繁，虎豹成群，经过大家的努力战胜了灾害。各村寨聚会商定，于清明过后第一个卯日这一天聚会陈蒙山垭口欢庆胜利。

此外，还有独山县羊场地区农历六月六日过的洗澡节，三都、荔波等地传存敬雨水神的霞节等。云南省富源县古敢乡水族的节日还有二月二祭白龙（中和节，或称祭小白龙）、三月祭龙节（地支巳日过节，是古代上巳节的遗风）、六月祭土地、六月祭山神等，以祈求风调雨顺，年岁丰稔，村寨平安。

水族地区崇尚吃苦耐劳、尊老爱幼、互相帮助、大公无私、扶弱济贫、行为专一之美德，抨击贪吃懒做、坑蒙拐骗、偷盗行窃、自私自利、朝三暮四和假、恶、丑的品行。有些地方还把这些内容编成脍炙人口的故事、歌谣广泛流传，成为当地教化的重要内容之一。

水族文学的主流是民间口头文学。这是水族人民认识自然、改造自然以及对生产生活的经验总结。这些成果历史地、形象地反映了水族绚丽多彩的社会面貌以及水族人对美好生活的追求与向往。水族民间文学，依文体分类可分为韵文体和散文体两大类。韵文体的作品多为说唱结合的曲艺“旭早”、歌谣类。散文体按其内容和形式，可分为神话、传说、故事、寓言、童话、谚语、谜语等类别。水族创世纪神话与传说，是水族先民在远古时期的文学创作，主要围绕天地山川、日月星辰如何形成，人类及动植物怎样起源等主题而展开。这些题材重大，范围广阔、内容深邃的远古时期创世纪神话与传说，是水族文学史上最光辉和灿烂的作品之一。这些作品主要包括仙婆牙娲开天地、造万物，人龙雷虎争天下，殷公（恩公）踩拓天地，洪荒遗民兄妹再造人烟等。创世纪神话多为古歌，目前未有比较完备的散文体作品问世。牙娲，或译为牙巫、伢俣、牙福，是水族创造万事万物的大仙。"牙"是水语中形容年长女性的专用词，意为婆、奶；"娲"为其名，或称仙婆牙娲。仙婆牙娲是水族远古神话中最具权威的主神，其本领最大，开天辟地，创造人和万物。不论在神话传说中还是在古歌中，其显赫、神圣的位置都是无与伦比的。《拱恩点恒》是继仙婆牙娲之后，殷公踩拓凡间的男仙神话故事。水族神话《人龙雷虎争天下》颇具艺术特色。人和龙、雷、虎是同胞兄弟，后来他们为一穗小米、平坝田地和茅屋等财产的分割发生内讧。于是，天仙出主意，让四兄弟斗法比本事，谁赢了就由谁来主宰天下。故事形象地反映了人兽同源的古朴思想和种植业的发展历程，以及人用火攻战胜所有对手而成为世界主人的朴素观念。

水族曲艺，由寓言式的双歌"旭早"演化而来，是文艺工作者从带有一定表演性质的水族传统大歌中分离出来的一种艺术形式。水族曲艺以唱和为主。咏唱之前，在表演中会有一段简短的说白，类似小序的故事，然后再唱和。较长的曲艺，咏唱之中往往还插入说白。这种说白、唱和及简单的表演，往往有机地融为一体，充满哲理、情趣与欢乐。其代表作有《龙女与鱼郎》《老虎鱼虹龙》《乌鸦与白鹤》等。

水族歌谣的种类，按内容可分为古歌、生产歌、风俗歌、礼仪歌、风物歌、酒歌、丧歌、苦歌、情歌、婚嫁歌等；按形式可分为双歌、单歌、蔸歌、调歌、诘歌等，其中以双歌、单歌居多。有些地区的人习惯把酒席上唱的歌称为酒歌或大歌，而把在其他场合上唱的歌称为小歌。水族歌谣的句式结构有四言、五言、六言、七言不等，而以七言句居多。七言句呈三、四字分节停顿，如汉语歌中的“朝思暮想盼情郎”，水歌往往唱为“盼情郎日夜都想”。歌谣十分注重押韵，有“无句不有韵，无韵不成歌”之说。押韵自由，头韵、腹韵、尾韵交织使用，且变韵快，没有一首歌是一韵到底的，人们称为回环交织的流水押韵法。水歌多用比喻，尤其以隐喻最为普遍，其次是拟人、复沓、排比、反问、设问等。受汉文化的影响，都匀市等一些地区多唱汉族的七言句民歌，但吊丧歌依旧用水语演唱。

水族的民间舞蹈艺术有斗角舞、芦笙舞、角鼓舞、铜鼓舞等，每逢节庆即有舞蹈助兴。水族斗角舞主要由两个头戴牛头道具的演员与女伴舞者在众人吹芦笙舞曲围成的圆形舞场上展开，斗角表演者做各种斗角动作，将生活中的斗牛表演得惟妙惟肖。水族芦笙舞一般由男人吹奏芦笙领舞，女人随着芦笙曲调的变化踏节拍，跟随领舞者的舞姿变换动作。他们时而踏步，时而甩手，别具特色，深受水族人民的喜爱。水族角鼓舞由一对水牛角大革鼓为主要道具而得名，舞蹈时，在角鼓、铜鼓鼓点的导引下，男生吹芦笙出场，女生尾随其后翩翩起舞。其间，还插入斗牛、收割、男女情爱的舞蹈内容，颇具民族特色。

水族的手工艺品如剪纸、刺绣、印染、雕刻等，都精巧别致；石雕也颇负盛名，阳安地区的石雕栩栩如生，名闻遐迩。水族马尾绣是最具特色的刺绣工艺之一。2006 年，水族马尾绣被列为第一批国家级非物质文化遗产名录。马尾绣用马尾做原材料，手工将白色丝线紧密地缠绕在马尾丝上，成为类似低音琴弦那样的白色预制绣花线，然后按照传统纹样，将这种白色绣花线盘绣于花纹的轮廓上，中间部位再用 7—9 根由彩色丝线编制而成的彩色扁线填绣，马尾绣背带是一种以马尾绣为主要绣法，综合一些其他绣法的刺绣杰作，集中体现了水族刺绣的精湛技艺。此外，水族的刺绣还有平绣、空心绣、结线绣、螺线绣、绞绣、皱绣等。

水族人认为万物有灵且崇奉多神，自然崇拜、祖灵崇拜、神灵崇拜构成了水族信仰的核心。在水族社会中，不论是崇拜对象、崇拜形式或信仰仪式，还是原始道德的内容、形式及其传承方式，都比较清晰地反映了水族的信仰文化与民间知识二者相互杂糅的特点。

水书是水族先民认识自然、认识社会、追求文明进步的途径之一，是当时历史条件下水族先进文化的代表，是水族社会文明史的象征。因此，关于水书来历的传说，在水族民间文学中占有重要的一页，如《陆铎求学》《泐虽被焚》《借书奔月》等，就是水族人民用自己的文化解释自己民族文字的起源史与发展史。水书是水族古文字及用水族古文字著编典籍的汉译通称。水书典籍是水族民间知识、信仰文化杂糅的巨著，其内容博大精深，除了直接反映水族天文历法、原始信仰之外，还兼容了水族哲学思想、文学艺术、语言文字、布阵攻守、伦理道德、生产生活等诸多方面的内容，是研究水族历史文化的珍贵典籍，也是宗教学、历史学、民族学、民俗学、语言文字学等学科珍贵的研究资料。其中记载的水族众多的鬼神，既反映了水族先民万物有灵的泛神观念，又反映了他们认识自然、改造自然，认识社会、改造社会的经验积累。水书是水族民间传统文化的精华，是民族精神、民族凝聚力、民族亲和力和民族情感的重要载体之一，是全民族信仰的精神支柱，也是维系水族各支系重要的精神纽带。

农业是水族地区的龙头产业。中华人民共和国成立之后，国家不断加大水族地区的农业基础设施建设，修建了一些中小型水库，其中水族聚居区的三都县有 24 座、荔波县有 17 座，为水族地区防洪涝和灌溉提供了有力的保障。2005 年，国家免除农业税收，水族地区的政府围绕“粮食增产，农业增效，农民增收”的目标，认真落实和兑现种粮补贴、农机购机补贴、农村义务教育“两免一补”等惠民政策，水族地区的社会面貌有了较大的改观。在国家的扶持和水族人民自身的努力下，人们的生活逐步得到改善。尤其是农村剩余劳动力得到解放，不少人到城市打工，既增加了经济收入，又开阔了眼界，不少打工者回乡后成为创业能手，带动乡邻一起致富。

水族地区的政府十分注重民族传统文化的保护。自然资源保护与民族传统文化保护，是当地相得益彰的发展项目，政府尤其注重水族传统文化中非物质文化遗产保护工作。“水书”是水族传承数千年的珍贵文化遗产，经过积极申报，2002 年，水书获首批“中国档案文献遗产名录”。2006 年，国务院批准“水书习俗”“水族端节”“水族马尾绣”入选第一批国家级非物质文化遗产名录。水族地区有关部门在征集 1.8 万余册水书抄本的基础上，继续深入抓好水书文化抢救保护工作与研究出版工作，并积极抓好申报水书入选“世界记忆遗产名录”和“世界文化遗产”的工作。

改革开放之后，水族地区的城镇建设取得了重大进展。在 1957 年建立三都水族自治县之初，三都县县城还是一个只有 500 多户人家、人口不足 3000 人的半商半农小镇。县城中房屋矮小，草房过半，街道狭窄，路面泥泞，交通闭塞。现在，城区扩展，高楼林立，街道宽大整洁。原来被都柳江分割的三都县县城，现在修起了多座大桥，“天堑变通途”。为适应日益发展的旅游业，三都县加大了都柳江沿岸治理的力度，进一步完善了硬件设施，建成了多家星级宾馆，以及集旅游购物、文化展演、休闲娱乐、住宿观光为一体的旅游胜地，三都县目前成为水族文化的主要体验地。

第二章　水语音系和声、韵、调的配合

水语是水族的民族语言，属汉藏语系壮侗语族侗水语支。水语与同语族中的毛南语、侗语、布依语、仫佬语和壮语有亲缘关系，尤其与毛南语及侗语的关系更为密切。

水语内部差异不大，分布在不同地区的水族人尽管在语音和词汇上稍有差异，但都可以用水语交谈，不存在方言差别，只有土语之分。贵州主要有三个土语区：以三洞为代表的第一土语区，包括三都县境内的三洞、中和、都江、大河、周覃、九阡等地；以阳安为代表的第二土语区，包括三都县周覃镇的阳安、中和镇的阳乐等地；以潘硐（位于都匀市归兰水族乡中东部）为代表的第三土语区。

一、水语音系和水语拼音方案

水语语音可以分为声母、韵母、声调三个部分。记录水语的语音可以采用归纳音位之后的国际音标系统（适用于专业语言学出版物），同时也可以采用类似于汉语拼音方案的水语拼音方案（适用于普及读物，本书部分内容的水语拼写使用的就是水语拼音方案）。水语拼音方案在《水族文化进校园读本》一书中已经刊载，水语拼音方案对学习水语具有很好的效果。因此，在三都县，该方案已经开始在校园推广使用。该方案具有用汉字记水语语音无法替代的效果，并且比较方便记忆和普及，下面是水语拼音方案对应的国际音标（“[ ]”内的内容为国际音标，上标数字符号为国际音标的声调，水语拼音的声调用字母表示）。本书中的水语拼音相关知识参见《水语 366 句会话句》[①] 一书。

1. 声母

水语声母是一个相当复杂的庞大系统，参与发音的部位齐全，有唇、齿龈、龈腭、硬腭、软腭、小舌和声门，发音方法有爆发音、鼻音、擦音、近音、边音等。爆发音中有微弱的鼻冠音和内爆音（也叫“先喉塞音”）。鼻音中有清化鼻音、鼻音、内爆鼻音等。三洞土语苗草话的声母，一共有 70 个声母，其中有 41 个一般声母，20 个腭化声母，9 个唇化声母。

（1）一般声母（41 个）

发音方法	发音部位							
	唇	齿龈	舌尖前音	龈腭	硬腭	软腭	小舌	声门
爆发音	p	t		ȶ		k	q	ʔ
爆发音	ph	th		ȶh		kh	qh	
鼻冠音	mb	nd						
内爆音	ɓ	ɗ						
清化鼻音	m̥	n̥		ȵ		ŋ̊		
鼻音	m	n				ŋ		
先喉塞鼻音	ʔm	ʔn		ʔȵ		ʔŋ		
塞音						ɣ	ʁ	
先喉塞擦音	ʔw					ʔɣ		
塞擦音			ts					
送气塞擦音			tsh					
擦音	f v（w）		s z	ɕ				h
近音					j			
先喉塞近音					ʔj			
边音						l		

① 韦学纯：《水语 366 句会话句》，社会科学文献出版社，2015。

（2）腭化声母（20 个）

发音方法	发音部位		
	唇音	齿龈	
爆发音	pj	tj	tsj
爆发音	phj	thj	tshj
鼻冠音	mbj	ndj	
内爆音	ɓj	ɗj	
清化鼻音	m̥j	n̥j	
鼻音	mj	nj	
先喉塞鼻音	ʔmj	ʔnj	
擦音	fj vj		sj
边音		lj	

（3）唇化声母（9 个）

发音方法	发音部位	
	齿龈	软腭
爆发音	tsw	kw
爆发音		khw
鼻音		ŋw
先喉塞鼻音		ʔŋw
塞音		ɣw
塞擦音	tsw	
擦音	sw	
边音	lw	

（4）水语声母拼音及对应的国际音标和例词

声母拼音及国际音标	例词 1		例词 2	
	水语拼音	汉语释义	水语拼音	汉语释义
b[p]	bac	伯母	beel	卖
by [bj]	byax	山羊	byaml	头发，孵
p[ph]	pal	灰色	pas	坏
py[phj]	pyac	次（数）	pyungl	蒸汽
mb[mb]	mbac	靠拢	mbingl	贵
mby[mbj]	mbyal	栽（三洞话）	mbyangl	穗（三洞话）
qb[ɓ]	qbac	蝴蝶	qbanc	村寨
qby[ɓj]	qbyes	烦闷	qbyeegs	女
hm[m̥]	hmal	狗	hmus	猪
m[m]	maz	舌头	max	马
hmj[m̥j]	hmjanc	半新		
my[mj]	myal	手	myeenz	被子
qm[ʔm]	qmal	菜	qmac	软
qmy[ʔmj]	qmyengl	水渠		
fa[f]	fac	云	fus	富
fy[fj]	fyaanc	玩	fyaams	摸
v[v/w]	vas	写	vaangl	稻草
vy[vj]	vyanl	牙齿	vyens	甩
qw[ʔw]	qwaangs	边（三洞话）	qweens	怪罪，因为
d[t]	dah	经过	daoz	床
dy[tj]	dyeem	晒席	dyongh	提
dw[tw]	dwec	端节	dwaanx	最（三洞话）
t[th]	taoc	寻找	tous	到
ty[thj]	tyeebs	沿着	tyags	佩戴
nd[nd]	ndal	眼睛	ndaangl	香
ndy[ndj]	ndyeic	买	ndyengs	黑暗
qd[ɗ]	qdac	硬	qdail	好
qdy[ɗj]	qdyec	秧苗	qdyaenl	滑
hn[n̥]	hnac	弓	hnoc	老鼠
hny[n̥j]	hnyabs	潜水	hnyas	胰脏

续表

声母拼音及国际音标	例词 1		例词 2	
	水语拼音	汉语释义	水语拼音	汉语释义
n[n]	neez	蒻	namc	水
ny[nj]	nyeenz	月	nyud	胡须
qn[ʔn]	qnal	厚	qnings	看
qny[ʔnj]	qnyel	河	qnyabs	窄
l[l]	laih	挑选	laox	大
ly[lj]	lyul	醒	lyaags	偷
lw[lw]	lwel	船	lwes	歇息
z[ts]	zuh	筷子	zamz	躲
zy[tsj]	zyez	茶	zyel	吃
c[tsh]	cec	车	daox cuds	喷水筒
s[s]	sas	晒，爬	saic	问
sy[sj]	syeeuc	少	syaangx	烤
sw[sw]	swaz	刷	swahh kal	耍龙
r[z]	rac	轻	ranl	重
j[ȶ]	jah	茄子	jais	旁边
q[ȶh]	qinl	手臂	quans	劝
qy[ȶhj]	sauhh qyangc	手枪	qyanghh	jed 抢劫
hgn[n̥]	hgnaams	惯，上瘾	hgnul	臭
gn[ȵ]	gnez	你	gnaanl	铜鼓
qgn[ʔȵ]	qgnongs	虾	qgneec	哭
x[ɕ]	xec	媳妇	xul	绿色
y[j]	yal	草	yongz	溶，融
qy[ʔy]	qyal	布	qyamc	染
g[k]	gal	龙	gic	蟋蟀
gw[kw]	gwal	黄瓜	gweengz	锅架
k[kh]	kac	割，收拾	kaangs	刮风
kw[khw]	kwahh	（打）垮	kwac	夸
ng[ŋ]	nganh	鹅	ngox	五

续表

声母拼音及国际音标	例词 1		例词 2	
	水语拼音	汉语释义	水语拼音	汉语释义
hng[ŋ̊]	hngeil	开	hngans	凉
ngw[ŋw]	ngwangh	扦担蛄		
qng[ʔŋ]	qngal	芝麻	qngaml	衔
qngw[ʔŋw]	qngwads guc	点头	qngwac guc	抬头
xg[ɣ]	xgaz	二	xganz	家
xgw[ɣw]	xgwanc	草鱼	xgwaenc dinl	崴脚
qxg[ʔɣ]	qxgas	田	qxgaic	长
qq[q]	qqal	读	qqaos	旧
kh[qh]	khal	耳	khuil	螺蛳
xgg[ʁ]	xggal	菌	xggaoc	里面
h[h]	hal	肩膀	haoc	酒
[ʔ]	aol	要	oux	米

2．韵母

（1）韵母（59个）

i	e	a		o	u		ə	ʅ
		aːi	ai	oi	ui	uə		
iu	eu	aːu	au		uə̯n	ue̯i		
im	em	aːm	am	om	um			
in	en	aːn	an	on	un		ən	
iŋ	eŋ	aːŋ	aŋ	oŋ	uŋ	uə̯ŋ	əŋ	
ip	ep	aːp	ap	op	up			
it	et	aːt	at	ot	ut		ət	
ik	ek	aːk	ak	ok	uk		ək	

（2）韵母拼音及对应的国际音标和例词

韵母拼音及国际音标	例词 1		例词 2	
	水语拼音	汉语释义	水语拼音	汉语释义
a[a]	vac	傻	gax	汉族
ai[a:i]	faix	哥哥	hail	给，送
ao[a:u]	daoz	床	xggaos	讨论，商量
am[a:m]	daml	（刀）柄	amc	（熟）菜
an[a:n]	fanl	慢（三洞话），甜	lanh	烂
ang[a:ŋ]	dangz	糖	xgangs	清楚，干净
aab[a:p]	daab	踢	haabs	接
aad[a:t]	baads	八	xggaads	快
aag[a:k]	baags	嘴，口	baag	白
aem[am]	naemc	水	qyaeml	深，深奥
aen[an]	faenl	竹子	maenc	李子
aeng[ang]	daengl	来	haengc	阻拦
ab[ap]	dabs	肝	dab	堆，叠
ad[at]	ggads	割，阻断	yad	牵，拉
ag[ak]	dags	断	gag	层
ei[ai]	meix	树	xgeiz	梨
ee[e]	beel	卖	feez	姐姐，嫂子
eeu[eu]	syeeuc	少	ljeeuz	已经，曾经，了
eem[em]	lyeemx	镰刀	dyeeml	扶起，立
een[en]	qweens	埋怨	nyeenz	月亮
eeng[eŋ]	zcengh	锅	byeengz	平
eeb[ep]	eebs	鸭	geebs	锅巴
eed[et]	qdeeds	安静	keeds	刮
eeg[ek]	lyeegs	舔	heegs	客人
e[ə]	cec	车	mjel	手
en[ən]	fenl	雨	qbens	井
eng[əng]	sengz	承受	sengl	升（一升米）
ed[ət]	reds	星星	heds	懒
eg[ək]	segs	擦	lyeg	力

续表

韵母拼音及国际音标	例词 1		例词 2	
	水语拼音	汉语释义	水语拼音	汉语释义
i[i]	vil	火	dic	小
ii[ʅ]	baul ziihh	报纸	siic ziihh	狮子
iu[iu]	diuz	条（量词）	biuc	藏
im[im]	simc	爪	kiml	脆
in[in]	dinl	脚	linc	反
ing[iŋ]	singl	姜	gingc	漂亮
ib[ip]	xib	歌	dibs	缝
id[it]	jids	疼，痛	mid	刀
ig[ik]	zigs	单，枝	fig	鲫鱼
ou[au]	bouc	褒扬，表扬	ous	甑子
o[o]	hol	怕	bos	骗
oi[oi]	joil	梨	hois	快
om[om]	momh	鱼	ggomz	凹
on[on]	lonx	钝	dons	猜（三洞话）
ong[oŋ]	ghongs	公	longz	心
ob[op]	sobs	锄（地）	qqob	山谷
od[ot]	sods	骂，说	god	刮
og[ok]	dogs	落，丢	xgog	刺杀
u[u]	lus	汤	nduc	热
ui[ui]	duix	碗	huih	坐
um[um]	humx	房间	qqums	盖
un[un]	nunz	睡	gunc	推
ung[uŋ]	xungl	煮	lungz	伯
ub[up]	sub	十	zubs	收拾
ud[ut]	suds	热，烫	xgud	削
ug[uk]	sug	洗	dugs	包（东西）
uan[uə̯n]	duanx	最	luanz	爬
ue[uə]	fuez	羊	muez	磨
uei[uə̯i]	bueis	故意	yueix	和酒声
ueng[uə̯ŋ]	wuengl	高	wuengz	皇帝

3. 声调

水语调类	1	2	3	4	5	6	6'	7	8
声调字母	l	z	c	x	s	h	hh	s	不标
三洞调值	13	31	33	53	35	55	55	35	42
苗草调值	11	31	33	53	35	24	55	35	31

二、声、韵、调配合表及格式说明

声、韵、调配合表包括一个声母、一个韵母，再加上几个声调。它们的整体配合情况如下。

声母拼音	韵母拼音	声调	意义
kh	aːŋ	1	焙，炕，烤，债，债务
kh	aːŋ	2	
kh	aːŋ	3	
kh	aːŋ	4	
kh	aːŋ	5	吹风，风，刮风
kh	aːŋ	6	

传统的声、韵、调配合表格式（以声母 kh、韵母 aːŋ 为例）：

声调	1^{-11}	2^{-31}	3^{-33}	4^{-53}	5^{-35}	6^{-24}	$6'^{-55}$
意义	焙，炕，烤，债，债务				吹风，风，刮风		

由于水语声、韵、调配合有一定的限制，如果采用以上传统的配合表格式，会产生大量的空格，并且如果该音节有很多意思的话，表格固定的空间就没有办法将其全部标出，这样就会造成意思的不完整。若按水语 70 个声母拼音、59 个韵母拼音、11 个（不包括轻声，水语中有少量的轻声，我们通常

用数字“0”来表示）声调来计算声、韵、调音节配合的话，理论上的总数是：70×39×7+70×20×2=21 910（39 个舒声韵、20 个促声韵分别计算，7、8 调算两个调，不分长短计算），每个韵母至少占用 1—2 页 A4 纸的空间，整个声、韵、调配合就有 112 页之多，篇幅很大。为了节省篇幅，经过多方考虑，本书采用如下声、韵、调配合表的格式。

声母拼音	韵母拼音	水语调类	苗草调值	意义
kh	aːŋ	1	11	焙，炕，烤，债，债务
kh	aːŋ	5	35	吹风，风，刮风

声、韵、调配合表中有时单音节无意义，但与其他音节搭配便会产生相应的意义，我们把这类双音节词列于表中的“意义”部分。例如，faːk⁵⁵ 单独没有意义，而水语的 mai⁵³faːk³⁵ 的意思是“杉树”，因此在 faːk³⁵ 意义项就会下列“mai⁵³faːk³⁵ 杉，杉树，杉木”。意义项的安排以常用意思为主。本表韵母以韵母表顺序排列，声母以声母表顺序排列，如果没有配合（相当于传统表格中的空位）则省略不列。以下是水语（苗草）声、韵、调配合表，实际上可以匹配的音节数为2 108个，约占理论音节总数21 910的9.62%，也就是说，如果按传统的声、韵、调配合表列出，90% 以上的都是空格。因此，水语声、韵、调配合表如下，“意义”列中国际音标表示一个词的读音，如 phi³³ phin⁵³ 是“批评”的读音，phi⁵³ ȶhi¹¹ 是“脾气”的读音等。

声母	韵母	调类	调值	意义
p	i	1	11	币
p	i	2	31	逼，肥，肥胖，皮，皮肤，皮子
p	i	6ˈ	55	比，比例
ph	i	3	33	phi³³phin⁵³ 批评
ph	i	4	53	phi⁵³ȶhi¹¹ 脾气
ph	i	5	35	phi³⁵vi¹¹ 失火
ɓ	i	5	35	瓢

续表

声母	韵母	调类	调值	意义
m	i	2	31	幺，小
m	i	4	53	不曾，没，没有，未曾
m	i	6	24	未
ʔm	i	1	11	熊
v	i	1	11	火，玉
v	i	4	53	tən^{55}vi^{53} 等于
v	i	5	35	唇，檐，檐子
v	i	6'	55	ȵen^{11}vi^{55} 谚语
t	i	1	11	第
t	i	2	31	敌，承受得住
t	i	3	33	细，小，一，壹，窄
t	i	6	24	辈，代，抵，抵偿，抵押，第，风水地，墓地，年代
th	i	3	33	锑
th	i	4	53	题
th	i	5	35	代替，更换，赔偿，替，替换
th	i	6'	55	ȶhi^{11}thi^{55} 气体
nd	i	5	35	地祥（地名）
ɗ	i	1	11	距离，遥，远
ɗ	i	3	33	听，听从，听取，停（停下来），停顿
n	i	2	31	糊，贴，粘贴
n	i	4	53	雌，朵，根，棵，缕，妈妈，母亲，株
l	i	1	11	ȶhuə̯n^{53}li^{11} 权利
l	i	2	31	耕，口水，犁，痰，唾沫，唾液，涎
l	i	3	33	pu^{35}li^{33} 唢呐
l	i	4	53	修，修理，整理
l	i	6'	55	tau^{11}li^{55} 道理
ts	i	1	11	料想
ts	i	2	31	值
ts	i	3	33	纸
ts	i	5	35	解，脱，制

续表

声母	韵母	调类	调值	意义
ts	i	6	24	骑
tsh	i	1	11	气，生气
s	i	0	3	si^{0}jek^{31} 上营（地名）
s	i	2	31	季节，时，时候，时间，席
s	i	3	33	才，仅仅
s	i	4	53	左
s	i	5	35	把尿，试，尝试
s	i	6'	55	khai^{33}si^{55} 开始
ȶ	i	1	11	己（天干第六），季，寄
ȶ	i	2	31	级，旗，吐出
ȶ	i	3	33	几
ȶ	i	4	53	绳套
ȶ	i	5	35	记，寄，忌
ȶ	i	6'	55	ȶi^{55}li^{31} 纪律
ȶh	i	1	11	气，发怒，生气
ȶh	i	3	33	期，欺
ȶh	i	4	53	棋
ȶh	i	5	35	期，时候
ȶh	i	6'	55	ȶhi^{55}fa^{31} 启发
ȵ̊	i	1	11	女阴
ȵ	i	2	31	露
ȵ	i	4	53	疑
ȵ	i	6	24	二
ɕ	i	2	31	fu^{31}ɕi^{31} 复习
ɕ	i	3	33	ɕi^{33}faŋ^{33} 西方
ɕ	i	6'	55	ho^{11}ɕi^{55} 贺喜
j	i	1	11	蓑衣，亿，棕，棕皮
j	i	2	31	寅（地支第三），一，安逸
j	i	3	33	ɕi^{33}ji^{33} 西医
j	i	4	53	ji^{53}tshaːn^{55} 遗产
j	i	6'	55	kho^{55}ji^{55} 可以

续表

声母	韵母	调类	调值	意义
k	i	3	33	蛐蛐儿，蟋蟀
kh	i	3	33	$khi^{33}ɗaːŋ^{11}$ 黎明
ɣ	i	1	11	蚂蚱笼，印子
ʔ	i	0	3	$ʔi^{0}fən^{11}$ 下雨
ʔ	i	1	11	牛鼻环，蛙
ʔ	i	6	24	答应，容许，舍得，愿意，准许
h	i	1	11	$kha^{33}hi^{11}$ 刀耕
h	i	2	31	粑，饼，到
h	i	3	33	桌，子（地支第一）
h	i	4	53	巳（地支第六）
h	i	5	35	四，肆，细
ph	iu	1	11	$phiu^{11}ndjak^{55}$ 蚂蚱篓
mb	iu	1	11	丝，线
m	iu	1	11	苗族
m	iu	2	31	剪刀，剪子
f	iu	5	35	吹口哨，呼哨
t	iu	3	33	凋谢，枯萎，蔫，乖巧
t	iu	4	53	$ti^{33}tiu^{53}$ 细小
n	iu	6	24	扣子，纽扣
ʔn	iu	1	11	尿脬
ʔn	iu	5	35	尿，小便，小解
l	iu	4	53	$ʈui^{33}liu^{53}$ 拘留
l	iu	5	35	交叉（手）
s	iu	1	11	畅销，硝
s	iu	4	53	一种果树
s	iu	5	35	干，干涸，干燥
ʈ	iu	5	35	救，友，恋人，情人，朋友
ʈh	iu	3	33	芽（种子芽），牙（凶猛动物的）
ʈh	iu	4	53	球，求，企求
ɕ	iu	5	35	凿，凿子，钻，钻子
j	iu	1	11	剪刀，釉

续表

声母	韵母	调类	调值	意义
j	iu	2	31	窑，又
j	iu	3	33	$ʔma^{11}jiu^{33}$ 蕨菜
j	iu	4	53	油
j	iu	6	24	又（又快又好）
k	iu	2	31	$kiu^{31}nda^{11}$ 侧目
k	iu	3	33	熬，刁难，炼
ɣ	iu	4	53	$la:k^{35}ɣiu^{53}$ 犁绳
l	im	4	53	门闩
s	im	3	33	爪，爪子
kh	im	1	11	脆
h	im	3	33	$him^{33}fan^{11}$ 竹片
p	in	1	11	病，舍不得
p	in	3	33	兵
p	in	5	35	板，板子，盖子，木板
p	in	6	24	得空，空，空闲，清闲，闲，闲暇，有空
p	in	6'	55	饼
ph	in	3	33	$phin^{33}jin^{33}$ 拼音
ph	in	4	53	瓶，瓶子
ph	in	6'	55	品
ɓ	in	3	33	草席，豪猪，箭猪，凉席，席，席子
m	in	1	11	$kə^{31}min^{11}$ 革命
m	in	4	53	柿子，（人）民
f	in	1	11	顶针，戒指，指环
f	in	5	35	$fin^{35}pa:k^{35}$ 嘴唇
v	in	5	35	唇，弹回，人中
t	in	1	11	脚，蹄，蹄子，足，一定
th	in	3	33	$tsha:n^{33}thin^{33}$ 餐厅
th	in	4	53	亭，亭子
nd	in	1	11	黄蜂
l	in	1	11	$hau^{11}lin^{11}$ 号令
l	in	2	31	$ʈi^{11}lin^{31}$ 麒麟

续表

声母	韵母	调类	调值	意义
l	in	3	33	倒，扳，翻，反
l	in	4	53	灵，聪明，零，铃，灵活，灵验
l	in	5	35	醒，苏醒，觉悟，坎，岭
l	in	6'	55	lin^{55}siu^{11} 领袖
tsh	in	3	33	kwa^{11}tshin^{33} 挂青，扫墓
tsh	in	4	53	kaːn^{55}tshin^{53} 感情
tsh	in	6'	55	sən^{33}tshin^{55} 申请
s	in	1	11	书信，相信，信，信服，姓，姓氏
s	in	3	33	ȶuə^{31}sin^{33} 决心
s	in	5	35	听信，相信，信，信件
s	in	6'	55	sin^{55}wu^{11} 省悟
ȶ	in	1	11	ȶin^{11}sai^{11} 竞赛
ȶ	in	3	33	ji^{55}ȶin^{33} 已经
ȶ	in	6'	55	faːn^{53}ȶin^{55} 环境
ȶh	in	1	11	臂，臂膀，柄，胳膊
ȶh	in	3	33	ȶhin^{33}ljo^{31} 侵略
ȶh	in	4	53	sɿ^{31}ȶhin^{53} 实情
ȵ̊	in	3	33	骚
ɕ	in	4	53	刑
j	in	1	11	图章，印（印书籍），印章
j	in	2	31	匀称，整齐
j	in	3	33	jin^{33}ɕuŋ^{53} 英雄
j	in	4	53	胜利，赢
j	in	6'	55	ko^{11}jin^{55} 过瘾
k	in	6	24	节俭
kh	in	3	33	沙，沙子
ʔ	in	5	35	燕，燕子
h	in	3	33	喊叫，嚎，吼，叫，叫唤，咆哮，嘶，啼
mb	iŋ	1	11	贵，涨价
m	iŋ	2	31	眉，蚂蟥
m	iŋ	4	53	晴，晴朗

续表

声母	韵母	调类	调值	意义
m	iŋ	6	24	命，命运，生命，性命
t	iŋ	2	31	棚，棚子
t	iŋ	3	33	翠鸟，丁寨（地名）
t	iŋ	5	35	钉（动词）
t	iŋ	6	24	拉
nd	iŋ	5	35	底
n	iŋ	5	35	缠，缠磨
ʔn	iŋ	1	11	大后天
ʔn	iŋ	3	33	靠，凭靠，依靠，偎依
ʔn	iŋ	5	35	看，瞧
l	iŋ	2	31	$kiŋ^{31}liŋ^{31}$ 铃铛
l	iŋ	3	33	干，干旱，旱，晴
l	iŋ	4	53	承认，答应，回答，理睬，应答
ts	iŋ	3	33	请，邀请
ts	iŋ	5	35	枝，枝条，枝杈
s	iŋ	1	11	姜
ȶ	iŋ	1	11	翻，翻地
ȶ	iŋ	5	35	敬
ȵ	iŋ	6	24	让，斜，转身
j	iŋ	1	11	臭虫
j	iŋ	2	31	赢，战胜
j	iŋ	5	35	岭，坳口
k	iŋ	1	11	稀饭，粥
k	iŋ	1	11	羹，粥
k	iŋ	2	31	$kiŋ^{31}liŋ^{31}$ 铃铛
k	iŋ	3	33	好看，美，美丽，漂亮，俏丽
k	iŋ	6	24	节省，攒（积蓄）
kh	iŋ	3	33	棕色
t	ip	7	35	缝，铡刀，摘刀
ɗ	ip	7	35	木屑，刨花
l	ip	7	35	砌（砌砖）

续表

声母	韵母	调类	调值	意义
kh	ip	7	35	哑
h	ip	8	31	唱，歌，民歌，山歌
p	it	7	35	弹
p	it	8	31	粪箩
m	it	8	31	刀，刀子
f	it	7	35	ta:u^{53}fit^{35} 水桶
f	it	8	31	鲫鱼
t	it	7	35	睾丸，阴囊
l	it	8	31	拆
s	it	7	35	撕
ȶ	it	7	35	疾，病，疼，疼痛
ȶ	it	8	31	痒，咬，蜇
ʔȵ	it	7	35	冷，冷天
kh	it	7	35	裂，裂开，皲裂
ʔ	it	7	35	牛轭，葡萄
h	it	7	35	芭茅草，鱼钩
f	ik	8	31	鲫鱼
t	ik	7	35	满
l	ik	7	35	换，更换，交换，轮流，体力，替换
ts	ik	7	35	尺，尺子，单，支
ȶ	ik	7	35	ʔau^{53}ȶik^{35} 谷粒（米中的）
ȵ	ik	8	31	煤烟子
j	ik	7	35	淡，冷淡，清淡
ʔj	ik	7	35	唤（叫）
k	ik	7	35	划
p	e	1	11	卖，售卖，销售
p	e	5	35	岔，分叉，歧，杈
ph	e	1	11	尖
ph	e	5	35	庹
mb	e	1	11	年，年纪，年龄，年岁，岁
m	e	2	31	别，不，不然，不要，非，脉搏，没，未，无

续表

声母	韵母	调类	调值	意义
ʔm	e	1	11	画，画记号，描画，痣
f	e	1	11	迟，晚，晏
f	e	2	31	姐，嫂，表姐，表嫂
f	e	3	33	困，困乏，劳累，疲乏
f	e	4	53	充任，担任，干，搞，建，建筑，酿（酿酒），为，兴建，做
t	e	1	11	ni⁵³te¹¹ 岳母
t	e	3	33	下，下面，底，底下，撮，舀，盛，添
t	e	5	35	伐，砍，杀，斩
nd	e	1	11	沙，沙子
ɗ	e	3	33	楼梯，梯子
ɗ	e	5	35	预示着不祥的鸟
n	e	2	31	锄，薅
ʔn	e	5	35	困，困倦，劳累，疲倦，疲劳
l	e	1	11	书，知识，字
l	e	2	31	呀
l	e	4	53	理，道理，礼，礼貌，礼物
s	e	1	11	瓣，梳，梳子
z	e	5	35	zaːu¹¹ze³⁵ 麻木
ȶ	e	4	53	集市，大便，屎，拉屎
ȶ	e	5	35	老
ʔȵ	e	3	33	哭，哭泣
j	e	1	11	大脖子病
k	e	3	33	行列
kh	e	1	11	渔网
kh	e	5	35	扒，扒拉
ɣ	e	6	24	铺
ʔɣ	e	1	11	夫，老公，丈夫
ʔ	e	1	11	ʔe¹¹qaːi³⁵ 鸡胗
h	e	1	11	别人，旁人，他人

续表

声母	韵母	调类	调值	意义
h	e	5	35	毁，破碎，碎
lj	e	4	53	道理，礼
khw	e	2	31	mai^{53}khwe^{31} 赶鸡杖
ʔ	ẽ	3	33	螳螂
p	eu	2	31	打搅，打扰，捣蛋，骚扰
p	eu	4	53	女孩生殖器
p	eu	5	35	豹，豹子
ph	eu	1	11	袋，袋子，腰包，衣袋，衣兜
m	eu	4	53	猫
ɗ	eu	5	35	小舌，扳机
n̥	eu	1	11	ʔnam^{11}n̥eu^{11} 黢黑
n	eu	4	53	垂，下垂
ȶ	eu	2	31	桥
ȶ	eu	3	33	ȶau^{11}ȶeu^{33} 屈曲
ȶ	eu	4	53	ȶeu^{53}pu^{35} 葱
ɕ	eu	1	11	椒
j	eu	2	31	瓦，瑶族
j	eu	6	24	老鹰，鹰
ʔj	eu	5	35	nu^{31}ʔjeu^{35} 瑶人山
q	eu	3	33	缠绕，搅动，搅扰，纠缠，绕
ʔ	eu	3	33	折，折断
h	eu	5	35	成心，存心，故意，孝，孝帕
pj	eu	3	33	mu^{31}pjeu^{33} 目标
pj	eu	6	24	fa:i^{53}pjeu^{24} 表兄
pj	eu	6'	55	pjeu^{55}jaŋ^{53} 表扬
phj	eu	1	11	票
mj	eu	2	31	庄稼
mj	eu	6	24	把，堆，庙，寺
tj	eu	1	11	调，调动
tj	eu	2	31	根，惊跳，缕，条，跳，跳动，跳舞，跳跃
tj	eu	3	33	刁

续表

声母	韵母	调类	调值	意义
tj	eu	5	35	吊，钓（钓鱼），调，调动，鳖，甲鱼，团鱼
thj	eu	4	53	ɕen^{11}thjeu^{53} 线条
ndj	eu	1	11	我们（排除听话方）
lj	eu	1	11	ɕaŋ^{11}ljeu^{11} 材料
lj	eu	1	11	fui^{53}ljeu^{11} 肥料
lj	eu	2	31	了，过，已经，曾经
lj	eu	3	33	一会儿
lj	eu	4	53	彻底，了，了结，完毕，完全，一概，终了
lj	eu	5	35	非常
sj	eu	3	33	少，欠缺，缺乏，缺少
ȶhj	em	5	35	需要
fj	em	5	35	摸
ȶ	em	2	31	钳，钳子
n̥	em	1	11	挨，粘
ʔj	em	1	11	阉，阉割
ʔj	em	3	33	熏（用烟熏肉）
tj	em	1	11	踮，昂，仰，搀，搀扶，扶，高举，举，竖，竖立
tj	em	4	53	凉席，晒席，竹席
tj	em	5	35	市场
tj	em	6	24	垫，摊，摊子，枕
thj	em	1	11	添，跟，和，还，同，一起
lj	em	4	53	镰，镰刀
tsj	em	1	11	ʔau^{53}tsjem^{11} 粳米
ȶhj	en	1	11	欠
fj	en	1	11	菜园
ȶhj	en	3	33	铅，签
fj	en	3	33	耍，玩耍
ȶhj	en	5	35	现，现成，正好
ȶhj	en	5	35	ɕen^{31}ȶhjen^{35} 本钱
ȶj	en	6'	55	减（二减一）
m̥	en	5	35	m̥en^{35}qaːi^{35} 鸡虱

续表

声母	韵母	调类	调值	意义
ʔw	en	5	35	怪，怪罪，埋怨，责怪
ȶ	en	1	11	ȶen^{11}ji^{11} 建议
ȶ	en	3	33	ȶen^{33}ju^{31} 狱
ȶ	en	5	35	花
ȶ	en	6'	55	碱，减
ȵ	en	1	11	念
ȵ	en	6	24	碾
ç	en	1	11	千，仟，献，县
ç	en	2	31	钞票，货币，钱
ç	en	6	24	吃劲，费力，艰难，苦，险，辛苦
j	en	3	33	烟
j	en	4	53	jau^{53}jen^{53} 谣言
j	en	6	24	演
j	en	6'	55	jen^{55}ȶin^{11} 眼镜
ʔj	en	1	11	烟，烟草
ʔj	en	3	33	熏，熏制
k	en	4	53	从，自，自从
q	en	3	33	漂亮
pj	en	1	11	pjen^{11}fa^{11} 变化
pj	en	1	11	sun^{11}pjen^{11} 顺便
pj	en	3	33	一边
pj	en	5	35	变，改变，猿
pj	en	6	24	mai^{53}pjen^{24} 饭铲
phj	en	1	11	sjaːŋ^{11}phjen^{11} 相片
phj	en	6'	55	mai^{53}phjen^{55} 饭勺子
mj	en	1	11	面
mj	en	2	31	被子，棉，棉被，棉絮，铺盖
mj	en	6	24	面条
vj	en	1	11	岔（道），绕（道）
vj	en	3	33	sən^{33}vjen^{33} 申冤
vj	en	4	53	元

续表

声母	韵母	调类	调值	意义
vj	en	5	35	原，片（一片稻田）
tj	en	1	11	垫，电，殿
tj	en	2	31	填
tj	en	6	24	殿（宫殿）
tj	en	6'	55	碘，点，点钟
ɗj	en	3	33	ɗjen^{33}nda^{11} 刺眼
nj	en	2	31	月，月份，月亮
lj	en	1	11	tshaːu^{33}ljen^{11} 操练，la^{33}ljen^{11} 拉链
lj	en	2	31	连
lj	en	3	33	苍蝇，蚊子
lj	en	4	53	ljen^{53}ɕi^{11} 联系
lj	en	5	35	辣，辣椒，辣子
tsj	en	2	31	腿带
tsj	en	5	35	煎
tsj	en	6	24	便宜，贱，丝，铁丝
sj	en	1	11	仙，神仙，仙人
sj	en	3	33	sjen^{33}pu^{11} 宣布
sj	en	5	35	扇，扇子
sj	en	6'	55	sjen^{55}ʈui^{24} 选举
kw	en	5	35	惯，熟悉，习惯
p	eŋ	2	31	壶
p	eŋ	5	35	打，丢掉，丢弃，发射，扔，射，甩，投，掷
ph	eŋ	1	11	烤（烘烤衣服）
t	eŋ	5	35	灯，电灯
th	eŋ	3	33	ɗaːŋ^{11}theŋ^{33} 豁亮
ɗ	eŋ	5	35	被单，单子
n̥	eŋ	3	33	草，干草
ts	eŋ	1	11	争，抢，争夺
ts	eŋ	4	53	耐，战胜
ts	eŋ	6	24	锅，宁愿
s	eŋ	1	11	家畜，牲畜

续表

声母	韵母	调类	调值	意义
s	eŋ	3	33	成心，存心，贵阳，省
s	eŋ	5	35	撑，顶
z	eŋ	3	33	za^{33}zeŋ^{33} 轻轻的
ȵ̥	eŋ	1	11	ȵ̥et^{55}ȵ̥eŋ^{11} 牢固
ȵ̥	eŋ	3	33	ȵ̥eŋ^{33}ʔau^{53} 谷草
ȵ	eŋ	6	24	薹（菜薹）
j	eŋ	1	11	香
j	eŋ	2	31	阳安（地名）
j	eŋ	3	33	jeŋ^{33}mai^{53} 年轮
k	eŋ	3	33	瓷
k	eŋ	6	24	摇篮
ŋ̥	eŋ	3	33	ŋ̥am^{33}ŋ̥eŋ^{33} 晕头转向
q	eŋ	1	11	庚
ʔ	eŋ	3	33	挺
pj	eŋ	1	11	塞，捂，掩，阻塞
pj	eŋ	2	31	平，平安，太平，安定，横
pj	eŋ	6	24	丙，瘟，瘟死，瘟疫，疫
vj	eŋ	5	35	似，像（他像你）
tj	eŋ	1	11	丁（天干第四），钉，钉子
tj	eŋ	3	33	称心，点燃，合意，看得起，瞧得起，如意，中
tj	eŋ	3	33	对，合
lj	eŋ	1	11	尽
tsj	eŋ	1	11	正，大年，新年
tsj	eŋ	2	31	中和（地名）
tsj	eŋ	4	53	匹（布匹）
sj	eŋ	1	11	牲，牲畜
sj	eŋ	3	33	待
sj	eŋ	5	35	支撑，支持
kw	eŋ	2	31	三脚架
nd	ep	8	31	tik^{55}ndep^{31} 满登登
k	ep	7	35	锅巴

续表

声母	韵母	调类	调值	意义
ʔ	ep	7	35	弯，鸭
tj	ep	8	31	钵
thj	ep	7	35	顺，沿
thj	ep	7	35	沿，沿着
lj	ep	7	35	缝隙
ȶhj	et	7	35	晨，早晨
ɓ	et	7	35	别扭，拧
nd	et	7	35	ndam³⁵ndet³⁵ 矮小
ɗ	et	7	35	静
s	et	7	35	ɗet³⁵set³⁵ 静悄悄
n̥	et	7	35	结实，紧绷绷，牢固
kh	et	7	35	刮
tj	et	8	31	碰见，相逢，遇见，空，空闲，清闲
lj	et	8	31	泥鳅
sj	et	7	35	翻，撩，掀，页
p	ek	7	35	百，撕
ph	ek	7	35	拍，拍打，扑打，掴
m	ek	8	31	ʔau⁵³mek³¹ 苞谷
t	ek	7	35	踢
ȶ	ek	8	31	nok³¹ȶek³¹ 麻雀
ɕ	ek	7	35	锡
k	ek	7	35	隔开
h	ek	7	35	客，宾客，客人，亲戚，人客
p	a	1	11	腿
p	a	2	31	耙，耙子，木耙
p	a	3	33	伯母，大舅妈，大姨妈，大姑妈
p	a	6	24	靶
p	a	6'	55	pa⁵⁵pin⁵⁵ 把柄
ph	a	1	11	灰
ph	a	4	53	爬
ph	a	5	35	歹，坏，怕，伤害，损失，畏惧

续表

声母	韵母	调类	调值	意义
mb	a	3	33	挨，挨近，巴结，靠近，贴，贴近
mb	a	4	53	扑地香
ɓ	a	1	11	床，块，条，张
ɓ	a	3	33	蝴蝶
m̥	a	1	11	狗
m̥	a	3	33	利息，赚，赚头
m̥	a	5	35	浸，浸泡，泡，渍
m	a	2	31	舌，舌头
m	a	3	33	ma^{33}fu^{33} 马虎
m	a	4	53	马
m	a	6	24	价，价格，价钱，嚼，喂
m	a	6'	55	hau^{11}ma^{55} 号码
ʔm	a	1	11	菜，蔬菜
ʔm	a	3	33	懦，懦弱，柔，松
f	a	1	11	画，绘画，描画，右
f	a	2	31	处罚，发，罚
f	a	3	33	云，云彩，琢磨
f	a	4	53	fa^{53}ʈhuə̣̭n^{53} 猜拳
v	a	1	11	发情
v	a	3	33	笨，痴，蠢，呆，呆滞，傻，愚笨，愣
v	a	5	35	写，抄写，翅膀，绣，叶，叶子，张（一张纸）
t	a	1	11	胗，鸡胗，大
t	a	2	31	搭，搭乘，答
t	a	3	33	打，攻打，锣，拍，拍打，扑打，野，野外
t	a	4	53	tam^{33}ta^{53} 织布
t	a	5	35	经过，向，中，中间
t	a	6	24	过，经过，渡
t	a	6'	55	ta^{55}khwa^{55} 打垮
th	a	1	11	丢失，失落，损失
th	a	2	31	塔，（糟）蹋
nd	a	1	11	眼，眼睛

续表

声母	韵母	调类	调值	意义
ɗ	a	3	33	坚，僵硬，硬
n̥	a	3	33	弹弓，弓
n	a	2	31	肥泥，沃土
ʔn	a	1	11	厚，密
ʔn	a	3	33	脸；前；别（不要），莫，勿，
l	a	1	11	纳，建
l	a	2	31	啦
l	a	3	33	$la^{33}ljen^{11}$ 拉链
l	a	5	35	爬，爬行，劈，破，破开，剖
l	a	6'	55	$la^{55}pa^{33}$ 喇叭
ts	a	1	11	爆炸，差
ts	a	2	31	扑，屯扎，炸，驻扎
ts	a	4	53	查，查询
ts	a	6	24	钉耙
tsh	a	2	31	$ȶin^{35}tsha^{31}$ 警察
tsh	a	3	33	差（差很多）
tsh	a	4	53	查
s	a	1	11	哺，喂，叉，叉子
s	a	2	31	杀
s	a	3	33	痧
s	a	5	35	登，晾，爬，晒，上，涨
z	a	3	33	轻，轻松
z	a	5	35	那
ȶ	a	1	11	假，假期，架
ȶ	a	2	31	$ȶa^{31}tsui^{55}$ 马衔（夹嘴）
ȶ	a	3	33	加，添，添补
ȶ	a	5	35	嫁，张开（伞等）
ȶ	a	6	24	茄子
ȶh	a	2	31	恰，凑巧，可巧，碰巧，恰好
ȵ̊	a	5	35	胰，胰腺
ȵ	a	3	33	倒须篓，拖住（客人）

续表

声母	韵母	调类	调值	意义
ʔȵ	a	3	33	qam^{33}ʔȵa^{33} 打雷
ç	a	1	11	下
j	a	1	11	草，茅草
j	a	2	31	吓，吓唬，押，呀
j	a	3	33	箱，箱子
j	a	4	53	舅奶，老奶奶，奶奶，外婆，祖母
j	a	5	35	man^{31}ja^{35} 山苕
j	a	6	24	那样，如此，这么，这样
k	a	1	11	龙，蛟龙
k	a	3	33	待，等待，等候，秧，秧苗，迎候，伫候
k	a	4	53	汉族
k	a	5	35	市价
kh	a	3	33	割，开拓，清理，收拾
kh	a	4	53	te^{33}kha^{53} 火笼
kh	a	6'	55	kha^{55}tshə^{33} 卡车
ŋ	a	2	31	鸭，洋鸭
ŋ	a	4	53	张（嘴），（门）半开
ʔŋ	a	1	11	芝麻
ɣ	a	2	31	二，两
ʔɣ	a	5	35	稻田，田
q	a	0	3	qa^{0}hau^{35} 脖颈儿
q	a	1	11	读，诵读，老鸹，乌鸦，鸦
q	a	2	31	地界，疆界，麻脸，麻子，牛虻
q	a	3	33	们，些，追溯，讨论
qh	a	1	11	耳，耳朵
ʁ	a	1	11	菌子，蘑菇
h	a	1	11	肩膀，了，再，皮麻
h	a	2	31	药，膏药，蛊（放蛊），哈，火药
h	a	3	33	杀，刺杀，屠宰，宰杀
h	a	4	53	酒药
h	a	5	35	哈，哈气

续表

声母	韵母	调类	调值	意义
h	a	6	24	止牛声
pj	a	1	11	石，石头，碑，坡，山，崖
pj	a	4	53	山羊，野山羊，麂子
phj	a	3	33	遍，次，番，翻，反，回，趟，擗，掰
mbj	a	3	33	$mbja^{33}nda^{11}$ 花眼
mj	a	3	33	瞥见，一瞥
mj	a	4	53	柴刀
ʔnj	a	5	35	傻，哑巴
lj	a	2	31	懒散
lj	a	3	33	$lja{:}\eta^{35}lja^{33}$ 逛荡
sj	a	4	53	$mbja^{33}sja^{53}$ 朦胧
sj	a	5	35	矿，铁砂
sw	a	2	31	刷，刷洗
sw	a	6'	55	$swa^{55}ka^{11}$ 龙灯
kw	a	1	11	黄瓜
kw	a	2	31	瘸，跛
kw	a	3	33	$\c{c}i^{33}kwa^{33}$ 西瓜
khw	a	6'	55	$ta^{55}khwa^{55}$ 打垮
ʔŋw	a	3	33	$ʔŋwa^{33}ku^{33}$ 猛抬头
nd	a:i	5	35	（旱）地
p	a:i	1	11	去，走
p	a:i	2	31	碑，筏子，排，牌，扑克牌
p	a:i	5	35	拜，拜堂，磕头
p	a:i	6	24	摆布，松鸡，竹鸡
ph	a:i	1	11	派，委派，指派
ph	a:i	3	33	$ɗuk^{55}pha{:}i^{33}$ 斜襟衣
m	a:i	2	31	猛吃
m	a:i	6	24	$ta{:}\eta^{31}ma{:}i^{24}$ 红糖
f	a:i	4	53	哥哥，姐夫，兄长
f	a:i	5	35	棉，棉花

续表

声母	韵母	调类	调值	意义
f	aːi	5	35	jət³¹faːi³⁵ 纺纱
v	aːi	5	35	vaːi³⁵mjə¹¹ 招手
t	aːi	5	35	花，花色
th	aːi	1	11	thaːi¹¹tu¹¹ 态度
th	aːi	4	53	ʔu²⁴thaːi⁵³ 舞台
nd	aːi	5	35	地，旱地，土地
ɗ	aːi	1	11	病愈，好，吉利，健康，良，美好，美丽，平安，善，上等
n	aːi	6	24	这，这里，这时
l	aːi	1	11	背，脊背
l	aːi	3	33	lop⁵⁵laːi³³ 黄昏
l	aːi	5	35	m̥u³⁵laːi³⁵ 野猪
l	aːi	6	24	拣，拣选，上等，挑拣，挑选，选，选择
s	aːi	2	31	ȵui²⁴saːi³¹ 马桑子
s	aːi	3	33	问，打听，发问，提问
s	aːi	6	24	竹林
z	aːi	1	11	污垢
ȶ	aːi	2	31	解，辩解
ȶ	aːi	3	33	解鬼
ȶ	aːi	5	35	附近，旁，旁边，四周，周围
ȵ	aːi	4	53	焦黑，脏
ȵ	aːi	5	35	回避，让开
j	aːi	4	53	嫦娥
ʔj	aːi	3	33	布依族，壮族
k	aːi	1	11	戒，界
k	aːi	6	24	改，戒除
kh	aːi	5	35	耙
ŋ	aːi	2	31	喜食
ŋ	aːi	4	53	挨，被，遭，遭受
ʔɣ	aːi	3	33	长
q	aːi	1	11	街，场坝，城市，市

续表

声母	韵母	调类	调值	意义
q	aːi	2	31	偏，倾，歪，歪斜，斜
q	aːi	5	35	鸡
ʁ	aːi	3	33	亥
ʁ	aːi	5	35	翘，带
h	aːi	1	11	付给，给，给予，让，使，提供
h	aːi	2	31	灵柩，尸体，死尸
h	aːi	3	33	海，洋
h	aːi	4	53	肠，肠子，核，核儿
h	aːi	5	35	错怪，害，减退，梅子，退，诬害，陷害，杨梅，冤枉，冤枉
h	aːi	6	24	拉海（地名）
pj	aːi	5	35	$he^{35}pjaːi^{35}$ 发芽
kw	aːi	1	11	亲家
kw	aːi	5	35	块，元
p	aːu	1	11	角，角落
p	aːu	3	33	保，保佑，财宝
p	aːu	4	53	$qhui^{11}paːu^{53}$ 蚌
p	aːu	5	35	报
p	aːu	6	24	刨，刨子
ph	aːu	5	35	炮，爆，爆炸，爆竹，鞭炮，炮仗，炸
m	aːu	1	11	涮
m	aːu	2	31	肥料，粪
m	aːu	4	53	卯（地支第四）
m	aːu	6	24	帽，帽子
f	aːu	2	31	苔
t	aːu	2	31	床
t	aːu	3	33	斗，抵，抵挡，顶，拱，撞，放火，焚烧，烧毁
t	aːu	4	53	筒，竹筒，管，管子
t	aːu	5	35	倒，跌，跌跤，反而，反过来，坍
t	aːu	$6^{\prime}$	55	$taːu^{55}pi^{11}$ 倒闭
th	aːu	1	11	套头（地名，指都匀王司）

续表

声母	韵母	调类	调值	意义
th	aːu	3	33	寻，寻找，找
nd	aːu	1	11	咱们
nd	aːu	3	33	蒸
ɗ	aːu	3	33	得当，该，赶场，合，合适，恰当，切当，确当，应当
n	aːu	2	31	锣
n	aːu	6	24	竹鼠
l	aːu	1	11	tjum^{11}laːu^{11} 积聚
l	aːu	2	31	监牢，牢，牢房
l	aːu	3	33	仅仅，唯独，唯一，只有
l	aːu	4	53	长，长大，成长，粗，大，宽，老，旺
l	aːu	5	35	落，凋谢，脱落
ts	aːu	4	53	初，初期，当初，开始，起先
ts	aːu	5	35	血灌肠
s	aːu	1	11	包袱，袋，袋子，口袋，你们
s	aːu	3	33	炒
s	aːu	5	35	烧（火）
z	aːu	1	11	麻，麻木
ȶ	aːu	5	35	学，教
ȵ	aːu	2	31	鹰
ȵ	aːu	3	33	laːk^{35}ȵaːu^{33} 私生子
ȵ	aːu	6	24	从，居，居住，屯扎，在
ç	aːu	6'	55	çaːu^{55}tsu^{55}（马）慢跑
j	aːu	1	11	藤
j	aːu	4	53	纱垂
k	aːu	1	11	弦
k	aːu	2	31	jo^{31}kaːu^{31} 药膏
k	aːu	6'	55	kaːu^{55}tsi^{55} 稿子
kh	aːu	6'	55	khaːu^{55}he^{31} 考核
kh	aːu	6'	55	考
ŋ̊	aːu	1	11	ŋ̊aːn^{35}ŋ̊aːu^{11} 凄凉

续表

声母	韵母	调类	调值	意义
ŋ	aːu	2	31	搅，拌
ŋ	aːu	6	24	喊叫，呼唤，叫喊
q	aːu	3	33	蚕，绸，丝绸
q	aːu	5	35	旧，旧时，古，古时候
ʁ	aːu	1	11	坏（蛋）
ʁ	aːu	3	33	里，里面，内，内部
ʁ	aːu	5	35	商量，讨论
ʔ	aːu	1	11	要，带，雇，将，将要，拿，取，取得，收割，索取，学，用
ʔ	aːu	3	33	缎子
h	aːu	2	31	浆，浆液，松油
h	aːu	3	33	酒
h	aːu	4	53	婿，姑爷，女婿
h	aːu	5	35	秧鸡
pj	aːu	5	35	快跑，跑，跑步，逃
pj	aːu	6	24	沸，沸腾，开，冒，喷涌，涌，煮开
phj	aːu	1	11	烘，烤
mj	aːu	2	31	藤，藤绳
tj	aːu	5	35	$mom^{24}tja:u^{35}$ 甲鱼
ndj	aːu	5	35	$ndja:u^{35}ndjo^{33}$ 逛荡
lj	aːu	3	33	暂时，转弯
f	aːm	2	31	故事，“龙门阵”
v	aːm	6	24	犯，犯法，犯罪，罪过
t	aːm	1	11	柄，把儿，把子
th	aːm	5	35	探，探访，走访
nd	aːm	5	35	泡（饭）
n	aːm	2	31	罗盘
l	aːm	2	31	忘，忘记，遗忘
s	aːm	1	11	混合，融合
s	aːm	3	33	走，步行，爬行，行，行走
ʔȵ̊	aːm	1	11	歹，恶，狠，坏，泼辣，凶，凶恶

续表

声母	韵母	调类	调值	意义
j	aːm	1	11	托付，委托，嘱托
k	aːm	3	33	叉，杈
k	aːm	6	24	蟹，螃蟹
kh	aːm	3	33	保管，干涉，管，统治
ŋ̊	aːm	1	11	昏迷
ŋ	aːm	4	53	ŋaːm^{53}pja^{11} 石凹儿
q	aːm	1	11	洞，洞穴，山洞，窑洞
q	aːm	5	35	橙子，柑子，柑橘，柚子
ʁ	aːm	3	33	柱，柱子，房柱
ʁ	aːm	5	35	缸
ʁ	aːm	6	24	缸
ʔ	aːm	3	33	菜，菜肴，熟菜
h	aːm	1	11	三，叁
pj	aːm	1	11	qut^{55}pjaːm^{11} 发髻
phj	aːm	1	11	散，消失
m̥j	aːn	3	33	半新旧
fj	aːn	3	33	玩
p	aːn	1	11	办
p	aːn	3	33	班，辈分
p	aːn	5	35	半，办
p	aːn	6'	55	hə^{31}paːn^{55} 黑板
ph	aːn	1	11	水潘（地名）
mb	aːn	1	11	男
ɓ	aːn	3	33	村，村寨，村庄
m̥	aːn	3	33	黄，黄色
ʔm	aːn	5	35	巾，毛巾，手巾，手帕
f	aːn	1	11	犯，触犯，甜
f	aːn	3	33	扇（一扇门），翻
f	aːn	4	53	还，偿还，归还，交还
f	aːn	5	35	贩，贩卖
f	aːn	6	24	万

续表

声母	韵母	调类	调值	意义
v	aːn	1	11	哼，呻吟，叹气
v	aːn	4	53	vaːn^{53}ȶui^{11} 玩具
t	aːn	1	11	phau^{11}taːn^{11} 炮弹
t	aːn	3	33	ȶen^{55}taːn^{33} 简单
t	aːn	6	24	只要
th	aːn	1	11	分给，叹气
th	aːn	3	33	贪，贪心
th	aːn	4	53	弹
th	aːn	5	35	炭，木炭
th	aːn	6	24	thaːn^{24}khə^{31} 坦克
th	aːn	6'	55	毯子
nd	aːn	1	11	采摘，摘，侧
nd	aːn	5	35	逃，脱逃
ɗ	aːn	1	11	名，名字，姓名
ɗ	aːn	3	33	脏（衣服脏）
ɗ	aːn	5	35	耽误，ta^{35}ɗaːn^{35} 正在
n	aːn	1	11	难，祸患，艰难，落难
n	aːn	3	33	paːn^{33}naːn^{33} 突然
n	aːn	4	53	肌肉，筋肉，南，肉
l	aːn	4	53	laːn^{53}ȶhiu^{53} 篮球
l	aːn	6	24	腐烂，烂，糜烂，破烂，碎
ts	aːn	1	11	占，霸占，站
ts	aːn	6'	55	fa^{31}tsaːn^{55} 发展
tsh	aːn	3	33	掺
tsh	aːn	4	53	馋
tsh	aːn	6'	55	产
s	aːn	1	11	散发
s	aːn	2	31	夜，夜间，夜里
s	aːn	6'	55	伞
z	aːn	4	53	sui^{33}zaːn^{53} 虽然
ȵ	aːn	1	11	铜鼓

续表

声母	韵母	调类	调值	意义
ȵ	aːn	2	31	无聊，厌烦
j	aːn	1	11	回声
k	aːn	1	11	kaːn^{11}ȶin^{11} 干劲
k	aːn	3	33	kaːn^{33}mə^{31} 干涉
k	aːn	5	35	白，洁白
k	aːn	6	24	架，架子，台子，支架
kh	aːn	1	11	khaːn^{11}sau^{55} 看守
ŋ̊	aːn	5	35	凉，凉快
ŋ	aːn	3	33	ŋaːn^{33}tin^{11} 安定
ŋ	aːn	5	35	发疯，疯，疯癫，癫痫
ŋ	aːn	6	24	鹅
ɣ	aːn	2	31	房，房子，户，家，家庭，屋，住房
ɣ	aːn	6	24	晒谷台，晒楼
q	aːn	2	31	节气
q	aːn	3	33	磨
q	aːn	5	35	管，管理
q	aːn	6	24	杆子，竿，竹竿，省吃
ʁ	aːn	1	11	麻，蓖麻，青麻，苎麻
ʔ	aːn	1	11	鞍，鞍子
h	aːn	1	11	孙，外孙
h	aːn	2	31	剩
h	aːn	3	33	红，洪
h	aːn	5	35	散，分散，解散，离散，镶
h	aːn	6	24	惊，惊吓
pj	aːn	6	24	撒，施，散
tj	aːn	3	33	疤，痕，痕迹，痂
fw	aːn	2	31	打鼾
kw	aːn	1	11	斧，斧头，惯
kw	aːn	4	53	缺
ɣw	aːn	3	33	草鱼，鲩鱼
ŋw	aːŋ	6	24	蚱蜢

续表

声母	韵母	调类	调值	意义
p	aːŋ	3	33	帮忙，帮助，扶助
p	aːŋ	4	53	旁寨（地名）
ph	aːŋ	3	33	发霉，霉
mb	aːŋ	5	35	缺
ɓ	aːŋ	1	11	薄，单薄
m̥	aːŋ	3	33	霉
m	aːŋ	1	11	神
m	aːŋ	2	31	何，啥，啥子，什么
m	aːŋ	6	24	盼，盼望，期望，希望
f	aːŋ	1	11	岸，补，补丁，堵（一堵墙），墙，修补，方，方向
f	aːŋ	3	33	敞，宽
v	aːŋ	1	11	稻草，秸
v	aːŋ	4	53	ȵen⁵³vaːŋ⁵³ 阎王
t	aːŋ	2	31	糖
t	aːŋ	3	33	当，当作
t	aːŋ	5	35	担当，当家，抵押，典当，各
th	aːŋ	1	11	淋
th	aːŋ	4	53	堂
nd	aːŋ	1	11	香
ɗ	aːŋ	1	11	光，亮，映照，照
n	aːŋ	1	11	笋，竹笋
n	aːŋ	5	35	甩
l	aːŋ	1	11	木姜
l	aːŋ	4	53	tsau²⁴laːŋ⁵³ 走廊
l	aːŋ	5	35	laːŋ³⁵loŋ³¹ 开心
l	aːŋ	6	24	nam³³laːŋ²⁴ 洪水
ts	aːŋ	1	11	债，账
ts	aːŋ	2	31	n̥o³³tsaːŋ³¹ 松鼠
ts	aːŋ	3	33	图章，印章，章
ts	aːŋ	4	53	象，大象
ts	aːŋ	5	35	qo³⁵tsaːŋ³⁵ 告状

续表

声母	韵母	调类	调值	意义
tsh	aːŋ	4	53	场
ȶ	aːŋ	1	11	调皮，倔，倔强，顽皮，犟，犟牛
ȶ	aːŋ	3	33	讲，演讲
ȶ	aːŋ	5	35	浆，浆洗，上浆
ȶ	aːŋ	6	24	步，步子，脚步
ɕ	aːŋ	4	53	thau^{53}ɕaːŋ^{53} 投降
ɕ	aːŋ	6	24	ɕam^{24}ɕaːŋ^{24} 行赏（地名）
j	aːŋ	4	53	fa^{31}jaːŋ^{53} 发扬
k	aːŋ	2	31	晒楼
k	aːŋ	5	35	敞，敞开
k	aːŋ	6	24	岗
kh	aːŋ	1	11	焙，炕，烤，债，债务
kh	aːŋ	5	35	吹风，风，刮风
ŋ	aːŋ	2	31	vjən^{11}ŋaːŋ^{31} 龅牙
ɣ	aːŋ	2	31	干，焦枯，枯
ɣ	aːŋ	5	35	干净，洁净，凉，凉快，凉爽，清白，爽快
q	aːŋ	1	11	钢
ʁ	aːŋ	1	11	颌，颚
ʁ	aːŋ	5	35	雌，母
h	aːŋ	1	11	根，根子
h	aːŋ	4	53	产，出生，诞生，繁殖，分娩，生，饲养，喂养，畜养，养
h	aːŋ	5	35	埋葬，入土，掩埋，葬
h	aːŋ	6	24	会，善于
pj	aːŋ	5	35	敞开
pj	aːŋ	6	24	扁，空洞
phj	aːŋ	3	33	醒（酒醒）
mj	aːŋ	2	31	穗，穗儿
mj	aːŋ	5	35	部分
tj	aːŋ	2	31	haːn^{33}tjaːŋ^{31} 红彤彤
tj	aːŋ	6	24	篮子

续表

声母	韵母	调类	调值	意义
lj	aːŋ	3	33	逛
lj	aːŋ	4	53	梁
lj	aːŋ	5	35	ljaːŋ^{35}lja^{33} 逛荡
tsj	aːŋ	1	11	犟
sj	aːŋ	1	11	像，相片
kw	aːŋ	3	33	刀
kw	aːŋ	5	35	桄子
p	aːp	7	35	to^{24}paːp^{35} 扁豆
f	aːp	7	35	法子
t	aːp	7	35	担，担子，挑
t	aːp	8	31	踢，踹
ɗ	aːp	7	35	蟑螂
l	aːp	7	35	闪，闪光
l	aːp	8	31	塞
s	aːp	7	35	拃［张开大拇指和食指（或中指）来量长度；表示张开的大拇指和食指（或中指）两端间的距离］
s	aːp	8	31	水煮
z	aːp	7	35	麻
ȶ	aːp	7	35	甲（天干第一）
ȶ	aːp	8	31	跨，迈，渡
j	aːp	7	35	jaːp^{35}jaːp^{35} 闪光的样子
ʔ	aːp	7	35	洗澡
h	aːp	7	35	接，焊接，继续
pj	aːp	7	35	瘪
ndj	aːp	7	35	ndjaːp^{35}nam^{33} 波浪
ʔnj	aːp	7	35	ʔnjaːp^{35}nam^{33} 波浪
lj	aːp	7	35	裂缝
p	aːt	7	35	八
p	aːt	8	31	paːt^{31}laːt^{31} 骤然
ph	aːt	7	35	割
m̥	aːt	7	35	背时，倒霉，丧气

续表

声母	韵母	调类	调值	意义
m	a:t	8	31	袜，袜子
t	a:t	7	35	打，擂，篱笆，揍
l	a:t	7	35	一起，顺便
l	a:t	8	31	pa:t^{31}la:t^{31} 骤然
s	a:t	8	31	痱子
ʔȵ	a:t	7	35	ʔȵit^{55}ʔȵa:t^{35} 冰冷
k	a:t	7	35	ko^{11}ka:t^{35} 稀疏
kh	a:t	7	35	铲，铲除，通通，统统
ŋ̊	a:t	7	35	ŋ̊am^{33}ŋ̊a:t^{35} 昏迷
ŋ	a:t	7	35	ŋa:t^{35}ta:t^{35} 寂静
ɣ	a:t	8	31	紧绑，捆扎
q	a:t	7	35	ʔma^{11}qa:t^{35} 芥菜
qh	a:t	7	35	涩
ʁ	a:t	7	35	麻利，敏捷
h	a:t	7	35	搓，捻
h	a:t	8	31	爬，攀，攀登
phj	a:t	7	35	出血，流血，血
tj	a:t	8	31	tjut^{31}tja:t^{31} 皱巴巴
tj	a:t	8	31	la:n^{24}tja:t^{31} 溃烂
p	a:k	7	35	把，口，嘴，嘴巴
p	a:k	8	31	白
m̥	a:k	7	35	嚼，咀嚼，劈
f	a:k	7	35	mai^{53}fa:k^{35} 杉，杉树，杉木
t	a:k	7	35	打，钉，鸣叫（母鸡下蛋后鸣叫），敲，榨，榨取
t	a:k	8	31	量，比
nd	a:k	7	35	拉
ɗ	a:k	7	35	扯，拉，牵，伸长，拖
n̥	a:k	7	35	ʔau^{53}n̥a:k^{35} 糙米
l	a:k	7	35	带子，骨，骨头，绳，绳索，绳子，索子，藤（蔓），缰绳
l	a:k	8	31	雏，儿子，孩子，苗，秧苗，崽

续表

声母	韵母	调类	调值	意义
ts	aːk	7	35	鞋，掌
ȶ	aːk	7	35	架，渣，渣滓，渣子
ȵ̥	aːk	7	35	老（菜老了），心烦，烦闷
ʔȵ	aːk	7	35	ʔȵaːk^{35}mom^{24} 鱼鳃
j	aːk	7	35	jaːk^{35}fan^{11} 竹片
k	aːk	7	35	铲，砍，劈
kh	aːk	7	35	faːi^{53}khaːk^{35} 堂兄
ɣ	aːk	8	31	铁锈，锈
q	aːk	7	35	自己，本人，个人，自个儿，骨，刺，鲠
h	aːk	7	35	舂，捣
h	aːk	8	31	基，基础，地基
pj	aːk	7	35	额
pj	aːk	8	31	pjaːk^{31}ɓiŋ^{35} 卜卦
kw	aːk	7	35	锄头
p	ai	1	11	倍，背（时），背（诵）
p	ai	1	11	背诵
p	ai	2	31	甘薯
p	ai	5	35	讲，聊天，铺，谈天
p	ai	6'	55	摆，聊天，谈天，铺
ph	ai	1	11	fən^{11}phai^{11} 分派
ph	ai	4	53	亏本，赔，赔本
m̥	ai	5	35	鲜，新，新鲜
m	ai	4	53	棒，棺材，棍，木，木头，树，树木
ʔm	ai	5	35	抠门儿，吝惜，吝啬
f	ai	1	11	pho^{11}fai^{11} 破坏
f	ai	3	33	更多
f	ai	6	24	舅母，姨母，姨子
t	ai	1	11	去世，逝世，死
t	ai	2	31	持，把，搀扶，带领，端，扶，领，率领，拿，携，携带
t	ai	3	33	盯，叮，观察，注视，蜇，螫
t	ai	5	35	龟裂，开裂，裂，裂开，裂口，皲裂

续表

声母	韵母	调类	调值	意义
t	ai	6	24	带，背带
th	ai	1	11	thai^{11}pin^{53} 太平
ɗ	ai	3	33	得，获得，可，可以，能，能，能够，取得，收到
n̥	ai	1	11	动，动摇，摇动，震动
n	ai	2	31	m̥a^{11}nai^{31} 豺狗
l	ai	1	11	好（喜好），耍赖
l	ai	3	33	男阴
l	ai	4	53	vjen^{53}lai^{53} 原来
ts	ai	1	11	sɿ^{31}tsai^{11} 实在
ts	ai	1	11	再，很
ts	ai	2	31	豺，豺猫，山猫，野猫
ts	ai	3	33	灾
ts	ai	4	53	锄头
ts	ai	5	35	级，楼梯的级
tsh	ai	4	53	fən^{53}tshai^{53} 横财
s	ai	1	11	hip^{31}sai^{11} 贬歌
s	ai	6	24	事，事情
ȵ	ai	3	33	竹枝
ç	ai	1	11	巧，贤惠
ç	ai	2	31	正梁，桁，檩，檩子
j	ai	5	35	分辨，数
k	ai	1	11	真，真的，kaːn^{35}kai^{11} 洁白
k	ai	3	33	jin^{11}kai^{33} 应该
k	ai	5	35	产卵，蛋，卵，下蛋
k	ai	6	24	改（改正）
kh	ai	3	33	khai^{33}ço^{31} 开学
kh	ai	3	33	khai^{33}fui^{11} 会议
ŋ̊	ai	1	11	打开，驾驶，揭，开，开动，启
ŋ̊	ai	5	35	听，听见，觉得
ŋ	ai	6	24	颊
ɣ	ai	1	11	想念

续表

声母	韵母	调类	调值	意义
ɣ	ai	2	31	梨
q	ai	2	31	qom³¹qai³¹ 凹陷
q	ai	3	33	不，莫，既然不
ʔ	ai	2	31	我
ʔ	ai	3	33	个，位
ʔ	ai	5	35	还，仍旧，又，再，重新
h	ai	3	33	公（鸡），雄，即将，几乎，将要，快要，要
h	ai	5	35	母（小母牛）
phj	ai	5	35	附近，近，临近，邻近
ndj	ai	3	33	采购，买，置办
ɗj	ai	5	35	浅
lj	ai	4	53	ljam³³ljai⁵³ 蝉
lj	ai	6	24	卷叶虫
kw	ai	1	11	ʈhi⁵³kwai¹¹ 奇怪
kw	ai	3	33	kwai³³ʈi²⁴ 规矩
khw	ai	1	11	khwai¹¹ʈi¹¹ 会计
ʈj	au	3	33	胶（动植物胶）
p	au	1	11	报纸，报
p	au	2	31	布谷鸟，鸽子，小男阴
p	au	3	33	表扬，称赞，夸奖，赞颂
p	au	6'	55	fa³¹pau⁵⁵ 法宝
ph	au	1	11	phau¹¹pin³³ 炮兵
m̥	au	1	11	m̥au¹¹lau¹¹ 粗鲁
m	au	1	11	涮
t	au	1	11	（马）道，斗（争）
t	au	2	31	群
t	au	3	33	taːn³³tau³³ 影子
t	au	4	53	斗，市斗
t	au	5	35	播，撒播
t	au	6	24	燃，着，传染，快（刀很快）
t	au	6'	55	vin¹¹tau⁵⁵ 熨斗

续表

声母	韵母	调类	调值	意义
th	au	1	11	套
th	au	4	53	tai^{11}thau^{53} 带头
th	au	4	53	hə^{31}thau^{53} 核桃
th	au	4	53	lin^{53}thau^{53} 零头
th	au	5	35	到，到达，抵达，至
th	au	6'	55	thau^{55}lən^{11} 讨论
nd	au	1	11	青苔，苔藓
nd	au	3	33	窝
nd	au	5	35	盛，装
ɗ	au	1	11	瞄准，随即，向来，一向
n	au	1	11	闹，淘气，顽皮
l	au	1	11	桥孔
l	au	4	53	赶，撵，驱
l	au	6'	55	lau^{55}paːn^{55} 老板
ts	au	1	11	照，按照，依照，遵照，照（照镜子）
ts	au	2	31	遭，被，遭受
ts	au	3	33	州
ts	au	6	24	对，双
tsh	au	1	11	tshwaːŋ^{53}tshau^{11} 创造
tsh	au	3	33	tshau^{33}ȶhjan^{33} 抽签
tsh	au	4	53	tshau^{53}sjə^{11} 酬谢
s	au	1	11	闹，打闹
s	au	3	33	发端，开始，烧，收，守（狗守门），征收，主人
s	au	6'	55	sau^{55}ɕu^{31} 手续
z	au	1	11	za^{33}zau^{11} 轻飘
ȶ	au	1	11	拐弯儿，曲，弯，弯曲
ȶ	au	3	33	胶，缴（缴公粮）
ȶ	au	4	53	小腿，胫
ȶh	au	5	35	段，节
ȵ̥	au	5	35	丑，坏，难看
ɕ	au	1	11	ɕo^{31}ɕau^{11} 学校

续表

声母	韵母	调类	调值	意义
ç	au	3	33	懂得，了解，明白，晓，晓得，知道
ç	au	4	53	嚣
ç	au	5	35	啄
j	au	3	33	腰褰
j	au	4	53	比较
ʔj	au	3	33	筐
ʔj	au	5	35	倒，洒，斟，铸
k	au	1	11	媾
k	au	3	33	fa^{31}kau^{33} 发糕
k	au	5	35	摆动，颤抖，颠簸，抖，哆嗦，发抖
kh	au	1	11	正好，仅有
kh	au	1	11	靠（靠他），扣除
kh	au	3	33	吝啬，小气
kh	au	4	53	抠门儿，吝啬，悭吝，小气
kh	au	5	35	吠，狗叫
kh	au	6'	55	fu^{11}khau^{55} 户口
ŋ̥	au	1	11	ŋ̥a:n^{35}ŋ̥au^{11} 冰凉
ŋ	au	6	24	东西，工具，用品
ɣ	au	5	35	东西，货物，什物，物品
q	au	1	11	老鹰，猫头鹰
qh	au	1	11	钩
qh	au	3	33	ʔai^{33}qhau^{33} 雇工
ʔ	au	1	11	要
ʔ	au	3	33	芦苇
ʔ	au	4	53	饭，粮食，米，米饭
ʔ	au	5	35	笼屉，甑，甑子
h	au	1	11	号，好，爱好
h	au	3	33	卜，卜卦，问卜，占
h	au	6'	55	tsui^{11}hau^{55} 最好
pj	au	6'	55	tai^{11}pjau^{55} 代表
phj	au	1	11	phjoŋ^{35}phjau^{11} 光秃秃

续表

声母	韵母	调类	调值	意义
phj	au	5	35	撒施
sj	au	1	11	经受，受，遭受
sj	au	3	33	少
t	am	2	31	鼓，皮鼓
t	am	3	33	触，个把，个别，关，关押，接触，碰，囚禁，撞
th	am	3	33	砌
nd	am	1	11	潭，池塘，湖，水库
nd	am	5	35	矮，低
n	am	3	33	水
ʔn	am	1	11	黑，青，乌
ʔn	am	3	33	常常，经常，老是，时常，向来，一贯，一向，总
ʔn	am	5	35	跟，和，同，参加，陪伴
l	am	1	11	果子，插（插秧），疙瘩，猎，个，架，件，句，辆，盏，张，座
ts	am	1	11	鬼，鬼怪，魔鬼
ts	am	2	31	躲，躲避，躲藏
ts	am	3	33	弯腰
ts	am	4	53	掐（用指甲），抓
s	am	5	35	纳，倒下
ȵ	am	2	31	赶紧
ȵ	am	3	33	勉强
ȵ	am	6	24	遍
ʔȵ	am	1	11	把，握，把（一把秧苗），难
ʔȵ	am	5	35	跟随，跟着，晚，晚上
ɕ	am	3	33	箭
ɕ	am	4	53	啸
ɕ	am	5	35	倒
ɕ	am	6	24	ɕam^{24}ɕaːŋ^{24} 行赏（地名）
j	am	1	11	邀，邀约，预约
ʔj	am	1	11	深，深奥，隐瞒
ʔj	am	3	33	染

续表

声母	韵母	调类	调值	意义
k	am	1	11	侗族，拦，篱笆，围
k	am	3	33	乘便，将就，仍然，捎带，顺便，永远，照旧
k	am	4	53	戳，刺，捅，扎
ŋ̊	am	3	33	发昏，糊涂，昏，晕
ʔŋ	am	1	11	叼，含，衔
ɣ	am	2	31	ɣam³¹tin¹¹ 赤脚
ʔɣ	am	1	11	沉，沉淀，沉没
ʔɣ	am	5	35	ʔɣam³⁵loŋ³¹ 放心
q	am	2	31	苦
q	am	3	33	副，盖子
q	am	5	35	紫
ʁ	am	1	11	浑，浸泡，浊
ʔ	am	5	35	背（东西），拖欠（账务）
h	am	1	11	旱
h	am	2	31	香椿
h	am	3	33	伏，俯，覆盖，趴，扑，蘸，他
h	am	4	53	靠近，近
h	am	5	35	灭，熄灭
pj	am	1	11	孵，抱窝，发，头发
pj	am	3	33	伐，砍
tj	am	2	31	压，压住
tj	am	6	24	踩，跺，践踏，踏，舞蹈，拄
ɗj	am	5	35	荫，阴
ʔnj	am	5	35	和，随，与
lj	am	3	33	背面，反面
lj	am	5	35	ljam³⁵ljaːŋ¹¹ 念叨
p	an	2	31	磨，摩擦
p	an	3	33	挤
p	an	5	35	转，转动，摆动，抛，甩，旋转，摇摆，簸
ph	an	1	11	系，绑，捆，捆绑，勒，束，拴
m	an	1	11	他

续表

声母	韵母	调类	调值	意义
m	an	2	31	番薯，油
m	an	3	33	李子
m	an	6	24	放，放置，搁，搁放，离开，撂，留，抛，舍弃，停留，遗留
f	an	1	11	竹，竹子
f	an	2	31	讲话，说话
f	an	5	35	簸
f	an	6	24	$fa{:}i^{11}fan^{24}$ 往返
v	an	1	11	白天，日子，昼，天，时间，（鱼）苗，种子
t	an	3	33	穿，戴
t	an	4	53	踩，践踏，踏
nd	an	3	33	蹭，用身体挤
ɗ	an	1	11	肾，吞，吞咽，咽
n	an	1	11	熬，炖
n	an	2	31	虱，虱子，体虱
l	an	2	31	搓，可能，烙，轧（车轧死人）
l	an	5	35	次，顿，回，下，伤，疤，疮，痂
l	an	6	24	$lan^{24}to^{11}$ 锁门
ts	an	2	31	锋利，尖利，快
ts	an	5	35	$tsan^{35}qa{:}i^{35}$ 鸡冠
ts	an	6	24	跟随，跟踪，追
s	an	1	11	飞溅，溅，浇灌
s	an	3	33	焦急，心慌，着急
s	an	4	53	匆忙，慌忙，忙，忙碌，越
z	an	1	11	重
n̥	an	1	11	n̥a:k[35]n̥an[11] 太老了
ʔj	an	3	33	憋，忍，忍受
kw	an	2	31	火烟，熏，烟
kh	an	5	35	峭壁，悬崖，崖，岩
ɣ	an	5	35	啃
ɣw	an	3	33	扭（扭了脚）

续表

声母	韵母	调类	调值	意义
q	an	1	11	积攒，俭省，节省，累积，省俭
q	an	3	33	拦，拦挡
qh	an	1	11	好吃，可口，鲜美
ʁ	an	3	33	善辩（贬义）
ʔ	an	5	35	猜，揣测，估计，挂念，料想，牵挂，思念，想，想念，预料
h	an	1	11	既然
h	an	4	53	蚯蚓
h	an	5	35	健康，精壮，能干，泼辣，气力，强壮，心毒，壮，壮实
ʤ	an	1	11	刁滑，光滑，滑，狡猾，油滑
sj	an	5	35	扬
p	uə̭n	2	31	秤盘，盘子
p	uə̭n	3	33	搬
p	uə̭n	3	33	搬，迁，迁移
m	uə̭n	4	53	瞒，鹌鹑
m	uə̭n	6	24	猴
f	uə̭n	1	11	缓慢，慢
f	uə̭n	2	31	打鼾，鼾声
f	uə̭n	5	35	思考，思虑，琢磨
f	uə̭n	6	24	线
t	uə̭n	4	53	极，最
t	uə̭n	5	35	猜，揣测
th	uə̭n	4	53	thuə̭n^{53}ʈə^{31} 团结
ts	uə̭n	1	11	砖
s	uə̭n	1	11	算，算了，计算
l	uə̭n	2	31	爬行，匍匐
l	uə̭n	6	24	乱
k	uə̭n	1	11	官，魂魄，灵魂，阴魂，幽魂
k	uə̭n	3	33	kuə̭n^{33}ljeu^{53} 官僚
k	uə̭n	5	35	mbe^{11}kuə̭n^{35} 前年

续表

声母	韵母	调类	调值	意义
k	uə̯n	6'	55	管，管子，馆
kh	uə̯n	6'	55	po^{31}khuə̯n^{55} 拨款
ȶ	uə̯n	2	31	打拳，拳（打一拳）
ȶ	uə̯n	3	33	卷，缠绕
ȶh	uə̯n	4	53	fa^{53}ȶhuə̯n^{53} 划拳
ȶh	uə̯n	5	35	劝
ɕ	uə̯n	2	31	瘫
j	ue̯i	4	53	和酒声
p	ue̯i	5	35	故意
s	ue̯i	4	53	傻瓜
t	ue̯i	4	53	突然叫一声使惊吓
t	ue̯i	5	35	栗，栗子
ɓ	uə̯ŋ	5	35	面，侧面
v	uə̯ŋ	1	11	高
v	uə̯ŋ	2	31	皇帝
v	uə̯ŋ	5	35	楼层
p	aŋ	1	11	倒，倒塌，垮，塌，塌方，坍塌
p	aŋ	3	33	paŋ^{33}tsu^{11} 帮助
m̥	aŋ	1	11	m̥aːn^{33}m̥aŋ^{11} 黄澄澄
m̥	aŋ	3	33	肉中刺
m	aŋ	2	31	湖，水潭，潭
m	aŋ	4	53	高兴，快乐，耍，玩，玩耍，喜爱，喜好，喜欢，愉快
f	aŋ	1	11	稗子，桃子
f	aŋ	3	33	ɕi^{33}faŋ^{33} 西方
f	aŋ	4	53	ɕuŋ^{53}faŋ^{53} 雄黄
f	aŋ	5	35	埂
f	aŋ	6	24	pi^{55}faŋ^{24} 比方
v	aŋ	1	11	草，草料
v	aŋ	4	53	to^{24}vaŋ^{53} 豌豆
t	aŋ	1	11	来，出现，过来，进来
t	aŋ	2	31	qaːm^{35}taŋ^{31} 柚子

续表

声母	韵母	调类	调值	意义
t	aŋ	3	33	当（当兵），戥，戥子
t	aŋ	4	53	停，停止，休止，终止
t	aŋ	5	35	椅
t	aŋ	6	24	当，me^{31}taŋ^{24} 不等
t	aŋ	6'	55	taŋ^{55}phaːi^{11} 党派
th	aŋ	3	33	thaŋ^{33}ko^{33} 汤锅
th	aŋ	5	35	thaŋ^{35}theŋ^{35} 挣扎
nd	aŋ	3	33	ndaŋ^{33}ʔɣa^{35} 田缺
nd	aŋ	5	35	称，秤，拉（肚子），跑
ɗ	aŋ	3	33	ʁa^{11}ɗaŋ^{33} 灵芝
n̥	aŋ	1	11	tjaŋ^{11}n̥aŋ^{11} 好久
n	aŋ	4	53	痴，呆，愣
n	aŋ	6	24	非常，很，太
ʔn	aŋ	1	11	鼻，鼻儿，鼻子，有，包含，闩
ʔn	aŋ	5	35	咸
l	aŋ	2	31	才，大概，大约，方才，刚，刚刚，约莫
l	aŋ	3	33	ji^{11}laŋ^{33} 议榔
l	aŋ	5	35	立，翘，竖，竖立，直
l	aŋ	6	24	让开
ts	aŋ	6'	55	ɕan^{11}tsaŋ^{55} 县长
tsh	aŋ	3	33	tsɿ^{11}tshaŋ^{33} 痔疮
tsh	aŋ	6'	55	厂，工厂
s	aŋ	1	11	上
s	aŋ	2	31	吊，挂，悬挂，张挂
s	aŋ	3	33	受伤
ȶh	aŋ	3	33	sau^{55}ȶhaŋ^{33} 手枪
ȶh	aŋ	5	35	段，截，节
ɕ	aŋ	1	11	筷筒
ɕ	aŋ	2	31	痴，蠢，憨，老实，傻，直，坦率，正直，直爽，愣
ɕ	aŋ	3	33	时，当时
ɕ	aŋ	6'	55	li^{55}ɕaŋ^{55} 理想

续表

声母	韵母	调类	调值	意义
j	aŋ	3	33	tsuŋ^{33}jaŋ^{33} 中央
j	aŋ	4	53	高举
j	aŋ	6'	55	phai^{53}jaŋ^{55} 培养
k	aŋ	1	11	草，青草
ɣ	aŋ	2	31	滩
ɣ	aŋ	4	53	ɓaːn^{33}ɣaŋ^{53} 把羊（地名）
ɣ	aŋ	6	24	搡
q	aŋ	5	35	tu^{33}qaŋ^{35} 交配
ʁ	aŋ	3	33	槛，门楣，楣
h	aŋ	2	31	mbe^{11}haŋ^{31} 年成
h	aŋ	3	33	挡，隔断，拦挡，遮拦，阻拦
h	aŋ	4	53	jin^{53}haŋ^{53} 银行
pj	aŋ	5	35	剖
mj	aŋ	6	24	部分，分别
tj	aŋ	1	11	长，长久，久
tj	aŋ	5	35	饱，腻，醉
nj	aŋ	1	11	tjaŋ^{11}njaŋ^{11} 长久
lj	aŋ	4	53	ljaŋ^{53}ʔnda^{11} 翻白眼
sj	aŋ	1	11	hau^{33}sjaŋ^{11} 好像
sj	aŋ	6'	55	ɕiu^{33}sjaŋ^{55} 休想
tsw	aŋ	1	11	装，假装
kw	aŋ	1	11	fa^{31}kwaŋ^{11} 发光
kw	aŋ	3	33	kwaŋ^{33}juŋ^{53} 光荣
kw	aŋ	6'	55	kwaŋ^{55}kaːu^{11} 广告
khw	aŋ	1	11	矿物
khw	aŋ	3	33	框
m	ap	8	31	map^{31}tsə^{11} 嗜吃
t	ap	7	35	肝，扣，锁
t	ap	8	31	叠，堆，堆叠，垒
ɗ	ap	7	35	灭，熄，熄灭
l	ap	8	31	腌，塞

续表

声母	韵母	调类	调值	意义
ts	ap	8	31	都，每，齐，齐全，全部
n̥	ap	7	35	n̥ap[35]nam[33] 潜水
ȵ	ap	8	31	捏
ʔj	ap	7	35	眨
k	ap	7	35	和，加，连同，增加
kh	ap	7	35	牢笼，笼
ŋ	ap	8	31	闭，封，关，关闭
q	ap	7	35	夹，卡，钳
h	ap	7	35	捕捉，逮，逮捕，擒，抓
tj	ap	8	31	捶，砸
ɗj	ap	7	35	ɗjap[35]nda[11] 眨眼
ʔnj	ap	7	35	狭，狭隘，狭小，狭窄
lj	ap	7	35	缝隙，角落，隙，旮旯儿，（指甲）盖
m̥	at	7	35	跳蚤，蚤，蛇蚤
m	at	8	31	甜（盐）
f	at	7	35	发（情），风骚，淫荡
f	at	8	31	乏，困乏
v	at	7	35	抽打
t	at	7	35	殴打
t	at	8	31	追，追赶，追逐
th	at	7	35	踢，踢开
ɗ	at	7	35	丝瓜
j	at	8	31	拉，牵
ʔŋ	at	7	35	ʔŋat[35]ʔŋo[33] 吞吞吐吐
ɣ	at	7	35	ɣat[35]ṭən[33] 勒紧
ɣ	at	8	31	勒
q	at	7	35	割，裁，打岔，剪，剪裁，结子，切
h	at	7	35	hoi[35]hat[35] 飞快
tj	at	8	31	tjam[24]tjat[31] 反复
ʔŋw	at	7	35	ʔŋwat[35]ku[33] 点头
p	ak	8	31	ʔma[11]pak[31] 萝卜

续表

声母	韵母	调类	调值	意义
m	ak	8	31	墨
ʔm	ak	7	35	打记号
f	ak	7	35	荚
t	ak	7	35	襟，胸，胸膛，折，折断
t	ak	8	31	人，雄，公
nd	ak	7	35	漆
ɗ	ak	7	35	聋，呛，（酒）糟
n̥	ak	7	35	睡，睡觉，睡着，躺下
l	ak	7	35	洗，洗涤
s	ak	7	35	颜色
ȶ	ak	1	11	ȶau^{11}ȶak^{11} 弯弯曲曲的
ȵ	ak	8	31	插
ʔȵ	ak	7	35	ʔȵaːm^{11}ʔȵak^{35} 狠毒
k	ak	8	31	层，段
kh	ak	7	35	能干，努力，勤，勤快
ʔɣ	ak	7	35	潮湿，淋湿，湿
ʔ	ak	7	35	逃跑
h	ak	7	35	挤，紧，忙，拥挤，哽，鲠（骨鲠在喉）
tj	ak	7	35	断，闪，折
thj	ak	7	35	戴，带，佩带
ndj	ak	7	35	蚂蚱
ɗj	ak	7	35	节日，时
nj	ak	7	35	zan^{11}njak^{35} 沉甸甸
lj	ak	7	35	盗，盗窃，窃，偷
tsj	ak	7	35	当心，谨慎，留神，留心，小心，着想
n̥	o	1	11	ʔȵit^{55}hn̥o^{11} 冷
p	o	1	11	播
p	o	2	31	瘪，拨，钵，驳，反驳
p	o	3	33	kwaŋ^{55}po^{33} 广播
p	o	4	53	黄牛
p	o	5	35	哄，哄骗，瞒哄，蒙骗，欺骗

续表

声母	韵母	调类	调值	意义
ph	o	1	11	pho^{11}fai^{11} 破坏
m	o	3	33	抚摩
m	o	4	53	磨，折磨
m	o	6	24	麦
f	o	2	31	fo^{31}fo^{31} 呼呼（风刮声）
t	o	1	11	多，比较，更，更加，门
t	o	2	31	大蒜，匹，蒜，头，一，壹，只（一匹马）
t	o	3	33	to^{33}sə^{11} 多谢
t	o	4	53	驮，围胸
t	o	5	35	教，驯服，引导，指，指导
t	o	6	24	豆，豆子
th	o	2	31	托，委托
th	o	3	33	拖，拖延
th	o	4	53	lo^{53}tho^{53} 骆驼
nd	o	1	11	绑，缠绕，捆，拴，系
nd	o	3	33	见，看见，目睹，瞧见
ɗ	o	1	11	（植物）慢性
ɗ	o	5	35	胆，苦胆
n̥	o	1	11	冬
n̥	o	3	33	耗子，老鼠，鼠
l	o	1	11	金星，启明星
l	o	2	31	烙，骡，骡子，窑（砖窑），栀子
l	o	3	33	秃
l	o	4	53	箩斗，箩筐，木桥，竹箩
l	o	5	35	气，气息，嗓门儿，嗓音，声，声音
l	o	6	24	落，掉，流，露，袒露，稀
ts	o	1	11	tso^{11}vai^{11} 座位
ts	o	2	31	ho^{31}tso^{31} 合作
tsh	o	1	11	错，过错
s	o	1	11	初
s	o	2	31	缩

续表

声母	韵母	调类	调值	意义
s	o	3	33	梭，穿梭
s	o	5	35	锉，锉子
s	o	6	24	so^{24}ʔjit^{55} 初一
z	o	2	31	弱，衰弱
ȶ	o	2	31	角
ȶh	o	2	31	tsən^{11}ȶho^{31} 正确
ʔȵ	o	3	33	ʔȵət^{55}ʔȵo^{33} 荡秋千
ɕ	o	2	31	学，学习
j	o	1	11	袜，袜子
j	o	2	31	jin^{33}jo^{31} 音乐
j	o	3	33	jo^{33}haːi^{31} 吊丧
ʔj	o	3	33	ʔjam^{11}ʔjo^{33} 深深的
k	o	1	11	疏，稀
k	o	2	31	pa^{31}ko^{31} 八角
k	o	3	33	打捞，歌，摸黑，瞎摸
k	o	4	53	盲，瞎，匣子
k	o	5	35	露，显露
k	o	6	24	稀疏
k	o	6'	55	sui^{55}ko^{55} 水果
kh	o	1	11	课，量，痈，痈疽
kh	o	2	31	kha^{55}kho^{31} 卡壳
kh	o	3	33	kho^{33}ɕo^{31} 科学
kh	o	6'	55	kho^{55}ji^{55} 可以
ŋ	o	2	31	蜘蛛，午
ŋ	o	4	53	五，伍
ʔŋ	o	3	33	ʔŋat^{55}ʔŋo^{33} 吞吞吐吐
ɣ	o	2	31	白，白白地，空，空手，另外
ɣ	o	3	33	或，或者，是
ɣ	o	4	53	懂，会，明了
ɣ	o	6	24	过滤，漏
q	o	0	3	qo^{0}hau^{35} 后颈窝

续表

声母	韵母	调类	调值	意义
q	o	1	11	撑（船），桶
q	o	2	31	蝙蝠
q	o	3	33	便，或，或者，即，就，已经，赛
q	o	4	53	脖子，喉咙，颈，咽喉
q	o	5	35	告状，打官司
q	o	6	24	喉，嗓子，咽喉
ʔ	o	2	31	啊，喔
ʔ	o	3	33	干净，驼背
ʔ	o	5	35	吹，哦
h	o	1	11	怕，害怕，贺，怀疑，或许，惧怕，可能，可怕，恐惧，也许
h	o	2	31	盒，盒子，匣
h	o	3	33	苦，困难，贫，贫苦，清贫，穷，穷困
h	o	4	53	安放，捕，朝向，打，放，缴，缴纳，经过，上缴，施肥，投
h	o	6'	55	$ho^{55}tshai^{53}$ 火柴
pj	o	2	31	恒丰（地名）
pj	o	6	24	葫芦，匏瓜
mj	o	3	33	一瞥
ɗj	o	5	35	逗，挑逗
lj	o	2	31	ṭhin^{33}ljo^{31} 侵略
lj	o	3	33	很，太
khw	o	2	31	khwo^{31}fu^{53} 括号
t	oi	4	53	我的
t	oi	5	35	对，核对，是，正，指责，中
l	oi	2	31	擂钵
ɕ	oi	2	31	ɕaŋ^{31}ɕoi^{31} 笔直
k	oi	2	31	搔，抓
q	oi	1	11	踩烂
ʁ	oi	1	11	ʁam^{11}ʁoi^{11} 浑浊
h	oi	1	11	生石灰，石灰

续表

声母	韵母	调类	调值	意义
h	oi	5	35	赶快，急速，紧急，快，迅速
mj	oi	2	31	拔，煺
ɗj	oi	1	11	ɗjan^{11}ɗjoi^{11} 滑溜溜
m	om	6	24	鱼
t	om	5	35	滴，点
kh	om	3	33	ʔma^{11}khom^{33} 蓝靛草
q	om	2	31	凹，塌陷，洼陷
tj	om	3	33	痣
p	on	1	11	paːk^{31}pon^{11} 苍白
l	on	4	53	迟钝，呆滞，磨损
s	on	1	11	穿（针）
ȶh	on	5	35	解劝，劝
q	on	4	53	短，秃，急躁
q	on	6	24	串，散步，遛，遛弯儿
ʁ	on	3	33	pja^{11}ʁon^{33} 鹅卵石
p	oŋ	2	31	堆
p	oŋ	4	53	池塘，水塘，塘
ɓ	oŋ	5	35	ʔau^{53}ɓoŋ^{35} 荞麦
m	oŋ	6	24	阳猛（地名）
f	oŋ	1	11	封
t	oŋ	1	11	指头
t	oŋ	2	31	同，共同，相同，一起，铜
t	oŋ	5	35	冻，冻结，凝冻，肉冻
t	oŋ	6	24	三洞（地名）
th	oŋ	1	11	通，空间足够
th	oŋ	3	33	桶
nd	oŋ	5	35	颈圈，项圈
ɗ	oŋ	1	11	森林，树林，野
ɗ	oŋ	3	33	簸箕
nd	oŋ	1	11	水东（地名）
l	oŋ	2	31	肚子，心，心肠，性情，性子

续表

声母	韵母	调类	调值	意义
l	oŋ	4	53	草萝，筐，筐子，箩筐，推搡
l	oŋ	5	35	段，松，闲空，之间
ts	oŋ	2	31	层
s	oŋ	1	11	蹲，跟
ȶ	oŋ	3	33	弱，瘦，消瘦
ȶ	oŋ	6	24	ȶoŋ^{24}qha^{11} 耳环
ȵ̥	oŋ	1	11	鬃
ȵ	oŋ	2	31	浓，舒服，高兴，肥沃，浑浊
ʔȵ	oŋ	5	35	虾，虾子
ç	oŋ	1	11	后跟
j	oŋ	1	11	踮
j	oŋ	2	31	解冻，融化，溶，溶化，消融
j	oŋ	6	24	利用，使用，用
ʔj	oŋ	5	35	蹦，高兴，腾跃，跳跃
k	oŋ	2	31	旁
k	oŋ	5	35	串，朵
kh	oŋ	1	11	空，壳
kh	oŋ	3	33	洞，洞穴，赶
ɣ	oŋ	2	31	ndu^{33}ɣoŋ^{31} 和暖
ʔɣ	oŋ	1	11	雄性
ʔɣ	oŋ	3	33	天星（地名）
q	oŋ	1	11	工，功劳，活，活路，事情
q	oŋ	1	11	qoŋ^{11}mjə^{11} 手指节
q	oŋ	4	53	qoŋ^{53}li^{31} 犁弓
q	oŋ	5	35	外祖父，爷爷，祖父
h	oŋ	1	11	空，罐，坛，坛子，瓮
h	oŋ	2	31	蔸，丛，茬
pj	oŋ	4	53	箱，箱子，竹箱
pj	oŋ	5	35	泄漏
tj	oŋ	5	35	脆弱，撒，撒手
tj	oŋ	6	24	拎，提

续表

声母	韵母	调类	调值	意义
ndj	oŋ	3	33	所，场地，场所，处所，地点
ndj	oŋ	5	35	族
ɗj	oŋ	1	11	ɗje⁰ɗjoŋ¹¹ 蝌蚪
nj	oŋ	6	24	柄，蒂
lj	oŋ	2	31	水龙（地名）
lj	oŋ	3	33	蜕皮
s	op	7	35	锄，薅
q	op	8	31	凹，山谷
ɗ	ot	7	35	ɗa³³ɗot³⁵ 坚硬
l	ot	8	31	lot³¹ma³¹ 结巴
s	ot	7	35	告诉，教诲，骂，说，训，训斥，训诫
ȶ	ot	8	31	半
ȶh	ot	7	35	脱，脱开
k	ot	8	31	刮
p	ok	7	35	pha¹¹pok³⁵ 灰不溜丢
p	ok	8	31	蹲，广菜（芋头）
m	ok	7	35	壅
m	ok	8	31	蛮，野蛮
t	ok	7	35	沉，垂，滴，跌落，丢掉，降落，漏，落，脱落，遗漏，遗失
n	ok	8	31	鸟，禽，雀
ʔn	ok	7	35	ʔna¹¹ʔnok³⁵ 繁密
l	ok	7	35	仓房，粮仓，纺车
ts	ok	7	35	烛，蜡，蜡烛
s	ok	8	31	熟，成熟，脓
ȶ	ok	8	31	跪
ȶh	ok	7	35	怂恿
n̥	ok	7	35	n̥ok³⁵loŋ³¹ 愁苦
ʔj	ok	7	35	舀，打（酒）
k	ok	8	31	坑
ʔŋ	ok	7	35	隆起，突出，胀

续表

声母	韵母	调类	调值	意义
ɣ	ok	8	31	戳
ʔɣ	ok	7	35	增，增多，胀，肿
q	ok	7	35	抠，雕，刻，掏，挖，挖掘，镂
h	ok	7	35	纺车
phj	ok	7	35	剥，蜕，脱
ɗj	ok	7	35	逗，挑逗，戏弄
lj	ok	7	35	ʔo^{33}ljok^{35} 洁净
lj	ok	8	31	六，陆
ȶhj	u	1	11	清（清水），绿
p	u	1	11	肿，浮肿，炎，炎症，布，簿，部，松，松软
p	u	2	31	南瓜
p	u	3	33	补充，加，皆，连，添补，添加，也
p	u	4	53	爸，爸爸，爹爹，父亲，公公，爷
p	u	5	35	管，细管
ph	u	1	11	taːŋ^{11}phu^{11} 当铺
ph	u	6'	55	phu^{55}thuŋ^{33} 普通
mb	u	1	11	出苗
mb	u	3	33	凸，隆
m̥	u	5	35	猪，豚
m	u	1	11	漂浮
m	u	2	31	盖（瓦等）
m	u	4	53	谋
m	u	6	24	墓，戊
m	u	6'	55	亩
ʔm	u	3	33	明（晚），明（天）
f	u	1	11	付
f	u	2	31	服，心服，佛
f	u	3	33	kuŋ^{33}fu^{33} 工夫
f	u	4	53	符，壶，湖
f	u	5	35	把，副，富，似乎，像
f	u	6'	55	tsən^{11}fu^{55} 政府

续表

声母	韵母	调类	调值	意义
v	u	4	53	陀螺
t	u	1	11	虱，头虱，镀
t	u	2	31	毒，独寨（地名）
t	u	3	33	互相，相，相互
t	u	5	35	兔子，胃
t	u	6'	55	赌，赌博
th	u	3	33	壁
th	u	4	53	图
th	u	6'	55	$thu^{55}fui^{55}$ 土匪
nd	u	1	11	笼头
nd	u	3	33	暖和，热，暑热
ɗ	u	1	11	寿命
n	u	1	11	何，哪
n	u	2	31	山，堆，坡，丘
n	u	4	53	弟，妹，表弟，表妹，小孩子
l	u	1	11	马蜂
l	u	2	31	炉，灶，风箱
l	u	4	53	驴子
l	u	5	35	浆，汤，液，汁，汁液
l	u	6	24	路，门路，方向
l	u	6'	55	卤
ts	u	1	11	$fu^{11}tsu^{11}$ 互助
ts	u	2	31	除，掀开，舅，舅父，姨父
ts	u	3	33	租（租地）
ts	u	6	24	筷，筷子
ts	u	6'	55	组
tsh	u	1	11	醋
tsh	u	2	31	族
tsh	u	3	33	$tshu^{33}tsuŋ^{33}$ 初中
tsh	u	4	53	除，除开
s	u	1	11	$tsən^{55}su^{11}$ 整数

续表

声母	韵母	调类	调值	意义
s	u	2	31	ȶi^{11}su^{31} 技术
s	u	3	33	丑（地支第二），看守，守，守卫，输
s	u	4	53	藏，储藏，抵挡，敢，收藏，掩蔽，掩藏，隐藏，遮，遮蔽
s	u	6′	55	su^{55}ȶa^{11} 暑假
z	u	4	53	ȶa^{55}zu^{53} 假如
ȶ	u	2	31	擦，摩擦
ȶ	u	3	33	九
ȶ	u	5	35	锯，锯子
ȶ	u	6	24	懒
ȶh	u	1	11	蓝，绿，青，清
ȶh	u	5	35	确实，实在，真
ȵ̊	u	1	11	臭，腥，臊，膻
ȵ	u	2	31	mbe^{11}ȵu^{31} 去年
ȵ	u	5	35	递，伸
ʔȵ	u	1	11	昨
ç	u	3	33	活
ç	u	5	35	çə^{11}çu^{35} 尖尖的
j	u	1	11	ȵ̊u^{11}ju^{11} 腥臭
j	u	2	31	吩咐，喊，叫，我，吾，邀请
j	u	3	33	鲇
j	u	4	53	酉（地支第十）
j	u	5	35	称呼，喊，叫，叫喊，接亲，请
ʔj	u	1	11	拉佑（地名）
k	u	1	11	笑，讥笑，取笑
k	u	3	33	首，端，端头，尽头，脑袋，头，源头
k	u	6′	55	估计
kh	u	1	11	jau^{53}khu^{11} 裤衩（内裤）
ɣ	u	2	31	牢笼，笼，滤
q	u	2	31	锅巴
q	u	3	33	qu^{33}luk^{31} 轮子

续表

声母	韵母	调类	调值	意义
q	u	4	53	团，结
q	u	5	35	qam^{42}qu^{35} 膝
qh	u	5	35	qhu^{35}pai^{31} 红苕窖
ʁ	u	6	24	to^{24}ʁu^{24} 豆腐
ʔ	u	1	11	上，上面
h	u	2	31	lu^{35}hu^{31} 浆液
h	u	3	33	打谷桶
pj	u	1	11	采，采摘，摘，念，念咒
pj	u	2	31	炕箩
pj	u	4	53	麝
phj	u	1	11	飘，潲
mbj	u	1	11	墨斗，绳墨
mj	u	2	31	墨线
mj	u	4	53	瞄
tj	u	2	31	是，中
tj	u	3	33	粘，粘连，黏，黏附
tj	u	4	53	乳，乳房
tj	u	5	35	断，破，轫
ndj	u	1	11	拔，抽
ndj	u	5	35	纺（纺线）
ɗj	u	5	35	尝，品尝
nj	u	4	53	瞄
lj	u	1	11	苏醒，醒
lj	u	3	33	涮，焯
lj	u	4	53	同宗，客人
lj	u	6	24	黄鳝，锉
p	ui	1	11	公（猪）
ph	ui	1	11	配
ph	ui	4	53	赔，赔偿
m̥	ui	1	11	痣，痦子
ʔm	ui	1	11	骂，斥骂，训斥，咒骂

续表

声母	韵母	调类	调值	意义
ʔm	ui	3	33	ʔma³³ʔmui³³ 软绵绵
f	ui	1	11	ɕə³¹fui¹¹ 协会
f	ui	3	33	faːn¹¹fui³³ 甜津津
f	ui	4	53	fui⁵³ljeu¹¹ 肥料
f	ui	6ˡ	55	thu⁵⁵fui⁵⁵ 土匪
v	ui	1	11	jin³³vui¹¹ 因为
v	ui	1	11	为，为了，卫
v	ui	1	11	位，为，因为
v	ui	4	53	韦
v	ui	6	24	vui²⁴ta¹¹ 伟大
v	ui	6ˡ	55	伟
t	ui	1	11	对联，春联，队
t	ui	2	31	打，敲，敲打
t	ui	4	53	碗
t	ui	5	35	浇，浇灌，淋
th	ui	1	11	退，减退
th	ui	3	33	thui³³faːn³³ 推翻
nd	ui	1	11	（猪）拱
ɗ	ui	1	11	下（饭）
n	ui	2	31	虫，虫子，毛虫
ʔn	ui	1	11	冰雪，雪
l	ui	2	31	游，游泳
l	ui	5	35	减退，流，下
l	ui	6ˡ	55	铝
ts	ui	1	11	罪，最
ts	ui	2	31	锤，锤子，大木槌，任，任意，随，随便，槌
ts	ui	4	53	锤
ts	ui	6ˡ	55	ʈa³¹tsui⁵⁵ 马衔（马嚼子）
tsh	ui	3	33	催，催促
s	ui	1	11	税
s	ui	3	33	水族，篦子

续表

声母	韵母	调类	调值	意义
s	ui	4	53	sui^{53}piən^{11} 随便
s	ui	6'	55	sui^{55}tshə^{33} 水车
z	ui	1	11	ʔma^{11}zui^{11} 香菜
ȶ	ui	1	11	ȶui^{11}pi^{11} 具备
ȶ	ui	3	33	ȶui^{33}ja^{31} 拘押
ȶ	ui	5	35	癸（天干第十）
ȶ	ui	6'	55	sjen^{55}ȶui^{55} 选举
ȶh	ui	3	33	区
ȶh	ui	5	35	句，句子
ȵ	ui	6	24	核，颗，颗粒，粒，仁，籽，籽实
ʔȵ	ui	1	11	骨髓
ɕ	ui	2	31	ɕen^{24}ɕui^{31} 辛苦
k	ui	1	11	柜，柜子
k	ui	3	33	沟，水沟，溪
k	ui	6	24	柜子
kh	ui	3	33	吃亏，亏，赔，赔本
kh	ui	5	35	传授，请求，求
ɣ	ui	2	31	轨，痕，痕迹，排，条纹，纹理，印，印痕
q	ui	2	31	水牛
q	ui	5	35	捶，棒槌，抽打，打，擂，殴打，拍，敲，掴，槌
qh	ui	1	11	螺，螺蛳，蜗牛
ʁ	ui	1	11	ʁam^{11}ʁui^{11} 浑浊
ʁ	ui	2	31	水韦（地名）
ʔ	ui	1	11	pha^{35}ʔui^{11} 害羞
ʔ	ui	3	33	甘蔗，蔗
ʔ	ui	5	35	那
h	ui	1	11	溺水
h	ui	2	31	蛇，蟒蛇
h	ui	6	24	乘坐，搭乘，坐
tj	ui	5	35	掐
thj	ui	5	35	唾

续表

声母	韵母	调类	调值	意义
lj	ui	2	31	ljək^{31}ljui^{31} 强壮
m	uə	2	31	磨
f	uə	1	11	fe^{53}fuə^{11} 讨（讨饭）
f	uə	2	31	绵羊，羊
f	uə	6	24	粉，粉末，糠
t	uə	3	33	端节（水族年节）
ɗ	uə	1	11	盐，盐巴
l	uə	1	11	船
l	uə	5	35	停歇，休息
k	uə	2	31	锅，鲶
k	uə	2	31	国
ȶ	uə	2	31	ȶuə^{31}ji^{11} 决议
m	um	4	53	虎，老虎
t	um	1	11	膀胱，钝，膜，鳔
t	um	2	31	竹编圆形大米仓，鱼老 tum^{31}wa^{53}
t	um	3	33	囤，囤积，妥，妥当，用于装米的草箩
t	um	4	53	够，足，足够，淹，淹没，覆盖
t	um	5	35	疮，发芽，粉刺，疥疮，疖子
t	um	6	24	刺泡，草莓
nd	um	1	11	灭，熄灭
nd	um	3	33	合适，确当，正确
l	um	1	11	风，旋风
l	um	5	35	穿上
ts	um	2	31	坑，孔，窟窿，部位，场所，处，处所，地点
ts	um	3	33	包围，围
ts	um	5	35	秘密
ts	um	6	24	包围，围拢
s	um	1	11	针，锥子
ȶ	um	1	11	金，金子
ȵ	um	2	31	壬（天干第九）
ȵ	um	4	53	蓝靛水

续表

声母	韵母	调类	调值	意义
ç	um	1	11	心
ç	um	2	31	周覃（地名）
ç	um	4	53	咆哮
j	um	1	11	避，回避，眷属
ʔj	um	5	35	淹，淹没
k	um	1	11	碓
k	um	5	35	单薄，瘦弱，虚弱
kh	um	1	11	开控（追悼）
kh	um	3	33	出（叶子）
ɣ	um	1	11	ʔma^{11}ɣum^{11} 苋菜
ɣ	um	4	53	喝
ʔɣ	um	1	11	单薄，虚弱
ʔɣ	um	5	35	肿
q	um	1	11	（房、山）顶
q	um	4	53	顶，甲，壳，壳儿，巅
q	um	5	35	覆盖，盖，蒙，捂，遮盖
q	um	6	24	qum^{24}ʨe^{53} 蜣螂
ʔ	um	3	33	抱，怀抱，搂抱，围（树大三围），围抱
ʔ	um	5	35	沉闷，闷，焖
h	um	3	33	生长，酸
h	um	4	53	房间，室
h	um	5	35	泥土，土，土壤
mbj	um	1	11	思念
mj	um	2	31	想念
tj	um	1	11	斗笠，伞，笠，聚积，累积，攒
tj	um	3	33	以为
lj	um	3	33	叠，卷，折，折叠，锩
lj	um	4	53	遮挡
lj	um	5	35	棱
lj	um	6	24	棱
ɓ	un	5	35	钻孔

续表

声母	韵母	调类	调值	意义
m	un	1	11	雾
v	un	1	11	尘埃，尘土
nd	un	1	11	刺，荆棘
nd	un	3	33	闯，蹿，逛，浪游
n	un	2	31	睡，睡觉，躺，卧
n	un	6	24	嫩，细嫩
ʔn	un	1	11	蛆，幼虫
ts	un	3	33	动，动弹
ts	un	6'	55	tsun⁵⁵pi¹¹ 准备
ts	un	6'	55	准，准许
s	un	1	11	sun¹¹mjə¹¹ 随手
z	un	5	35	zun³⁵pa¹¹ 盘腿
ȶ	un	3	33	军
ȶh	un	4	53	ȶhun⁵³tsuŋ¹¹ 群众
ȵ	un	2	31	悲，悲哀，发愁，发怒，烦恼，恨，气愤，气恼，怨恨，憎恶
ɕ	un	1	11	ȶau¹¹ɕun¹¹ 教训
ɕ	un	4	53	伸，延伸，直
ʔj	un	1	11	站
k	un	3	33	推
k	un	5	35	呕，反胃，呕吐，吐
kh	un	1	11	道路，路，事情
ʔŋ	un	3	33	漱（漱口）
ɣ	un	2	31	总共
q	un	3	33	孤，寡，熏
q	un	5	35	qun³⁵mai³⁵ 树桩
ʁ	un	5	35	手镯，舀
ʔ	un	1	11	板凳，凳，凳子，扛，捆（一捆柴）
ʔ	un	3	33	反刍（牛反刍），漱
h	un	3	33	蚊帐，帐，帐子
h	un	4	53	递，送，投递，赠送

续表

声母	韵母	调类	调值	意义
ɗj	un	1	11	拔（拔草），扯（扯秧）
nj	un	5	35	nam^{33}njun^{35} 温水
p	uŋ	5	35	气味
ph	uŋ	4	53	草棚
ɓ	uŋ	3	33	官，一种刺
f	uŋ	1	11	杏
f	uŋ	3	33	fuŋ^{33}ȶen^{11} 封建
t	uŋ	1	11	东
t	uŋ	3	33	tuŋ^{33}naːn^{53} 东南
th	uŋ	3	33	通
th	uŋ	4	53	thuŋ^{53}ɕo^{31} 同学
ɗ	uŋ	3	33	vjən^{11}ɗuŋ^{33} 槽牙
n	uŋ	4	53	nuŋ^{53}min^{53} 农民
l	uŋ	2	31	伯父，大伯，大舅，姑父，姨父
l	uŋ	3	33	母（猪）
l	uŋ	4	53	玉米轴
ts	uŋ	1	11	盅，杯，杯子
ts	uŋ	3	33	钟，时钟
ts	uŋ	5	35	枪，鸟枪，枪支
ts	uŋ	6$^{\prime}$	55	总，共，总共
tsh	uŋ	1	11	冲
tsh	uŋ	3	33	jen^{33}tshuŋ^{33} 烟囱
tsh	uŋ	4	53	从
z	uŋ	3	33	驼，驼背，佝偻
z	uŋ	4	53	ɗuk^{55}zuŋ^{53} 绒衣
ȶh	uŋ	5	35	熏，呛
ɕ	uŋ	1	11	煮
ɕ	uŋ	2	31	织布机
ɕ	uŋ	3	33	凶，厉害，猛，泼辣，凶恶
ɕ	uŋ	4	53	雄
j	uŋ	1	11	li^{11}juŋ^{11} 利用

续表

声母	韵母	调类	调值	意义
j	uŋ	2	31	荣（地名）
j	uŋ	4	53	kwaŋ^{33}juŋ^{53} 光荣
j	uŋ	$6'$	55	jin^{33}juŋ^{55} 英勇
k	uŋ	1	11	巢，胞衣，共，窝
k	uŋ	2	31	多，大量，很，很多，许多
k	uŋ	3	33	干，功
k	uŋ	6	24	拱，挤
kh	uŋ	1	11	空，khuŋ^{11}ɣo^{31} 徒劳
kh	uŋ	3	33	厕所，（鸡）圈
ɣ	uŋ	6	24	圈，牛圈
q	uŋ	1	11	甘蔗秆儿，节，玉米秆儿
q	uŋ	3	33	声响，声音洪大，响，响声
ʁ	uŋ	5	35	年青，年轻
h	uŋ	1	11	话
h	uŋ	3	33	裤，裤子
h	uŋ	4	53	fən^{33}huŋ^{53} 分红
h	uŋ	5	35	储藏，放，放置，搁放，停放
phj	uŋ	1	11	汽，蒸气
tj	uŋ	3	33	冲，冲撞，擂
tj	uŋ	4	53	拐杖，棍，手杖
f	uḙŋ	6	24	随便，乱
l	uḙŋ	3	33	逃窜，溜达
v	uə̭ŋ	1	11	高
ɓ	uḙŋ	5	35	面，侧面
v	uḙŋ	2	31	皇帝
p	up	7	35	朵，花骨朵
nd	up	7	35	折，折叠
l	up	7	35	lop^{35}laːi^{33} 黄昏
l	up	8	31	沉陷，陷，陷落
ts	up	7	35	拾，拣，拾取，相似，像
s	up	8	31	十，拾

续表

声母	韵母	调类	调值	意义
z	up	7	35	冬瓜
ç	up	7	35	çup^{35}la:k^{35} 肉麻
kh	up	7	35	to^{31}khup^{35} 蜈蚣
ɣ	up	7	35	捧，收集
ɣ	up	8	31	共，拢，拢共，收，总共
q	up	7	35	天狗，青蛙，田鸡，蛙，秧鸡
q	up	8	31	鱼罩，罩
ʁ	up	7	35	捧
h	up	8	31	吹
tj	up	7	35	ʔma^{11}tjup^{35} 番茄
ɗj	up	7	35	聪明，刁滑，猾，奸猾，生（果子还生）
p	ut	7	35	肺
p	ut	8	31	吻，接吻，亲
ph	ut	7	35	迸，喷，吐
m	ut	8	31	殁，死
nd	ut	7	35	缩（布缩了），撤
ʔn	ut	7	35	ʔnam^{11}ʔnut^{35} 黑乎乎
ts	ut	7	35	收缩，缩，蜷缩，出（人才）
s	ut	7	35	燃，热，烧，烧糊，烧焦，烧灼，暑热，烫，灼热
ç	ut	7	35	喝，吮，吮吸，吸吮
j	ut	7	35	尖，末梢，梢头
ʔj	ut	7	35	粽子
k	ut	7	35	mai^{53}kut^{35} 抹谷夹
kh	ut	7	35	刮，剃，筲箕
ɣ	ut	8	31	削，刮削
q	ut	7	35	打结，疙瘩，结，死结
ʔ	ut	7	35	塞（塞住洞口），塞子
h	ut	7	35	渗透，透，透彻，筲箕
h	ut	8	31	荸荠
pj	ut	7	35	脱，甩，脱离
tj	ut	7	35	赘疣，疣

续表

声母	韵母	调类	调值	意义
tj	ut	8	31	打皱，皱，皱纹，褶子
ndj	ut	7	35	拔，撤
nj	ut	7	35	搓，揉，揉搓
nj	ut	8	31	胡须，胡子，芒，须，髭
lj	ut	7	35	流（流口水）
ph	uk	7	35	拍
m	uk	8	31	鼻涕，涕
f	uk	7	35	mai^{53}fuk^{35} 空桐树
f	uk	8	31	沫，泡沫
v	uk	7	35	草木灰，灰烬，火灰
t	uk	7	35	包，戴，裹，炸
ɗ	uk	7	35	衫，衣，衣服
n	uk	8	31	花
ʔn	uk	7	35	外，外面
l	uk	8	31	蜂，蜜蜂
s	uk	8	31	洗
ɣ	uk	8	31	khau^{11}ɣuk^{31} 咳嗽
q	uk	7	35	山鸡，野鸡，雉鸡
q	uk	8	31	quk^{31}luk^{31} 墩子
ʔ	uk	7	35	出，升
ndj	uk	7	35	竹篾，篾
lj	uk	7	35	出汗，汗，冒汗
fj	ə	3	33	烂布片儿，破布
p	ə	2	31	北
ph	ə	2	31	ja^{11}phə^{31} 压迫
m	ə	2	31	墨
v	ə	2	31	荒，荒芜
t	ə	0	3	的
t	ə	2	31	mjen^{24}tə^{31} 免得
th	ə	2	31	thə^{31}tshaːn^{24} 特产
tsh	ə	2	31	tsən^{11}tshə^{31} 政策

续表

声母	韵母	调类	调值	意义
tsh	ə	3	33	车，车子，扇
tsh	ə	6'	55	扯
s	ə	0	3	sə⁰miŋ³¹ 蚂蟥
s	ə	1	11	赊，赊购
s	ə	2	31	ȶjen¹¹sə³¹ 建设
z	ə	2	31	naːu¹¹zə³¹ 热闹
ȶh	ə	2	31	ȶhə³¹tjen⁵⁵ 缺点
ȵ	ə	2	31	你
ɕ	ə	1	11	尖，尖利，锐利
ɕ	ə	2	31	ɕə³¹fui¹¹ 协会
ɕ	ə	3	33	妻，妻子，媳妇
j	ə	4	53	叔，叔父
ʔj	ə	1	11	布，棉布
k	ə	2	31	ȶi³¹kə³¹ 及格
k	ə	3	33	kə³³ɗjup⁵⁵ 鬼
q	ə	0	3	qə⁰ȶju³³ 韭菜
h	ə	2	31	hə³¹paːn⁵⁵ 黑板
h	ə	4	53	呵
pj	ə	2	31	床，件，条
phj	ə	2	31	phjə³¹tho³¹ 容易
ɓj	ə	5	35	沉闷，烦恼，闷，腻烦
mj	ə	1	11	手，把，手艺
mj	ə	2	31	栽，栽种
tj	ə	2	31	碟，碟子，盘子
thj	ə	2	31	贴（贴对联）
ɗj	ə	1	11	剩，剩余
ɗj	ə	3	33	秧，秧苗
ʔnj	ə	1	11	河
lj	ə	1	11	编，伸（伸舌头）
tsj	ə	1	11	吃
tsj	ə	2	31	茶

续表

声母	韵母	调类	调值	意义
fj	ən	3	33	裙，裙子，围巾，围裙
p	ən	1	11	笨，愚笨，愚蠢
p	ən	2	31	盆
p	ən	3	33	本，本来，老是，向来，样，原本，种，种类，总是
p	ən	4	53	溢
p	ən	5	35	筛，筛子
p	ən	6'	55	本，簿，练习本
ɓ	ən	1	11	天
ɓ	ən	5	35	井，泉
m̥	ən	3	33	蛆，幼虫
m̥	ən	5	35	细小，纤细
m̥	ən	5	35	fən^{11}m̥ən^{35} 毛毛雨
m	ən	2	31	to^{31}mən^{31} 千足虫
m	ən	3	33	ljen^{35}mən^{33} 辣椒面儿
m	ən	4	53	pu^{11}mən^{53} 部门
f	ən	1	11	份，雨
f	ən	2	31	坟，坟墓
f	ən	3	33	分
f	ən	4	53	横，横蛮，蛮横
f	ən	6'	55	fən^{55}pi^{31} 粉笔
v	ən	1	11	浇（粪）
v	ən	2	31	tu^{33}vən^{31} 都匀
v	ən	4	53	文
v	ən	6	24	米粉，米面儿
v	ən	6'	55	稳，稳当
t	ən	1	11	炖
t	ən	3	33	里，最里面，底，吨，到顶
t	ən	4	53	淀粉
t	ən	6'	55	等，等于
t	ən	6	24	靛蓝，蓝靛
t	ən	6'	55	tsuŋ^{33}tən^{55} 中等

续表

声母	韵母	调类	调值	意义
th	ən	3	33	thən^{33}pin^{11} 吞并
th	ən	4	53	腾，誊
th	ən	5	35	绊，绊脚
nd	ən	1	11	身，身体，腰
ɗ	ən	3	33	肾，食物
n	ən	4	53	闻，嗅
l	ən	2	31	后，背后，后边，后面，随后，之后
l	ən	4	53	遍，漫，全，终
ts	ən	1	11	毛，羽，羽毛，寒毛，澄清
ts	ən	2	31	起，起床，坡
ts	ən	3	33	争，争吵
ts	ən	5	35	鸡冠
ts	ən	6'	55	整（人）
tsh	ən	1	11	趁
tsh	ən	3	33	村
tsh	ən	4	53	乘（二乘四）
s	ən	1	11	春，申（地支第九），夏
s	ən	2	31	辰（天干第五）
s	ən	3	33	ɕo^{31}sən^{33} 学生
s	ən	4	53	ȶin^{33}sən^{53} 精神
s	ən	5	35	洒，挥洒，溅
s	ən	6	24	sən^{24}ku^{33} 摇头
s	ən	6'	55	审，省
z	ən	1	11	人，认
z	ən	4	53	kuŋ^{33}zən^{53} 工人
ȶ	ən	1	11	们
ȶ	ən	2	31	斤，鸣
ȶ	ən	3	33	巩固，结实，紧，牢固，稳固
ȶ	ən	6	24	事情
ȶh	ən	1	11	糯，真
ȶh	ən	3	33	陡

续表

声母	韵母	调类	调值	意义
ȵ̊	ən	2	31	银子
ȵ̊	ən	4	53	按（用手按着）
ç	ən	1	11	成，成为，患，糯，确实，着，着火
ç	ən	5	35	溅
j	ən	1	11	埂子，坎，垄
j	ən	2	31	各（各个），每
j	ən	5	35	筋，喷嚏，嚏喷
k	ən	3	33	ho¹¹kən³³ 祸根
k	ən	5	35	挪，挪动，转移
kh	ən	1	11	khiŋ³³khən¹¹ 棕色
kh	ən	5	35	渐，渐渐，越，移动
kh	ən	6'	55	khən⁵⁵tin¹¹ 肯定
ŋ	ən	1	11	硬
ŋ	ən	6	24	茎
ɣ	ən	6	24	倒，酌，浇
h	ən	1	11	退，窝
h	ən	2	31	本地，地方
h	ən	3	33	打捞，呻吟
phj	ən	1	11	骗
mj	ən	2	31	nok³¹mjən³¹ 凤凰
vj	ən	1	11	牙，牙齿，梦
vj	ən	3	33	飞
tj	ən	5	35	蜻蜓
tj	ən	6	24	蜻蜓
ndj	ən	1	11	涮（人）
ndj	ən	3	33	短
ɗj	ən	5	35	ɗjən³⁵mom²⁴ 鳞片
lj	ən	1	11	翻
lj	ən	2	31	木竹水渠
lj	ən	3	33	滚，打滚，滚动
lj	ən	6	24	ʈi³³ljən²⁴ 穿山甲

续表

声母	韵母	调类	调值	意义
sj	ən	1	11	$sin^{11}sjən^{11}$ 新鲜
khw	ən	1	11	$khwən^{11}na:n^{53}$ 困难
fj	əŋ	3	33	$ʔau^{53}fjəŋ^{33}$ 小米
ts	əŋ	6	24	鼎罐，鼎锅，锅
s	əŋ	1	11	升，市升
s	əŋ	2	31	经受，撑
ç	əŋ	1	11	阳光
ç	əŋ	5	35	样，样式
j	əŋ	1	11	$ta:u^{33}jəŋ^{11}$ 烧香
kh	əŋ	1	11	借
pj	əŋ	1	11	掩盖，遮掩
ʔmj	əŋ	1	11	$ʔmjəŋ^{11}$ 水渠
vj	əŋ	5	35	$hai^{33}vjəŋ^{35}$ 似乎
tj	əŋ	1	11	$tu^{33}tjəŋ^{11}$ 交配
tj	əŋ	6	24	水坑
ndj	əŋ	5	35	暗，黑，黑暗，天黑
ɗj	əŋ	3	33	揭开，两
lj	əŋ	2	31	$ʔau^{53}ljəŋ^{31}$ 公粮
sj	əŋ	2	31	地板，楼板
sj	əŋ	4	53	烘，烘焙
sw	əŋ	3	33	裆
lw	əŋ	3	33	流浪
ʈj	ət	7	35	凝结
ɓ	ət	7	35	蘸，使淋湿
m	ət	8	31	蚂蚁
v	ət	8	31	扔
t	ət	7	35	放屁，屁
n̥	ət	7	35	$ʈən^{33}n̥ət^{35}$ 结实
l	ət	7	35	结束，收场，完毕，终止
ts	ət	8	31	开采，挖，挖掘，凿
z	ət	7	35	星，星辰，星星

续表

声母	韵母	调类	调值	意义
ȶ	ət	7	35	吝啬，节约，结
ȶh	ət	7	35	早，早上
ȵ	ət	7	35	摇
ʔȵ	ət	7	35	ʔȵət^{55}ʔȵo^{33} 荡秋千
ɕ	ət	7	35	七，柒，铁
j	ət	8	31	纺
ʔj	ət	7	35	很早以前，一，乙（天干第二）
k	ət	7	35	疙，疥疙，疖子
kh	ət	7	35	laːk^{35}khət^{35} 肋骨
h	ət	7	35	懒，戌（地支第十一）
h	ət	8	31	尾巴
pj	ət	7	35	笔
ɓj	ət	7	35	绞，扭
mj	ət	7	35	爱，热爱，疼，心疼
tj	ət	7	35	清扫，扫，扫除
tj	ət	8	31	拽
ndj	ət	7	35	柴，柴火，木柴
lj	ət	7	35	滴，骄傲，花花（公子）
lj	ət	8	31	泥鳅
lw	ət	8	31	抚摸
ʔ	ək	7	35	饱嗝儿，打嗝，呃逆
s	ək	7	35	擦，揩，抹
ȵ	ək	7	35	撬
ʔj	ək	7	35	饿，饥饿，渴
pj	ək	7	35	污，脏
pj	ək	8	31	摔
ɓj	ək	7	35	ɓjək^{35}mbaːn^{11} 男女
ndj	ək	7	35	蜂蜡，黄蜡，蜡
lj	ək	7	35	芭蕉，舔
lj	ək	8	31	力，逞强，力量，力气，气力
sj	ək	7	35	喜鹊

续表

声母	韵母	调类	调值	意义
ts	ɿ	1	11	pa^{31}tsɿ^{11} 八字
ts	ɿ	2	31	tsɿ^{31}lja:ŋ^{11} 质量
ts	ɿ	3	33	kuŋ^{33}tsɿ^{33} 工资
ts	ɿ	6'	55	纸
tsh	ɿ	4	53	tjen^{11}tshɿ^{53} 电池
s	ɿ	1	11	fu^{11}sɿ^{11} 护士
s	ɿ	1	11	是，市
s	ɿ	2	31	lau^{55}sɿ^{31} 老实
s	ɿ	3	33	lau^{55}sɿ^{33} 老师
s	ɿ	6'	55	li^{31}sɿ^{55} 历史

三、声母、韵母和声调互相搭配的基本情况

（一）声母可搭配的声调和韵母（==> 后面的声调和韵母表示可以和该声母搭配，下同）

ʔȵ==>1，3，5，7，ət，a，a:k，a:m，a:t，ak，am，e，it，o，oŋ，u，ui

ʔŋ==>1，3，7，a，am，at，o，ok，un

ʔŋw==>3，7，a，at

ʔɣ==>1，3，5，7，a，a:i，ak，am，e，ok，oŋ，um

ʔ==>0，1，2，3，4，5，6，7，ək，a:m，a:n，a:p，a:u，ai，ak，am，an，au，e，eŋ，ep，eu，i，in，it，o，u，ui，uk，um，un，ut

ɓ==>1，3，5，7，ən，ət，a，a:n，a:ŋ，et，i，in，oŋ，un，uə̯ŋ，uŋ

ɓj==>5，7，ə，ək，ət

ɗ==>1，3，5，7，ən，a，a:i，a:k，a:n，a:ŋ，a:p，a:u，ai，ak，an，aŋ，ap，at，au，e，eŋ，et，eu，i，ip，o，oŋ，ot，u，uə，ui，uk，uŋ

ɗj==>1，3，5，7，ə，ən，əŋ，a，ai，ak，am，an，ap，en，o，oi，ok，oŋ，u，

un，up

ʔj==>1，3，5，7，ə，ək，ət，a:i，am，an，ap，au，em，en，eu，ik，o，ok，oŋ，u，um，un，ut

ʔm==>1，3，5，7，a，a:n，ai，ak，e，i，u，ui

ʔmj==>1，əŋ

ʔn==>1，3，5，7，a，am，aŋ，e，iŋ，iu，ok，ui，uk，un，ut

ʔnj==>1，5，7，ə，a，a:p，am，ap

ʔw==>5，en

ç==>1，2，3，4，5，6，6'，7，ə，ən，əŋ，ət，a，a:ŋ，a:u，ai，am，aŋ，au，ek，en，eu，i，in，iu，o，oi，oŋ，u，uə̭n，ui，um，un，uŋ，up，ut

ȵ==>1，2，3，4，5，6，7，8，ə，ək，ən，ət，a，a:i，a:n，a:u，ai，ak，am，ap，en，eŋ，i，ik，iŋ，oŋ，u，ui，um，un

ȵ̊==>1，3，5，7，a，a:k，an，ap，au，em，eŋ，et，i，in，ok，oŋ，u

m̥==>1，3，5，7，ən，a，a:k，a:n，a:ŋ，a:t，ai，aŋ，at，au，en，u，ui

m̥j==>3，a:n

n̥==>1，3，7，ət，a，a:k，ai，ak，aŋ，eŋ，eu，o

ŋ̊==>1，3，5，7，a:m，a:n，a:t，a:u，ai，am，au，eŋ

ŋw==>6，a:ŋ

ʁ==>1，2，3，5，6，7，a，a:i，a:m，a:n，a:ŋ，a:t，a:u，am，an，aŋ，oi，on，u，ui，un，uŋ，up

mb==>1，3，4，5，a，a:n，a:ŋ，e，iŋ，iu，u

mbj==>1，3，a，u，um

nd==>1，3，5，7，8，ən，a，a:i，a:k，a:m，a:n，a:ŋ，a:u，ak，am，an，aŋ，au，e，ep，et，i，in，iŋ，o，oŋ，u，ui，um，un，up，ut

ndj==>1，3，5，7，ək，ən，əŋ，ət，a:p，a:u，ai，ak，eu，oŋ，u，uk，ut

ȶ==>1，2，3，4，5，6，6'，7，8，ən，ət，a，a:i，a:k，a:ŋ，a:p，a:u，ak，au，e，ek，em，en，eu，i，ik，in，iŋ，it，iu，o，ok，oŋ，ot，u，uə，uə̭n，ui，um，un

ȶh==>1，2，3，4，5，6'，7，ə，ən，ət，a，aŋ，au，i，in，iu，o，ok，on，ot，

u，uə̭n，ui，un，uŋ

ȶhj==>1，3，5，7，em，en，et，u

ȶj==>3，6'，7，ət，au，en

ɣ==>1，2，3，4，5，6，7，8，ən，a，a:k，a:n，a:ŋ，a:t，ai，am，an，aŋ，at，au，e，i，iu，o，ok，oŋ，u，ui，uk，um，un，uŋ，up，ut

ɣw==>3，a:n，an

f==>1，2，3，4，5，6，6'，7，8，ən，a，a:i，a:k，a:m，a:n，a:ŋ，a:p，a:u，ai，ak，an，aŋ，at，e，ik，in，it，iu，o，oŋ，u，uə，uə̭n，uə̭ŋ，ui，uk，uŋ

fj==>1，3，5，ə，ən，əŋ，a:n，em，en

h==>1，2，3，4，5，6，6'，7，8，ə，ən，ət，a，a:i，a:k，a:m，a:n，a:ŋ，a:p，a:t，a:u，ai，ak，am，an，aŋ，ap，at，au，e，ek，eu，i，im，in，ip，it，o，oi，ok，oŋ，u，ui，um，un，uŋ，up，ut

j==>1，2，3，4，5，6，6'，7，8，ə，ən，əŋ，ət，a，a:i，a:k，a:m，a:n，a:ŋ，a:p，a:u，ai，am，aŋ，at，au，e，en，eŋ，eu，i，ik，in，iŋ，iu，o，oŋ，u，uei，um，uŋ，ut

k==>1，2，3，4，5，6，6'，7，8，ə，ən，ət，a，a:i，a:k，a:m，a:n，a:ŋ，a:t，a:u，ai，ak，am，an，aŋ，ap，au，e，ek，en，eŋ，ep，i，ik，in，iŋ，iu，o，oi，ok，oŋ，ot，u，uə，uə̭n，ui，um，un，uŋ，ut

kh==>1，2，3，4，5，6'，7，ən，əŋ，ət，a，a:i，a:k，a:m，a:n，a:ŋ，a:t，a:u，ai，ak，an，ap，au，e，et，i，im，in，iŋ，ip，it，o，om，oŋ，u，uə̭n，ui，um，un，uŋ，up，ut

khw==>1，2，3，6'，ən，a，ai，aŋ，e，o

kw==>1，2，3，4，5，6'，7，a，a:i，a:k，a:n，a:ŋ，ai，aŋ，en，eŋ

l==>1，2，3，4，5，6，6'，7，8，ən，ət，a，a:i，a:k，a:m，a:n，a:ŋ，a:p，a:t，a:u，ai，ak，am，an，aŋ，ap，au，e，i，ik，im，in，iŋ，ip，it，iu，o，oi，ok，on，oŋ，ot，u，uə，uə̭n，uə̭ŋ，ui，uk，um，uŋ，up

lj==>1，2，3，4，5，6，7，8，ə，ək，ən，əŋ，ət，a，a:ŋ，a:p，a:u，ai，ak，am，aŋ，ap，e，em，en，eŋ，ep，et，eu，o，ok，oŋ，u，ui，uə̭n，uk，um，ut lw==> ət，8

m==>1，2，3，4，6，6'，7，8，ə，ən，ət，a，a:i，a:ŋ，a:t，a:u，ai，ak，an，aŋ，ap，at，au，e，ek，eu，i，in，iŋ，it，iu，o，ok，om，oŋ，u，uə，uə̭n，uk，um，un，ut

mj==>1，2，3，4，5，6，7，ə，ən，ət，a，a:ŋ，a:u，aŋ，en，eu，o，oi，u，um

n==>1，2，3，4，5，6，8，ən，a，a:i，a:m，a:n，a:ŋ，a:u，ai，am，an，aŋ，au，e，eu，i，iŋ，iu，ok，u，ui，uk，un，uŋ

ŋ==>1，2，3，4，5，6，7，8，ən，a，a:i，a:m，a:n，a:ŋ，a:t，a:u，ai，ap，au，o

nj==>1，2，4，5，6，7，8，ak，aŋ，en，oŋ，u，un，ut

p==>1，2，3，4，5，6，6'，7，8，ə，ən，a，a:i，a:k，a:n，a:ŋ，a:p，a:t，a:u，ai，ak，an，aŋ，au，e，ek，eŋ，eu，i，in，it，o，ok，on，oŋ，u，uə̭n，ui，uei，uŋ，up，ut

ph==>1，2，3，4，5，6'，7，ə，a，a:i，a:n，a:ŋ，a:t，a:u，ai，an，au，e，ek，eŋ，eu，i，in，iu，o，u，ui，uk，uŋ，ut

phj==>1，2，3，5，6'，7，ə，ən，a，a:m，a:ŋ，a:t，a:u，ai，au，en，eu，ok，u，uŋ

pj==>1，2，3，4，5，6，6'，7，8，ə，ək，əŋ，ət，a，a:i，a:k，a:m，a:n，a:ŋ，a:p，a:u，am，aŋ，au，en，eŋ，eu，o，oŋ，u，ut

q==>ə，0，1，2，3，4，5，6，7，8，a，a:i，a:k，a:m，a:n，a:ŋ，a:t，a:u，ai，am，an，aŋ，ap，at，au，en，eŋ，eu，o，oi，ok，om，on，oŋ，op，u，ui，uk，um，un，uŋ，up，ut

qh==>1，3，5，7，a，a:t，an，au，u，ui

s==>0，1，2，3，4，5，6，6'，7，8，ə，ək，ən，əŋ，ɿ，a，a:i，a:m，a:n，a:p，a:t，a:u，ai，ak，am，an，aŋ，au，e，eŋ，et，i，im，in，iŋ，it，iu，o，ok，on，oŋ，op，ot，u，uə̭n，ui，uei，uk，um，un，up，ut

sj==>1，2，3，4，5，6'，7，ək，ən，əŋ，a，a:ŋ，an，aŋ，au，en，eŋ，et，eu

sw==>1，2，3，6'，əŋ，a

t==>0，1，2，3，4，5，6，6'，7，8，ə，ən，ət，a，a:i，a:k，a:m，a:n，a:ŋ，a:p，

a:t，a:u，ai，ak，am，an，aŋ，ap，at，au，e，ek，eŋ，i，ik，in，iŋ，ip，it，iu，o，oi，ok，om，oŋ，u，uə，uə̭n，ui，uei，uk，um，uŋ

th==>1，2，3，4，5，6，6'，7，ə，ən，a，a:i，a:m，a:n，a:ŋ，a:u，ai，am，aŋ，at，au，eŋ，i，in，o，oŋ，u，uə̭n，ui，uŋ

thj==>1，2，4，5，7，ə，ak，em，ep，eu，ui

tj==>1，2，3，4，5，6，6'，7，8，ə，ən，əŋ，ət，a:n，a:ŋ，a:t，a:u，ak，am，aŋ，ap，at，em，en，eŋ，ep，et，eu，om，oŋ，u，ui，um，uŋ，up，ut

ts==>1，2，3，4，5，6，6'，7，8，ən，əŋ，ət，ɿ，a，a:k，a:n，a:ŋ，a:u，ai，am，an，aŋ，ap，au，eŋ，i，ik，iŋ，o，ok，oŋ，u，uə̭n，ui，um，un，uŋ，up，ut

tsh==>1，2，3，4，6'，ə，ən，ɿ，a，a:n，a:ŋ，ai，aŋ，au，i，in，o，u，ui，uŋ

tsj==>1，2，4，5，6，7，ə，a:ŋ，ak，em，en，eŋ

tsw==>1，aŋ

v==>1，2，3，4，5，6，6'，7，8，ə，ən，əŋ，ət，a，a:i，a:m，a:n，a:ŋ，an，aŋ，at，i，in，u，ui，uk，un，uə̭ŋ

vj==>1，3，4，5，ən，əŋ，en，eŋ

z==>1，2，3，4，5，7，ə，ən，ət，a，a:i，a:n，a:p，a:u，an，au，e，eŋ，o，u，ui，un，uŋ，up

（二）韵母可搭配的声调和声母

əŋ==>1，2，3，4，5，6，ɓw，ɗj，ʔmj，ɕ，mbw，ndj，fj，j，kh，lj，lw，pj，s，sj，sw，tj，ts，v，vj

ə==>0，1，2，3，4，5，6，6'，ɓj，ɗj，ɗw，ʔj，ʔnj，ɕ，ȵ，ȶh，ȶw，fj，fw，h，j，k，kw，lj，m，mj，mw，p，ph，phj，pj，q，s，t，th，thj，tj，tsh，tsj，v，z

ək==>7，8，ʔ，ɓj，ʔj，ȵ，ndj，lj，pj，s，sj

ən==>1，2，3，4，5，5'，6，6'，ɓ，ɗ，ɗj，ɕ，ȵ，m̥，ŋ，nd，ndj，ȶ，ȶh，ɣ，f，fj，h，j，k，kh，khw，l，lj，m，mj，n，p，phj，s，sj，t，th，tj，ts，tsh，tsw，v，vj，z

ət==>7，8，ʔȵ，ɓ，ɓj，ʔj，ɕ，ȵ，n̥，ndj，ȶ，ȶh，ȶj，h，j，k，kh，l，lj，lw，

m，mj，pj，t，tj，ts，v，z

ɿ==>1，2，3，4，6'，s，ts，tsh

aŋ==>1，2，3，4，5，6，6'，ɗ，ʔn，ç，m̥，n̥，ʁ，nd，ȶh，ɣ，f，h，j，k，khw，kw，l，lj，m，mj，n，nj，p，pj，q，s，sj，t，th，tj，ts，tsh，tsw，v

a==>0，1，2，3，4，5，6，6'，ʔȵ，ʔŋ，ʔŋw，ʔɣ，ɓ，ɗ，ɗj，ʔm，ʔn，ʔnj，ç，ȵ，ȵ̊，m̥，n̥，ŋ，ʁ，mb，mbj，nd，ȶ，ȶh，ɣ，f，h，j，k，kh，khw，kw，l，lj，m，mj，n，p，ph，phj，pj，q，qh，s，sj，sw，t，th，ts，tsh，v，z

a:ŋ==>1，2，3，4，5，6，6'，ɓ，ɗ，ç，m̥，ŋ，ŋw，ʁ，mb，nd，ȶ，ɣ，f，h，j，k，kh，kw，l，lj，m，mj，n，p，ph，phj，pj，q，sj，t，th，tj，ts，tsh，tsj，v

a:i==>1，2，3，4，5，6，ʔɣ，ɗ，ʔj，ȵ，ŋ，ʁ，nd，ȶ，f，h，j，k，kh，kw，l，m，n，p，ph，pj，q，s，t，th，v，z

a:k==>7，8，ʔȵ，ɗ，ȵ̊，m̥，n̥，nd，ȶ，ɣ，f，h，j，k，kh，kw，l，p，pj，q，t，ts

a:m==>1，2，3，4，5，6，ʔ，ʔȵ，ŋ，ŋ̊，ʁ，nd，f，h，j，k，kh，l，n，phj，pj，q，s，t，th，v

a:n==>1，2，3，4，5，6，6'，ʔ，ɓ，ɗ，ʔm，ȵ，m̥，m̥j，ŋ，ŋ̊，ʁ，mb，nd，ɣ，ɣw，f，fj，fw，h，j，k，kh，kw，l，n，p，ph，pj，q，s，t，th，tj，ts，tsh，v，z

a:p==>7，8，ʔ，ɗ，ʔnj，ndj，ȶ，f，h，j，l，lj，p，pj，s，t，z

a:t==>7，8，ʔȵ，m̥，ŋ，ŋ̊，ʁ，ɣ，h，k，kh，l，m，p，ph，phj，q，qh，s，t，tj

a:u==>1，2，3，4，5，6，6'，ʔ，ɗ，ç，ȵ，ŋ，ŋ̊，ʁ，nd，ndj，ȶ，f，h，j，k，kh，l，lj，m，mj，n，p，ph，phj，pj，q，s，t，th，tj，ts，z

ai==>1，2，3，4，5，6，6'，ʔ，ɗ，ɗj，ʔm，ç，ȵ，m̥，n̥，ŋ，ŋ̊，ndj，ɣ，f，h，j，k，kh，khw，kw，l，lj，m，n，p，ph，phj，q，s，t，th，ts，tsh

ak==>1，7，8，ʔ，ʔȵ，ʔɣ，ɗ，ɗj，ʔm，ȵ，n̥，nd，ndj，ȶ，f，h，k，kh，l，lj，m，nj，p，s，t，thj，tj，tsj

am==>1，2，3，4，5，6，ʔ，ʔȵ，ʔŋ，ʔɣ，ɗj，ʔj，ʔn，ʔnj，ç，ȵ，ŋ̊，ʁ，nd，ɣ，h，j，k，l，lj，n，pj，q，s，t，th，tj，ts

an==>1，2，3，4，5，6，6'，ʔ，ɗ，ɗj，ʔj，ȵ̊，ʁ，nd，ȶhw，ȶw，ɣ，ɣw，f，fw，h，k，kh，khw，kw，l，m，mw，n，p，ph，q，qh，s，sj，sw，t，thw，ts，v，z ap==>7，8，ɗ，ɗj，ʔj，ʔnj，ȵ，ȵ̥，ŋ，h，k，kh，l，lj，m，q，t，tj，ts

at==>7，8，ʔŋ，ʔŋw，ɗ，m̥，ɣ，f，h，j，m，q，t，th，tj，v

au==>1，2，3，4，5，6，6'，ʔ，ɗ，ʔj，ɕ，n̥，m̥，ŋ，ŋ̥，nd，ȶ，ȶh，ȶj，ɣ，h，j，k，kh，l，m，n，p，ph，phj，pj，q，qh，s，sj，t，th，ts，tsh，z

eŋ==>1，2，3，4，5，6，ʔ，ɗ，ȵ，ȵ̥，n̥，ŋ̥，j，k，kw，lj，p，ph，pj，q，s，sj，t，th，tj，ts，tsj，vj，z

e==>1，2，3，4，5，6，ʔ，ʔȵ，ʔɣ，ɗ，ʔm，ʔn，mb，nd，ȶ，ɣ，f，h，j，k，kh，khw，l，lj，m，n，p，ph，s，t，z

ek==>7，8，ɕ，ȶ，h，k，m，p，ph，t

em==>1，2，3，4，5，6，ʔj，ȵ̥，ȶ，ȶhj，fj，lj，thj，tj，tsj

en==>1，2，3，4，5，6，6'，ɗj，ʔj，ʔw，ɕ，ȵ，m̥，ȶ，ȶhj，ȶj，fj，j，k，kw，lj，mj，nj，phj，pj，q，sj，tj，tsj，vj

ep==>7，8，ʔ，nd，k，lj，thj，tj

et==>7，8，ɓ，ɗ，n̥，nd，ȶhj，kh，lj，s，sj，tj

eu==>1，2，3，4，5，6，6'，ʔ，ɗ，ʔj，ɕ，n̥，ndj，ȶ，h，j，lj，m，mj，n，p，ph，phj，pj，q，sj，thj，tj

iŋ==>1，2，3，4，5，6，ʔn，ȵ，mb，nd，ȶ，j，k，kh，l，m，n，s，t，ts

i==>0，1，2，3，4，5，6，6'，ʔ，ɓ，ɗ，ʔm，ɕ，ȵ，ȵ̥，nd，ȶ，ȶh，ɣ，h，j，k，kh，l，m，n，p，ph，s，t，th，ts，tsh，v

ik==>7，8，ʔj，ȵ，ȶ，f，j，k，l，t，ts

im==>1，3，4，h，kh，l，s

in==>1，2，3，4，5，6，6'，ʔ，ɓ，ɕ，n̥，nd，ȶ，ȶh，f，h，j，k，kh，l，m，p，ph，s，t，th，tsh，v

ip==>7，8，ɗ，h，kh，l，t

it==>7，8，ʔ，ʔȵ，ȶ，f，h，kh，l，m，p，s，t

iu==>1，2，3，4，5，6，ʔn，ɕ，mb，ȶ，ȶh，ɣ，f，j，k，l，m，n，ph，s，t

oŋ==>1，2，3，4，5，6，ʔȵ，ʔɣ，ɓ，ɗ，ɗj，ʔj，ɕ，ȵ，ȵ̥，nd，ndj，ȶ，ɣ，f，h，j，k，kh，l，lj，m，nj，p，pj，q，s，t，th，tj，ts o==>0，1，2，3，4，5，6，6'，ʔ，ʔȵ，ʔŋ，ɗ，ɗj，ʔj，ɕ，n̥，ŋ，nd，ȶ，ȶh，ɣ，f，h，j，k，kh，khw，l，lj，m，mj，p，ph，pj，q，s，t，th，ts，tsh，z

oi==>1，2，4，5，ɗj，ɕ，ʁ，h，k，l，mj，q，t

ok==>7，8，ʔŋ，ʔɣ，ɗj，ʔj，ʔn，ȵ̊，ȶ，ȶh，ɣ，h，k，l，lj，m，n，p，phj，q，s，t，ts

om==>2，3，5，6，kh，m，q，t，tj

on==>1，3，4，5，6，ʁ，ȶh，l，p，q，s

op==>7，8，q，s

ot==>7，8，ɗ，ȶ，ȶh，k，l，s

uə==>1，2，5，l，m

uə̭n==>1，2，3，4，5，6，ɕ，l，lw，p，t，ts

uə̭ŋ==>1，2，3，5，6，f，ɓ，l，v

uŋ==>1，2，3，4，5，6，6'，ɓ，ɗ，ɕ，ʁ，ȶh，ɣ，f，h，j，k，kh，l，n，p，ph，phj，q，t，th，tj，ts，tsh，z

u==>1，2，3，4，5，6，6'，ʔ，ʔȵ，ɗ，ɗj，ʔj，ʔm，ɕ，ȵ，ȵ̊，m̥，ʁ，mb，mbj，nd，ndj，ȶ，ȶh，ȶhj，ɣ，f，h，j，k，kh，l，lj，m，mj，n，nj，p，ph，phj，pj，q，qh，s，t，th，tj，ts，tsh，v，z

uei==>4，5，j，p，s，t

ui==>1，2，3，4，5，6，6'，ʔ，ʔȵ，ɗ，ʔm，ʔn，ɕ，ȵ，m̥，ʁ，nd，ȶ，ȶh，ɣ，f，h，k，kh，l，lj，n，p，ph，q，qh，s，t，th，thj，tj，ts，tsh，v，z

uk==>7，8，ʔ，ɗ，ʔn，ndj，ɣ，f，l，lj，m，n，ph，q，s，t，v

um==>1，2，3，4，5，6，ʔ，ʔɣ，ʔj，ɕ，ȵ，mbj，nd，ȶ，ɣ，h，j，k，kh，l，lj，m，mj，q，s，t，tj，ts

un==>1，2，3，4，5，6，6'，ʔ，ʔŋ，ɓ，ɗj，ʔj，ʔn，ɕ，ȵ，ʁ，nd，ȶ，ȶh，ɣ，h，k，kh，m，n，nj，q，s，ts，v，z

up==>7，8，ɗj，ɕ，ʁ，nd，ɣ，h，kh，l，p，q，s，tj，ts，z

ut==>7，8，ʔ，ʔj，ʔn，ɕ，nd，ndj，ɣ，h，j，k，kh，lj，m，nj，p，ph，pj，q，s，tj，ts

（三）声调可搭配的声母和韵母

1. 声调可搭配的声母

0==>ʔ，q，s，t

1==>ʔ，ʔȵ，ʔŋ，ʔɣ，ɓ，ɗ，ɗj，ɗw，ʔj，ʔm，ʔmj，ʔn，ʔnj，ɕ，ȵ，ȵ̥，m̥，n̥，ŋ，ŋ̥，ʁ，mb，mbj，nd，ndj，ȶ，ȶh，ȶhj，ɣ，f，fj，fw，h，j，k，kh，khw，kw，l，lj，m，mj，n，nj，p，ph，phj，pj，q，qh，s，sj，sw，t，th，thj，tj，ts，tsh，tsj，tsw，v，vj，z

2==>ʔ，ɕ，ȵ，ŋ，ʁ，ȶ，ȶh，ȶw，ɣ，f，fw，h，j，k，kh，khw，kw，l，lj，lw，m，mj，mw，n，nj，p，ph，phj，pj，q，s，sj，sw，t，th，thj，tj，ts，tsh，tsj，v，z

3==>ʔ，ʔȵ，ʔŋ，ʔŋw，ʔɣ，ɓ，ɗ，ɗj，ʔj，ʔm，ʔn，ɕ，ȵ，ȵ̥，m̥，m̥j，n̥，ŋ，ŋ̥，ʁ，mb，mbj，nd，ndj，ȶ，ȶh，ȶhj，ȶj，ȶw，ɣ，ɣw，f，fj，h，j，k，kh，khw，kw，l，lj，lw，m，mj，n，p，ph，phj，pj，q，qh，s，sj，sw，t，th，tj，ts，tsh，v，vj，z

4==>ʔ，ɕ，ȵ，ŋ，mb，ȶ，ȶh，ȶhw，ɣ，f，h，j，k，kh，kw，l，lj，m，mj，mw，n，nj，p，ph，pj，q，s，sj，t，th，thj，thw，tj，ts，tsh，tsj，v，vj，z

5==>ʔ，ʔȵ，ʔɣ，ɓ，ɓj，ɓw，ɗ，ɗj，ʔj，ʔm，ʔn，ʔnj，ʔw，ɕ，ȵ，ȵ̥，m̥，ŋ，ŋ̥，ʁ，mb，mbw，nd，ndj，ȶ，ȶh，ȶhj，ȶhw，ɣ，f，fj，fw，h，j，k，kh，kw，l，lj，mj，n，nj，p，ph，phj，pj，q，qh，s，sj，t，th，thj，tj，ts，tsj，v，vj，z

6'==>ɕ，ȶ，ȶh，ȶj，f，h，j，k，kh，khw，kw，l，m，p，ph，phj，pj，s，sj，sw，t，th，tj，ts，tsh，v

6==>ʔ，ɕ，ȵ，ŋ，ŋw，ʁ，ȶ，ɣ，f，fw，h，j，k，l，lj，m，mj，mw，n，nj，p，pj，q，s，t，th，tj，ts，tsj，v

7==>ʔ，ʔȵ，ʔŋ，ʔŋw，ʔɣ，ɓ，ɓj，ɗ，ɗj，ʔj，ʔm，ʔn，ʔnj，ɕ，ȵ，ȵ̥，m̥，n̥，ŋ，ŋ̥，ʁ，nd，ndj，ȶ，ȶh，ȶhj，ȶj，ɣ，f，h，j，k，kh，kw，l，lj，m，mj，nj，p，ph，phj，pj，q，qh，s，sj，t，th，thj，tj，ts，tsj，v，z

8==>ȵ，ŋ，nd，ȶ，ɣ，f，h，j，k，l，lj，lw，m，n，nj，p，pj，q，s，t，tj，ts，v

2. 声调可搭配的韵母

0==>e，a，i，o

1==>e，əŋ，ən，ʅ，a，aŋ，aːŋ，aːi，aːm，aːn，aːu，ai，ak，am，an，au，e，eŋ，em，en，eu，i，iŋ，im，in，iu，o，oŋ，oi，on，u，uə，uə̭n，uə̭ŋ，uŋ，ui，um，un

2==>e，əŋ，ən，ʅ，a，aŋ，aːŋ，aːi，aːm，aːn，aːu，ai，am，an，au，e，eŋ，em，en，eu，i，iŋ，in，iu，o，oŋ，oi，om，u，uə，uə̭n，uə̭ŋ，uŋ，ui，um，un

3==>e，əŋ，ən，ʅ，a，aŋ，aːŋ，aːi，aːm，aːn，aːu，ai，am，an，au，e，eŋ，em，en，eu，i，iŋ，im，in，iu，o，oŋ，om，on，u，uə̭n，uə̭ŋ，uŋ，ui，um，un

4==>e，əŋ，ən，ʅ，a，aŋ，aːŋ，aːi，aːm，aːn，aːu，ai，am，an，au，e，eŋ，em，en，eu，i，iŋ，im，in，iu，o，oŋ，oi，on，u，uə̭n，uŋ，uei，ui，um，un

5==>e，əŋ，ən，a，aŋ，aːŋ，aːi，aːm，aːn，aːu，ai，am，an，au，e，eŋ，em，en，eu，i，iŋ，in，iu，o，oŋ，oi，om，on，u，uə，uə̭n，uə̭ŋ，uŋ，uei，ui，um，un

6'==>e，ən，ʅ，a，aŋ，aːŋ，aːn，aːu，ai，an，au，en，eu，i，in，o，u，uŋ，ui，un

6==>e，əŋ，ən，a，aŋ，aːŋ，aːi，aːm，aːn，aːu，ai，am，an，au，e，eŋ，em，en，eu，i，iŋ，in，iu，o，oŋ，om，on，u，uə̭n，uə̭ŋ，uŋ，ui，um，un

7==>ek，ət，aːk，aːp，aːt，ak，ap，at，ek，ep，et，ik，ip，it，ok，op，ot，uk，up，ut

8==>ek，ət，aːk，aːp，aːt，ak，ap，at，ek，ep，et，ik，ip，it，ok，op，ot，uk，up，ut

第三章　水族物质文化

据史料记载，水族先民曾生活于沿海一带，经历了较长时期的渔猎生活，捕鱼是水族先民生活中的重要内容之一。水族先民很早就掌握了水稻种植技术，唐时凡水族人聚居的地方人口殷实、土气郁热，多霖雨，稻粟两熟。

水族人以种植水稻为主，水田一年种植一季水稻，其余时间则种植油菜、小麦、大麦或者蔬菜等。旱地一般种植旱稻、玉米、小米、麦类、高粱、棉花、麻、烟叶、花生、豆类、薯类、芝麻等，寨角村边，房前屋后，水族人一般会种瓜果、蔬菜。水族地区地处亚热带，雨量充沛，气候温湿适中，宜种各类作物。

水族农业生产使用的工具主要有犁、耙、翻撬、铧口、锄头、镰刀、锯子、斧头、柴刀、挖耙、挖锄、粪耙、粪箩、草箩、扁担、谷桶、晒席、谷箩等。犁田牵引主要用畜力，即黄牛和水牛。

水族人历来重视按季节播种、插秧、薅秧，十分注重田间管理，精耕细作，不违农时。农作物栽种季节及一年的农事活动日程大致如下：一月（水历五月）、二月（水历六月）翻犁田土，刮草皮积肥；三月（水历七月）播种玉米，育秧苗、辣椒苗、土烟苗，种花生、地瓜；四月（水历八月）插秧，薅玉米，种黄豆、红薯，移植辣椒、土烟，种棉花，收油菜、小麦；五月（水历九月）插秧，薅秧，薅二道玉米，栽红薯，薅棉花；六月（水历十月）薅二道秧，收玉米，薅棉花；七月（水历十一月）收玉米、辣椒；八月（水历十二月）收谷子、黄豆、花生、土烟、棉花；九月（水历正月）收糯谷，犁田，收地瓜；十月（水历二月）犁田过冬，种大麦、小麦、油菜；十一月（水历三月）、十二月（水历四月）犁田、扛柴草。

水族地区主要的农产品：一是水稻，水稻分粘稻、糯稻两种，水族地区的糯稻有四五十种；二是玉米，分普通玉米和糯玉米两种。大麦、小麦的产量要少一些。水塘养鱼、稻田养鱼是水族地区的重要技能与特色之一，人们运用田鱼产卵和用稻草团分卵繁殖的技能，使鱼稻获得双丰收。如今，随着化肥的使用，生态环境遭到破坏，稻田养鱼在水族地区逐渐减少。

水历以庄稼农事季节来划分月份，每年十二个月。秋种季节（阴历九月）为正月，又称“nyenz zyengl 念荐”“nyenz duec 念端”。收割稻谷的季节（阴历八月）为岁末。因此，水族的重要年节——端节就在水历十二月（阴历八月）开始过，共 7 批，至少 49 天。水族民间认为，第一个端节亥日下雨，则预示着来年春季（水历七八月）不愁撒秧水；第二个端节亥日有雨，则预兆着夏季（水历十一二月）不缺秧水；第三个端节亥日下雨，标志来年全年雨量充沛；第四个端节亥日有雨，则预示来年虫害频繁；第七个端节亥日有雨，则预示秋冬（水历三四月）阴雨连绵，将发生烂冬现象。

近年来，三都县为了增加农民收入，根据当地的地形特点，大量发展蔬菜（包括供港粤蔬菜和特色农业蔬菜等）种植产业和水晶葡萄种植产业，农业产业结构已经发生了很大的变化。与此同时，三都县也成为贵州的水晶葡萄种植基地，这样不仅使农民增加了收入，也带动了当地山地旅游产业的发展。

水族的手工艺，过去都是不脱离农业生产的农户以做副业的形式呈现的，很少有常年专门生产手工艺品的专业工厂或作坊。

水族的手工艺品中以纺织品最为普遍，纺织品的主要经营者是妇女。她们自种棉花，自己纺纱、织布、刺绣，在赶场的时候拿去集市上出售，换钱换物。做纺织品的土布有花椒纹布、斜纹布、细纹布、方格纹布、鱼骨纹布等。除了纺织外，水族的手工艺还有石工、铁工、银工、木工、竹工、染工等。

石工主要是指水族石匠制作粮食加工器具等的工艺，如石磨、石碓、水碾、布碾等，少数石匠艺人兼做墓碑石刻、石雕等；水族打制的石碑最负盛名，碑上人物、动物的图案逼真，有较高的艺术价值。铁工是以打制农业生产用具为主的工艺，如斧头、镰刀、柴刀、锯子、犁、耙等。银工主要是打制妇女和小孩用的银质装饰品的工艺，如手镯、项圈、耳环、银戒指、小孩帽饰等，加工形式多为来料加工，且收取一定的工钱。木工主要是建造房屋和打制家具等的工艺，如制作水桶、木盆、犁耙、谷桶、桌椅和生活用具等；由于水族独特的干栏式建筑，大多数木匠艺人，均精于房屋的建造及装修技术。竹工是利用当地丰富的竹木资源，加工竹篮、米箩、草箩、簸箕、晒席等人们日常生产、生活用具的工艺。染工工艺一般是指专门的染布家庭作坊工艺，他们为别人染布，收取一定的费用，一般家庭自己不染布，染布时使用的染料一般为蓝靛。

过去，水族很少有专门从事买卖的生意人，一些小宗的农产品、手工艺品、民族工艺品的交易，一般都在赶场的场坝上进行。场期虽六天一轮，但对小商贩来说，今天赶甲地，明天去乙地，后天又赶丙地，只要不怕辛苦，天天都有集可赶。农民最需要的一般是轻工业品，如火柴、火机、布匹、丝线、铁质农具、衣服、鞋袜、化妆品、药品等，他们会出售木料、土布、竹木器、猪肉、牛肉、鸡、鸭以及当地的土特产等。靠赶场经营小生意的流动小商贩，在水族地区虽然为数不多，但对农民来说，却能起到“通有无、济缓急”的作用，方便了农民的日常生活。如今实现了“村村通公路”，水族地区的交通条件得到了很大的改善，交通沿线逐步建立起了日用百货商店，给人们的生产生活带来了极大的方便。

饮食方面，水族是农耕民族，有悠久的水稻种植历史，所以水族人主要以大米为主食，另外还食用玉米、小麦、大麦、高粱、小米、红薯、豆类等。他们常食用的蔬菜有青菜、韭菜、白菜、萝卜、苋菜、菠菜、葱、姜、大蒜、番茄、辣椒、蕨菜、松茸、香菇、木耳、竹笋等，瓜类有南瓜、丝瓜、苦瓜、黄瓜，豆类有黄豆、扁豆、绿豆、豌豆、豇豆等。水族农家善于豢养家禽家畜，所以肉类食品与汉族地区相仿。水族人喜欢喝酒，吃酸食，酸汤是水族人夏天家中必备的食品之一。肉食以鱼肉、猪肉、牛肉为主，鸡肉、鸭肉、狗肉次之。

水族还善于做各种腌制食物，主要有腌鱼、腌肉、腌菜等。

水族人居住的传统房屋是一种用杉木、松木建造的干栏式建筑。一般是两层或三层，最高的是四层，屋顶用瓦片或杉树皮覆盖。这种建筑历史悠久、风格独特、美观牢固、居住方便，构成了水族别具一格的居住习俗，并形成了水族的干栏文化。这种住房建筑属于古代百越人的“干栏”式构造。“干栏”建筑的特点是“人栖其上，牛羊犬豕畜其下”，底层一般用来饲养牲口、置放农具，人则居住在二楼或三楼。房间数一般为单数，忌取双数，多为三间、五间或七间。修建这种楼房时，要先用石块安好基脚，再用粗大的松、杉原木为柱，用枋条穿拉起来，构成一个离地面六七尺高的底架，在底架上铺以宽厚的楼板作为上层房屋的承重部分。在底架上修建上层房架，并用木板装修起来，然后屋顶上盖上瓦或杉树皮，这样一座楼房基本上就建好了。有不少楼房盖有重檐，重檐下有走廊和栏杆，上下楼则用宽厚的木梯。水族人修建楼房有高超的技艺，柱、梁、枋、檩之间凿榫穿拉，严谨牢固，几乎不用一颗铁钉。有的楼房依山势而建，形成错落有致的楼群。在水族地区，每个村寨都是一幅优美的风景画。

水族服饰的主体颜色多以蓝、青、绿、紫、黑等素色为主，其朴素、端庄、大方、实用的特点与水族人民纯朴、谦恭、淡泊、含蓄的性情相映衬。水族妇女服饰款式和颜色可以体现着装人员的年龄、婚否、生活地区等。水族青壮年妇女的服饰最能够代表水族的服饰特色，其主要特点为上衣都是右衽大襟衣衫，下身都是长裤。水族的男子服饰也具有一定的民族特色：老年男子平常多穿对襟布扣便服和长裤，过节或在喜庆场合时穿长衫再套马褂，热天用短帕包头或戴马尾帽，冷天用长巾包头或戴锅驼帽，脚穿轻便布鞋；青壮年男子除了有的人还包头巾、身穿黑色短对襟衣外，大多数人的服饰已同汉族青年男子的服饰没有多大区别了。

水族人常用的有关自然现象与自然物、人和动物、植物与食物、服饰与衣着、房屋与用具等的词汇及对应的国际音标和水语拼音如下。

一、自然现象与自然物

汉语	国际音标	水语拼音
天	ʔbən^{1}	qbenl
太阳	nda^{1}van^{1}	ndal vanl
阳光	ɕaːŋ^{1}	xaangl
月亮	njen^{2}	nyeenz
日食	qop^{7}tsje^{1}nda^{1}van^{1}	ggobs zyeel ndal vanl
月食	qop^{7}tjse^{1}njen^{2}	ggobs dyseel nyeenz
星星	zət^{7}	reds
北斗星	zət^{7}pe^{2}tau^{6}	reds beez dauh
流星	qe^{4}zət^{7}	ggeex reds
彗星（扫帚星）	zət^{7}ɕən^{1}hət^{8}	reds xenl hed
银河（天河）	ʔnjaːŋ^{1}ʔbən^{1}	qnjaangl qbenl
日晕	nsda^{1}van^{1}tan^{3}tjum^{1}	ndal vanl danc dyuml
月晕	njen^{2}tan^{3}tjum^{1}	nyeenz danc dyuml
天气	van^{1}	vanl
阴天	van^{1}ʔdjam^{5}	vanl qdyams
晴天	van^{1}ɕaːŋ^{1}	vanl xaangl
云	fa^{3}	fac
乌云	fa^{3}qam^{5}	fac ggams
雷	qam^{4}ʔȵa^{3}	ggamx qnnac
打雷	qam^{4}ʔȵa^{3}	ggamx qnnac
霹雷	qum^{4}ʔȵa^{3}laːu^{4}	ggumx qnnac laox
闪（闪电）	ʔdaːp^{7}	qdaabs
风	lum^{1}	luml
旋风	khaːŋ^{5}	kaangs
狂风	khaːŋ^{5}laːu^{4}	kaangs laox
雨	fən^{1}	fenl
毛毛雨	fən^{1}m̥ən^{5}	fenl hmens
雪	ʔnui^{1}	qnuil
虹	ka^{1}tsje^{1}nam^{3}	gal zyeel namc

续表

汉语	国际音标	水语拼音
冰雹	tin^{2}ɕi^{3}	dinz xic
霜	ȵi^{2}	nniz
露水	ȵi^{2}	nniz
雾	mon^{1}	monl
暴风雨	ha:k^{8}la:ŋ^{5}	haag laangs
火	vi^{1}	vil
烟（火烟）	kwan^{2}	gwanz
空气	lo^{5}	los
蒸气	phjuŋ^{5}	pyungs
地（天地）	ti^{6}	dih
山	nu^{2}	nuz
岭	lin^{5}	lins
山坡	qom^{4}nu^{2}	ggomx nuz
山峰	jing^{5}nu^{2}	yings nuz
山坳	qop^{3}nu^{2}	ggobc nuz
山谷	jən^{1}nu^{2}	yenl nuz
悬岩	khan^{5}tin^{2}	kans dinz
山腰	pa:n^{1}nu^{2}	baanl nuz
山脚	tin^{1}nu^{2}	dinl nuz
山洞	qa:m^{1}	ggaaml
河	ʔnja^{1}	qnjal
河岸	faŋ^{5}ʔnja^{1}	fangs qnjal
洲（江河之中）	nu^{2}hum^{5}ʁa:u^{3}nam^{3}	nuz hums xggaoc namc
湖	maŋ^{2}	mangz
海	ha:i^{3}	haic
池塘	poŋ^{4}	bongx
沟（水沟）	ʔnja:ŋ^{1}	qnjaangl
井	ʔbən^{5}	qbens
坑	qom^{4}	ggomx
洞	qa:u^{2}; qa:m^{1}; ʔŋwən^{3}; khoŋ^{3}	ggaoz; ggaaml; qngwenc; kongc
坝（水坝）	pa^{1}	bal

续表

汉语	国际音标	水语拼音
路	khun^{1}	kunl
平坝子	vja:n^{5}	vyaans
田（水田）	ʔɣa^{5}	qxgas
田埂	jan^{1}ʔɣa^{5}	yanl qxgas
旱地	nda:i^{5}	ndais
石头	tin^{2}	dinz
沙子	nde^{1}	ndeel
尘土（灰尘）	vun^{1}	vunl
泥巴	hum^{5}; khum^{5}; mboŋ^{5}; na^{2}	hums; kums; mbongs; naz
土	hum^{5}	hums
水	nam^{3}	namc
浪	ʔnja:p^{7}nam^{3}	qnjaabs namc
泉水	nam^{3}ʔbən^{5}	namc qbens
洪水	nam^{3}ha:n^{3}	namc haanc
树林	ʔdoŋ^{1}mai^{4}	qdongl meix
竹林	ʔdoŋ^{1}fan^{1}	qdongl fanl
金子	ȶum^{1}	juml
银子	ȵan^{2}	nnanz
铜	toŋ^{2}	dongz
铁	çət^{5}	xeds
锡	çik^{7}	xigs
铅	ȶha:n^{1}	qaanl
钢	ka:ŋ^{1}	gaangl
汞（水银）	sui^{6}jin^{4}	suih yinx
煤	mai^{4}	meix
硫黄	va:ŋ^{4}	vaangx
盐	ʔdwa^{1}	qdwal
碱	ȶen^{6}sa^{3}; ȶen^{6}	jeenh sac; jeenh
灰（草木灰）	vuk^{7}	vugs
石灰	hoi^{1}	hoil
木炭	tha:n^{5}	taans

续表

汉语	国际音标	水语拼音
地方	hən^{2}	henz
处所	tsum^{2}	zumz
国家	kwə^{2}ȶa^{3}	gwez jac
省	sən^{6}	senh
城市	ta^{5}qaːi^{1}	das ggail
街	qaːi^{1}	ggail
场（集）	qe^{4}	ggeex
村子（寨子）	ʔbaːn^{3}	qbaanc
邻居	ɣaːn^{2}ȶaːi^{5}	xgaanz jais
隔壁	ȶaːi^{5}	jais
学校（学堂）	ɕo^{2}ɕaːu^{1}	xoz xaol
牢（监狱）	laːu^{2}	laoz
人家（住家）	ɣaːn^{2}	xgaanz
桥	ȶi^{0}lu^{2}	ji0 luz

二、人和动物

汉语	国际音标	水语拼音
民族	min^{4}tsu^{2}	minx zuz
汉族	ka^{4}; haːn^{1}tsu^{2}	gax; haanl zuz
壮族	ʔjaːi^{3}	qyaic
布依族	ʔjaːi^{3}; ai^{3}ʔjaːi^{3}	qyaic; eic qyaic
临高人	ai^{1}lin^{4}kaːu^{3}	eil linx gaoc
傣族	taːi^{1}tsu^{2}	dail zuz
侗族	kam^{1}	gaml
仫佬族	mu^{2}laːu^{6}tsu^{2}	muz laoh zuz
水族	sui^{3}	suic
毛南族	maːu^{4}naːn^{4}tshu^{2}	maox naanx cuz
黎族	li^{4}tshu^{2}	lix cuz
人	zən^{1}	renl
大人	ai^{3}laːu^{4}	eic laox

续表

汉语	国际音标	水语拼音
小孩儿	laːk^{8}ti^{3}	laag dic
婴儿	laːk^{8}ti^{3}	laag dic
老头儿	qoŋ^{2}laːu^{4}	ggongz laox
老太太	ja^{4}laːu^{4}	yax laox
男人	ai^{3}mbaːn^{1}	eic mbaanl
妇女（女人）	ni^{4}ʔbjaːk^{7}	nix qbyaags
青年男子（小伙子）	laːk^{8}qhoŋ^{5}	laag kkongs
青年女子（姑娘）	laːk^{8}ʔbjaːk^{7}	laag qbyaags
兵	piŋ^{1}	bingl
商人	ai^{3}he^{4}faːn^{5}	eic heex faans
干部	ai^{3}kaːn^{1}pu^{1}	eic gaanl bul
学生	ɕo^{2}sən^{3}	xoz senc
老师	laːu^{6}sɿ^{3}	laoh sic
先生	sjen^{3}sən^{3}	syeenc senc
医生	ji^{3}sən^{3}	yic senc
师傅	sɿ^{3}fu^{3}	sic fuc
徒弟	thu^{4}ti^{1}	tux dil
头人（寨老）	ai^{3}ʔbaːn^{3}	eic qbaanc
仆人	ai^{3}qhau^{3}	eic kkauc
丫头	laːk^{8}qhau^{3}	laag kkauc
长工	ai^{3}pe^{1}qoŋ^{1}	eic beel ggongl
奴隶	nu^{4}ti^{1}	nux dil
厨师	ai^{3}ɕoŋ^{1}au^{4}	eic xongl aux
牧童	laːk^{8}hoŋ^{5}po^{4}	laag hongs box
木匠	haːŋ^{6}mai^{4}	haangh meix
铁匠	ai^{3}tjəp^{8}ɕat^{7}	eic dyeb xads
石匠	ai^{3}ɕiu^{5}tin^{2}	eic xius dinz
泥瓦匠	ai^{3}ta^{3}jiu^{2}	eic dac yiuz
裁缝	ai^{3}tip^{7}ʔduk^{7}	eic dibs qdugs
理发匠	ai^{3}khut^{7}qam^{4}	eic kuds ggamx
船夫	ai^{3}qo^{1}lwa^{1}	eic ggol lwal

续表

汉语	国际音标	水语拼音
猎人	ai^{3}ho^{4}pja^{4}; ai^{3}na^{4}pja^{4}	eic hox byax; eic nax byax
算命先生	ai^{3}son^{1}miŋ^{5}	eic sonl mings
巫师	ai^{3}pju^{1}ȶa:i^{3}	eic byul jaic
乞丐	qa^{0}sa^{5}	gga0 sas
骗子	ai^{3}he^{4}po^{5}	eic heex bos
贼（小偷）	ai^{3}he^{4}ljak^{7}	eic heex lyags
强盗	ai^{3}he^{4}ljak^{7}	eic heex lyags
土匪	thu^{6}fai^{5}	tuh feis
坏人	ai^{3}n̥au^{5}	eic hnnaus
皇帝	ai^{3}va:ŋ^{2}	eic vaangz
官	ai^{3}ʔbuŋ^{3}	eic qbungc
媒人	ai^{3}he^{4}loŋ^{5}	eic heex longs
伙计	ho^{6}ȶi^{1}	hoh jil
朋友	phuŋ^{4}jiu^{6}; ȶiu^{5}	pungx yiuh
老乡	la:u^{6}ɕa:ŋ^{3}	laoh xaangc
同学	thuŋ^{4}ɕo^{2}	tungx xoz
瞎子	ai^{3}ko^{4}	eic gox
瘸子	ai^{3}kwa^{2}	eic gwaz
矮子	ai^{3}ndam^{5}	eic ndams
聋子	ai^{3}ʔdak^{7}	eic qdags
秃子	ai^{3}lo^{3}qam^{4}	eic loc ggamx
麻子	ai^{3}qa^{2}	eic ggaz
斜眼子	khiŋ^{1}nda^{1}	kingl ndal
歪嘴子	ai^{3}pa:k^{7}qa:i^{2}	eic baags ggaiz
豁嘴子	pa:k^{7}mba:ŋ^{5}	baags mbaangs
驼子	ai^{3}zuŋ^{3}	eic rungc
傻子	ai^{3}ɕaŋ^{2}	eic xangz
疯子	ai^{3}ŋa:ŋ^{5}	eic ngangs
结巴	ai^{3}ʔda^{3}ma^{2}	eic qdac maz
哑巴	ai^{3}ʔnja^{5}	eic qnjas
独眼龙	tu^{2}jen^{5}luŋ^{4}	duz yeens lungx

续表

汉语	国际音标	水语拼音
六指	ljok^{8}toŋ^{1}	lyog dongl
客人	hek^{7}	heegs
瘫子	ai^{3}ɕon^{1}	eic xonl
新郎	laːk^{8}haːu^{4}m̥ai^{5}	laag haox hmeis
新娘	laːk^{8}ɕa^{3}m̥ai^{5}	laag xac hmeis
外国人	zən^{1}vaːi^{1}kwə^{2}	renl vail gwez
异乡人	ai^{3}ʔnuk^{7}	eic qnugs
生人	zən^{1}taːŋ^{5}	renl daangs
熟人	zən^{1}kwen^{5}	renl gweens
身体	ndən^{1}	ndenl
头	qam^{4}	ggamx
囟门	ta^{5}na^{2}; na^{2}qam^{4}	das naz; naz ggamx
头发	pjam^{1}qam^{4}	byaml ggamx
头旋儿	tsa^{1}qam^{4}	zal ggamx
辫子	pjam^{1}lja^{1}	byaml lyal
发髻	qut^{7}qam^{4}	gguds ggamx
额头	ta^{5}pjaːk^{7}	das byaags
眉毛	tsən^{1}nda^{1}	zenl ndal
眼睛	nda^{1}	ndal
瞳仁	ȵui^{6}nda^{1}	nnuih ndal
睫毛	mo^{4}nda^{1}	mox ndal
鼻子	ʔnaŋ^{1}	qnangl
鼻孔	tsum^{2}ʔnaŋ^{1}	zumz qnangl
耳朵	qha^{1}	kkal
脸	ʔna^{3}	qnac
腮	ŋai^{6}	ngeih
酒窝儿	tsjam^{6}tsjon^{2}	zyamh zyonz
人中	vin^{5}	vins
嘴（口）	paːk^{7}	baags
唇	vin^{5}; wi^{5}	vins; wis
胡子	njut^{8}	nyud

续表

汉语	国际音标	水语拼音
下巴	ʁaːŋ^{1}	xggaangl
脖子	qo^{4}	ggox
后颈窝	qom^{2}qa^{3}qhau^{5}	ggomz ggac kkaus
肩膀儿	ha^{1}	hal
背（名）	am^{5}	ams
胳肢窝	te^{3}haːk^{7}	deec haags
胸脯	te^{3}tak^{7}	deec dags
乳房	tju^{4}	dyux
奶头	qam^{4}tju^{4}	ggamx dyux
奶汁	lu^{5}tju^{4}	lus dyux
肚子	loŋ^{2}	longz
肚脐	haːi^{4}ʔdwa^{1}	haix qdwal
腰	ku^{3}ȶiŋ^{4}	guc jingx
屁股	tsum^{2}qe^{4}	zumz ggeex
大腿	pa^{1}	bal
膝盖	qam^{4}qu^{5}	ggamx ggus
小腿	top^{7}n̥o^{3}	dobs hnoc
脚踝	nda^{1}pau^{1}	ndal baul
脚	tin^{1}	dinl
脚后跟	ɕoŋ^{1}tin^{1}	xongl dinl
脚指头	laːk^{8}tin^{1}	laag dinl
脚心	haːi^{4}tin^{1}	haix dinl
胳膊	ȶhin^{1}	qinl
肘	joŋ^{5}ȶhin^{1}	yongs qinl
手	mja^{2}	myaz
手腕子	qo^{4}ȶhin^{1}	ggox qinl
手指	laːk^{8}mja^{1}	laag myal
拇指	ni^{4}toŋ^{1}	nix dongl
食指	toŋ^{1}aːm^{3}	dongl aamc
中指	toŋ^{1}ta^{5}	dongl das
无名指	laːk^{8}toŋ^{1}au^{4}; toŋ^{1}ɕi^{5}	laag dongl aux; dongl xis

续表

汉语	国际音标	水语拼音
小指	toŋ^{1}ti^{3}	dongl dic
指甲	ljap^{7}toŋ^{1}	lyabs dongl
虎口	kaːm^{3}mja^{1}	gaamc myal
手掌	faːn^{3}mja^{1}	faanc myal
手背	laːi^{1}mja^{1}	lail myal
拳	ȶon^{3}	jonc
箕（长形指纹）	ȶi^{0}li^{1}	ji0 lil
斗（圆形指纹）	ʔbən^{5}	qbens
脐带	tiu^{2}haːi^{4}ʔdwa^{1}	diuz haix qdwal
印记	tjaːn^{3}	dyaanc
肛门	qe^{4}qhən^{1}	ggeex kkenl
男生殖器	qhai^{3}	kkeic
睾丸	qai^{1}	ggeil
女生殖器	ŋaːi^{1}; ŋ̊hi^{1}; pat^{7}	ngail; hnnil; bads
胞衣（胎盘）	kuŋ^{1}laːk^{8}; kuŋ^{1}	gungl laag; kungl
皮肤	pi^{2}	biz
皱纹	tjut^{8}	dyud
寒毛（汗毛）	tsən^{1}ljup^{7}; tsən^{1}mon^{5}	zenl lyubs; zenl mons
痣	m̥ui^{1}; ʔme^{1}	hmuil; qmeel
疮	ɕiŋ^{1}	xingl
疤	tjaːn^{3}	dyaanc
疖子	tum^{5}	dums
痱子	saːt^{8}	saad
雀斑	qe^{4}m̥at^{7}	ggeex hmads
癣	jon^{3}	yonc
肉	naːn^{4}	naanx
洋子	ʁon^{3}	xggonc
淋巴结	ʁon^{3}	xggonc
血	phjaːt^{7}	pyaads
筋	jən^{1}	yenl
手脉	jin^{1}mja^{1}	yinl myal

续表

汉语	国际音标	水语拼音
脑髓	ʔn̥ui^{1}qam^{4}	qnnuil ggamx
骨头	la:k^{7}	laags
脊椎骨	la:k^{7}la:i^{1}	laags lail
肋骨	la:k^{7}khət^{7}	laags keds
软骨	la:k^{7}ʁam^{3}	laags xggamc
骨节	la:k^{7}ha:p^{7}	laags haabs
牙齿	vjan^{1}	vyanl
门齿	vjan^{1}ʔna^{3}	vyanl qnac
臼齿	vjan^{1}ʔduŋ^{3}	vyanl qdungc
犬齿	vjan^{1}ȶhiu^{3}	vyanl qiuc
虎牙	vjan^{1}ŋa:ŋ^{2}	vyanl ngaangz
龅牙	vjan^{1}ŋa:ŋ^{2}	vyanl ngaangz
牙龈	ʔn̥a:k^{7}	qnnaags
舌头	ma^{2}	maz
小舌	ʔdeu^{5}	qdeus
上颚	ʁa:ŋ^{1}u^{1}; win^{5}pa:k^{7}ui^{1}	xggaangl ul; wins baags uil
喉咙	qo^{4}	ggox
喉结	je^{1}qa:i^{5}; ʔdeu^{5}	yeel ggais; qdeus
肺	put^{7}	buds
心脏	ɕum^{1}	xuml
肝	tap^{7}	dabs
肾	ja:u^{3}	yaoc
腰子	ndən^{1}; lam^{1}ja:u^{3}	ndenl; laml yaoc
胃	loŋ^{2}; tu^{6}	longz; duh
肚子	loŋ^{2}	longz
胆	ʔdo^{5}	qdos
苦胆	ʔdo^{5}	qdos
肠子	ha:i^{4}	haix
膀胱	tum^{1}	duml
屎	qe^{4}	ggeex
尿	ʔniu^{5}	qnius

续表

汉语	国际音标	水语拼音
屁	tət^{7}	deds
汗	ljuk^{7}	lyugs
月经	fa^{4}	fax
痰	ʁe^{1}	xggeel
口水	ʁe^{1}	xggeel
鼻涕	muk^{8}	mug
眼泪	nam^{3}nda^{1}	namc ndal
脓	sok^{8}	sog
耳屎	qe^{4}qha^{1}	ggeex kkal
污垢	zaːi^{1}	rail
牲畜	seŋ^{1}	sengl
牛	po^{4}; kui^{2}	box; kuiz
黄牛	po^{4}	box
水牛	kui^{2}	guiz
水牛犊	kui^{2}ti^{3}; laːk^{8}kui^{2}	guiz dic; laag guiz
黄牛犊	po^{4}ti^{3}; laːk^{8}po^{4}	box dic; laag box
公黄牛	tak^{8}po^{4}	dag box
母黄牛	ni^{4}po^{4}	nix box
母水牛（未生子的）	hai^{5}kui^{2}	heis guiz
母黄牛（未生子的）	hai^{5}po^{4}	heis box
公牛	tak^{8}po^{4}	dag box
母牛	ni^{4}po^{4}	nix box
水牛角	paːu^{1}kui^{2}	baol guiz
黄牛角	paːu^{1}po^{4}	baol box
水牛蹄	tin^{1}kui^{2}	dinl guiz
黄牛蹄	tin^{1}mo^{4}	dinl mox
水牛皮	pi^{2}kui^{2}	biz guiz
黄牛皮	pi^{2}po^{4}	biz box
毛	tsən^{1}	zenl
尾巴	hət^{8}	hed
牛奶	tju^{4}po^{4}	dyux box

续表

汉语	国际音标	水语拼音
马	ma^{4}	max
马驹	la:k^{8}ma^{4}	laag max
公马	tak^{8}ma^{4}	dag max
母马	ni^{4}ma^{4}; ma^{4}hai^{5}	nix max; max heis
母马（未生子的）	ni^{4}ma^{4}; ma^{4}hai^{5}	nix max; max heis
马鬃	n̥oŋ^{1}ma^{4}	hnnongl max
羊	fa^{2}	faz
绵羊	fa^{2}	faz
山羊	pja^{4}	byax
羔羊	la:k^{8}fa^{2}	laag faz
骡子	lo^{2}	loz
驴	li^{2}	liz
骆驼	lo^{2}tho^{4}	loz tox
猪	m̥u^{5}	hmus
公猪	pui^{1}m̥u^{5}	buil hmus
母猪	ni^{4}m̥u^{5}	nix hmus
母猪（未生子的）	ni^{4}pui^{1}	nix buil
猪崽	la:k^{8}m̥u^{5}	laag hmus
狗	m̥a^{1}	hmal
母狗	m̥a^{1}	hmal
母狗（未生子的）	ʁa:ŋ^{6}m̥a^{1}	xggaangh hmal
猎狗	m̥a^{1}ho^{4}na:n^{4}	hmal hox naanx
疯狗	m̥a^{1}ŋa:n^{5}	hmal ngaans
猫	meu^{4}	meux
野猫	tsai^{2}	zeiz
兔子	thu^{1}	tul
鸡	qa:i^{5}	ggais
公鸡	hai^{3}qa:i^{5}	heic ggais
母鸡	ni^{4}qa:i^{5}	nix ggais
母鸡（未下蛋的）	ʁa:ŋ^{5}qa:i^{5}	xggaangs ggais
小鸡	la:k^{8}qa:i^{5}	laag ggais

续表

汉语	国际音标	水语拼音
线鸡（阉鸡）	qa:i^{5}ʔjem^{1}	ggais qyeeml
鸡冠	tan^{5}qa:i^{5}	dans ggais
鸡胗	ta^{1}	dal
鸡嗉子	ji^{1}	yil
鸡爪子	sim^{3}qa:i^{5}; tin^{1}qa:i^{5}	simc ggais; dinl ggais
鸡尾	hət^{7}qa:i^{5}	heds ggais
翅膀	va^{5}	vas
羽毛	tsən^{1}	zenl
鸭子	ep^{7}	eebs
鹅	ŋa:n^{5}	ngaans
鸽子	pau^{2}	bauz
野兽	na:n^{4}ta^{3}	naanx dac
老虎	mum^{4}	mumx
狮子	sɿ^{3}tsɿ^{6}	sic zih
龙	ka^{1}	gal
爪子	sim^{3}	simc
猴子	mon^{6}	monh
大象	sja:ŋ^{1}	syaangl
豹子	peu^{5}	beus
熊	ʔmi^{1}	qmil
野猪	m̥u^{5}la:i^{5}	hmus lais
鹿	sɿ^{0}ja:ŋ^{2}	si0 yaangz
穿山甲	ȶi^{0}ljən^{6}	ji0 lyenh
水獭	ʔbja:n^{3}	qbyaanc
豪猪	ʔbin^{3}	qbinc
刺猬	ʔbin^{3}	qbinc
獾	thu^{4}fon^{1}	tux fonl
老鼠	n̥o^{3}	hnoc
松鼠	n̥o^{3}tsa:ŋ^{2}	hnoc zaangz
黄鼠狼	tsai^{2}	zeiz
狼	qha^{1}laŋ^{5}	kkal langs

续表

汉语	国际音标	水语拼音
狐狸	tsai^{2}; fu^{5}li^{4}	zeiz; fus lix
鸟	nok^{8}	nog
鸟窝	kuŋ^{1}nok^{8}	gungl nog
老鹰	ȵa:u^{2}	nnaoz
鹞子	jiu^{6}	yiuh
猫头鹰	qau^{1}	ggaul
蝙蝠	ni^{4}qo^{2}	nix ggoz
燕子	in^{5}	ins
大雁（天鹅）	ŋa:n^{6}fa:ŋ^{1}	ngaanh faangl
野鸭	ep^{7}ta^{3}; ep^{7}nam^{3}	eebs dac; eebs namc
白鹤	tum^{2}	dumz
鹭鸶	ha:u^{5}	haos
鸬鹚	ŋa:u^{2}	ngaoz
麻雀	nok^{8}	nog
喜鹊	qa^{0}ɕa:k^{7}	gga0 xaags
乌鸦	qa^{1}	ggal
野鸡（雉）	quk^{7}	ggugs
八哥	nok^{7}tsiu^{5}viu^{5}	nogs zius vius
鹦鹉	nok^{8}jin^{3}vu^{6}	nog yinc vuh
斑鸠	pau^{2}ta^{3}	bauz dac
啄木鸟	nok^{8}ɕu^{5}pa^{2}	nog xus baz
布谷鸟	nok^{8}quk^{7}qu^{3}	nog ggugs gguc
乌龟	tja:u^{5}	dyaos
鳖（甲鱼）	tja:u^{5}	dyaos
蛇	hui^{2}	huiz
四脚蛇（蜥蜴）	hui^{2}him^{3}	huiz himc
蟒	maŋ^{4}se^{4}	mangx seex
青蛙	qup^{7}	ggubs
癞蛤蟆	qup^{7}	ggubs
蝌蚪	ndjoŋ^{1}	ndyongl
田鸡（蛙类）	qup^{7}	ggubs

续表

汉语	国际音标	水语拼音
鹧鸪	nok^{8}ko^{3}vu^{2}	nog goc vuz
螃蟹	ka:m^{6}	gaamh
青蛙（长腿的）	qup^{7}	ggubs
鱼	mom^{6}	momh
鳞	ndjən^{5}	ndyens
鱼鳍	vi^{1}mom^{6}	vil momh
鱼泡	tum^{1}mon^{6}	duml monh
鳃	ʔn̥a:k^{7}	qnnaags
鱼子	kai^{5}mom^{6}	geis momh
鲤鱼	mom^{6}ʔɣa^{5}	momh qxgas
鳝鱼	liu^{5}	lius
泥鳅	ljet^{8}	lyeed
虾	ʔn̥oŋ^{5}	qnnongs
虫	nui^{2}	nuiz
臭虫	jiŋ^{1}	yingl
跳蚤	m̥at^{4}	hmadx
虮子	ni^{4}nan^{2}	nix nanz
虱子（衣服上的）	nan^{2}	nanz
头虱（头上的）	tu^{1}	dul
苍蝇	lja:n^{3}; lja:n^{3}wa^{3}	lyaanc; lyaanc wac
牛虻	qa^{2}	ggaz
蛆（蝇类的幼虫）	ʔnun^{1}	qnunl
蚊子	lja:n^{3}; ljan^{3}ŋwa:ŋ^{3}	lyaanc; lyanc ngwangc
孑孓（蚊子的幼虫）	la:k^{8}lja:n^{3}	laag lyaanc
蜘蛛	ɣo^{1}	xgol
蜘蛛网	mbiu^{1}ɣo^{1}; fa^{3}qo^{1}	mbiul xgol; fac ggol
蜈蚣	tuk^{8}khup^{8}	dug kub
蝎子	ta^{1}kit^{8}li^{6}	dal gid lih
壁虎	hui^{2}him^{3}	huiz himc
蚯蚓	han^{4}	hanx
蛔虫	ʈən^{5}	jens

续表

汉语	国际音标	水语拼音
蚂蟥	ʔbip^{8}ʔbi^{3}	qbib qbic
蟋蟀	ki^{3}	gic
蟑螂	ʔbo^{0}lap^{5}	qbo0 labs
蚂蚁	mət^{8}	med
蚂蚁洞	kuŋ^{1}mət^{8}	gungl med
白蚁	mət^{8}paːk^{8}	med baag
蛀虫	nje^{4}	nyeex
萤火虫	ʔni^{3}ʔniŋ^{3}; ʔnjak^{7}ʔniŋ^{3}	qnic qningc; qnjags qningc
蠓（黑色的小蚊虫）	ljaːn^{3}m̥ən^{5}	lyaanc hmens
蝉（知了）	to^{2}ɕi^{6}ɕot^{8}	doz xih xod
蚕儿	qaːu^{3}	ggaoc
茧	kuŋ^{1}qaːu^{3}	gungl ggaoc
蛹	ɕui^{6}kuŋ^{1}qaːu^{3}	xuih gungl ggaoc
蛾子	ʔba^{3}	qbac
蜜蜂	luk^{8}	lug
蜂王	ni^{4}luk^{8}	nix lug
蜂箱	qo^{1}luk^{8}	ggol lug
蜜蜂房	fa^{3}luk^{8}	fac lug
马蜂	ndin^{1}m̥an^{6}	ndinl hmanh
马蜂窝	kuŋ^{1}ndin^{1}m̥an^{6}	gungl ndinl hmanh
蜂刺	sai^{1}	seil
蚱蜢（蝗虫）	ndjak^{7}	ndyags
螳螂	ʔeʔ^{3}	eec
蜣螂（屎克郎）	qam^{6}ljan^{6}qe^{4}; qam^{6}qe^{4}	ggamh lyanh ggeex; ggamh ggeex
蜻蜓	tin^{6}	dinh
蝴蝶	ʔba^{3}	qbac
蝼蛄	mbjuŋ^{1}	mbyungl
螯（螃蟹螯）	qap^{7}	ggabs
蚌	qhui^{1}paːu^{4}	kkuil baox
蚌壳	qhui^{1}paːu^{4}	kkuil baox
螺蛳	qhui^{1}	kkuil

续表

汉语	国际音标	水语拼音
蜗牛	to^{4}ʔdən^{5}kui^{2}	dox qdens guiz

三、植物与食物

汉语	国际音标	水语拼音
树	mai^{4}	meix
树干	tən^{3}mai^{4}	denc meix
树枝	tsiŋ^{5}mai^{4}	zings meix
树梢	jiu^{5}mai^{4}	yius meix
树皮	pi^{2}mai^{4}	biz meix
年轮	jeŋ^{3}mai^{4}	yengc meix
树根	haːŋ^{1}	haangl
树叶	va^{5}	vas
花	nuk^{8}	nug
果子	lam^{1}mai^{4}	laml meix
果核	ȵui^{6}lam^{1}mai^{4}	nnuih laml meix
仁儿	ȵui^{6}	nnuih
芽儿	ȶhiu^{3}; laːk^{8}	qiuc; laag
蓓蕾	pup^{7}	bubs
桃树	mai^{4}faŋ^{1}	meix fangl
李树	mai^{4}man^{3}	meix manc
梨树	mai^{4}ɣai^{2}	meix xgeiz
枣树	mai^{4}siu^{4}	meix siux
杏树	mai^{4}fuŋ^{1}	meix fungl
茶子树	mai^{4}tsja^{2}	meix zyaz
柳树	mai^{4}lju^{4}	meix lyux
青杠树	mai^{4}qai^{5}	meix ggeis
枫树	mai^{4}khu^{1}	meix kul
樟树	mai^{4}quŋ^{1}luŋ^{1}	meix ggungl lungl
柏树	mai^{4}ʔŋou^{5}	meix qngous
杉树	mai^{4}faːk^{7}	meix faags

续表

汉语	国际音标	水语拼音
松树	$mai^{4}so^{3}$	meix soc
桑树	$mai^{4}qa{:}u^{3}$	meix ggaoc
桑叶	$va^{5}qa{:}u^{3}$	vas ggaoc
椿树	$mai^{4}ham^{2}$	meix hamz
榕树	$mai^{4}ham^{2}$	meix hamz
漆树	$mai^{4}nda{:}k^{7}$	meix ndaags
桐子树	$mai^{4}to\eta^{2}$	meix dongz
竹子	fan^{1}	fanl
竹节	$nda^{1}fan^{1}$	ndal fanl
竹笋	$mai^{4}\text{ȵ}ai^{3}fan^{1}$	meix nneic fanl
苎麻	$\text{ʁ}a{:}n^{1}$	xggaanl
藤子	$ja{:}u^{1}$	yaol
刺（名）	$ndun^{1}$	ndunl
刺蓬	$ko\eta^{5}ndun^{1}$	gongs ndunl
柚子	$qa{:}m^{5}ta\eta^{2}$	ggaams dangz
橘子	$la{:}k^{8}qa{:}m^{5}\text{ȶ}u^{2}$	laag ggaams juz
桃	$fa\eta^{1}$	fangl
梨	γai^{2}	xgeiz
李子	man^{3}	manc
柿子	$fo\eta^{1}$	fongl
葡萄	it^{7}	ids
枇杷	$\text{ɕ}a^{2}$	xaz
橘子	$qa{:}m^{5}\text{ȶ}u^{2}$	laag ggaams juz
苹果	$phin^{4}ko^{6}$	pinx goh
石榴	$lam^{1}s\text{ɿ}^{2}liu^{4}$	laml siz liux
板栗	$twai^{5}$	dweis
香蕉	$lam^{1}ndja{:}k^{7}$,$\text{ɕ}a{:}\eta^{3}tsja{:}u^{3}$	laml ndyaags , xaangc zyaoc
芭蕉	$lja{:}k^{7}$	lyaags
橡子（青杠子）	$\text{ȵ}ui^{6}mai^{4}qa{:}i^{5}$	nnuih meix ggais
核桃	$h\text{ə}^{2}tha{:}u^{4}$	hez taox
杨梅	$lam^{1}ha{:}i^{5}$	laml hais

续表

汉语	国际音标	水语拼音
甘蔗	ui^{3}	uic
菠萝	po^{3}lo^{4}	boc lox
荔枝	li^{1}tsi^{3}	lil zic
椰子	jə^{1}tsɿ^{6}	yel zih
菠萝蜜	po^{3}lo^{4}mi^{2}	boc lox miz
花	nuk^{8}	nug
金银花	ȶin^{3}jin^{4}fa^{3}	jinc yinx fac
花瓣	ɕim^{3}nuk^{8}	ximc nug
花蒂	pop^{7}	bobs
粮食	au^{4}	aux
水稻	au^{4}ʔɣa^{5}	aux qxgas
旱稻	au^{4}ʔdo^{1}	aux qdol
晚稻	au^{5}ŋan^{1}	aus nganl
粳稻	au^{4}tsjam^{1}	aux zyaml
籼稻	au^{4}tsjem^{1}	aux zyeeml
糯稻	au^{4}ɕən^{1}	aux xenl
旱稻（泛指旱地上种的稻）	au^{4}tsjam^{1}nda:i^{5}	aux zyaml ndais
种子	van^{1}	vanl
秧	ʔdja^{3}	qdyac
禾苗	ʔdja^{3}	qdyac
穗儿	mbja:ŋ^{1}	mbyaangl
稻草	va:ŋ^{1}	vaangl
谷粒	au^{4}ȶik^{7}	aux jigs
稗子	ni^{4}faŋ^{1}	nix fangl
麦子	au^{4}mo^{6}	aux moh
小麦	au^{4}mo^{6}mjen^{6}	aux moh myeenh
大麦	au^{4}mo^{6}la:u^{4}	aux moh laox
燕麦	au^{4}mo^{6}tjən^{6}	aux moh dyenh
荞麦	au^{4}ʔboŋ^{5}	aux qbongs
苦荞	au^{4}ʔboŋ^{5}qam^{1}	aux qbongs ggaml
麦秸	va:ŋ^{1}au^{4}mo^{6}	vaangl aux moh

续表

汉语	国际音标	水语拼音
花生（落花生）	to^{6}hum^{5}	doh hums
玉米（苞谷）	au^{4}mek^{8}	aux meeg
玉米秆	quŋ^{1}au^{4}mek^{8}	ggungl aux meeg
玉米芯	luŋ^{4}au^{4}mek^{8}	lungx aux meeg
高粱	au^{4}mek^{8}mbja:ŋ^{1}	aux meeg mbyaangl
小米	au^{4}fja:ŋ^{3}	aux fjaangc
棉花	fa:i^{5}	fais
麻	ʁa:n^{1}	ngaanl
菜	ʔma^{1}	qmal
白菜	ʔma^{1}pa:k^{8}	qmal baag
青菜	ʔma^{1}qa:t^{7}	qmal ggaads
油菜	ʔma^{1}man^{2}	qmal manz
洋白菜	ʔma^{1}ȶwan^{6}sin^{3}	qmal jwanh sinc
韭菜	ŋam^{2}	ngamz
菠菜	ʔma^{1}po^{3}tsha:i^{1}	qmal boc cail
芹菜	ʔma^{1}ȶin^{4}tsha:i^{1}; ʔma^{1}zui^{1}ka^{1}	qmal jinx cail; qmal ruil gal
苋菜	ʔma^{1}ɣum^{1}	qmal xguml
芫荽（香菜）	ʔma^{1}zui^{1}	qmal ruil
蕹菜（空心菜）	ʔma^{1}khung^{1}sin^{3}tsha:i^{1}	qmal kungl sinc cail
牛皮菜	ʔma^{1}pi^{2}	qmal biz
萝卜	ʔma^{1}pak^{8}	qmal bag
胡萝卜	huŋ^{4}lo^{4}pu^{1}	hungx lox bul
芋头	pok^{8}	bog
茄子	ȶa^{6}	jah
辣椒	lja:n^{5}	lyaans
藕	ha:ŋ^{1}ni^{4}ʔdoŋ^{3}	haangl nix qdongc
葱	so^{3}	soc
蒜	to^{2}	doz
姜	siŋ^{1}	singl
茴香	ʔma^{1}zui^{1}ma^{4}	qmal ruil max
八角	ʔma^{1}tjut^{8}	qmal dyud

续表

汉语	国际音标	水语拼音
茼蒿	ʔma^{1}thuŋ^{4}ha:u^{3}	qmal tungx haoc
苿蘲	ȵaŋ^{5}ʔma^{1}	nnaangh qmal
蒜苗	la:k^{8}to^{2}	laag doz
马铃薯	ja:ŋ^{4}vi^{1}	yaangx vil
红薯	man^{2}ha:n^{3}	manz haanc
红薯秧	ja:u^{1}man^{2}ha:n^{3}	yaol manz haanc
红薯干儿	kwai^{5}man^{2}siu^{5}	gweis manz sius
豆芽	to^{6}la:k^{8}	doh laag
竹笋	mai^{4}ȵai^{3}fan^{1}	meix nneic fanl
香椿	ni^{4}mai^{4}ham^{2}	nix meix hamz
瓜	pu^{2}	buz
瓜蔓儿	ja:u^{1}pu^{2}	yaol buz
（葫芦瓜）瓢	ʔbja:i^{5}pu^{2}	qbyais buz
瓜皮	pi^{2}pu^{2}	biz buz
瓜子	ȵui^{6}pu^{2}	nnuih buz
冬瓜	pu^{2}zup^{7}	buz rubs
南瓜	pu^{2}	buz
西瓜	kwa^{1}ha:u^{3}	gwal haoc
黄瓜	kwa^{1}	gwal
葫芦	pu^{2}ʔbja:i^{5}	buz qbyais
丝瓜	nda:t^{7}	ndaads
豆子	to^{6}	doh
豆秸	ni^{4}to^{6}	nix doh
豆荚	fak^{8}to^{6}	fag doh
黄豆	to^{6}la:u^{4}	doh laox
黑豆（乌豆）	to^{6}ʔnam^{1}	doh qnaml
蚕豆	to^{6}meu^{4}	doh meux
豌豆	to^{6}vaŋ^{4}	doh vangx
饭豆	to^{6}qeŋ^{1}; to^{6}khut^{7}	doh ggengl; doh kuds
绿豆	to^{6}ɕu^{1}	doh xul
扁豆（青扁）	to^{6}pa:p^{7}	doh baabs

续表

汉语	国际音标	水语拼音
豇豆	to^{6}liu^{5}	doh lius
花生	to^{6}hum^{5}	doh hums
芝麻	ʔŋa^{1}	qngal
蓖麻	ʔma^{1}po^{4}	qmal box
草	kaŋ^{1}	gangl
艾	ŋaːi^{6}	ngaih
稗子	ni^{4}faŋ^{1}	nix fangl
狗尾草（莠）	ja^{1}hət^{8}m̥a^{1}; ja^{1}tu^{5}ti^{3}	yal hed hmal; jal dus dic
茅草	ja^{1}	yal
芦苇	luk^{8}	lug
蓝靛草	khom^{3}	komc
蕨菜	ʔma^{1}jiu^{3}	qmal yiuc
折耳根	ʔma^{1}vat^{7}	qmal vads
蘑菇（菌子）	ʁa^{1}	xggal
木耳	ʁa^{1}meu^{4}	xggal meux
烟叶	va^{5}ʔjen^{1}	vas qyeenl
浮萍	pup^{8}piu^{2}	bub biuz
青苔	ndau^{1}	ndaul
米	au^{4}haːn^{1}	aux haanl
籼米	au^{4}tsjem^{1}	aux zyeeml
糯米	au^{4}ɕən^{1}	aux xenl
糙米	au^{4}n̥aːk^{7}	aux hnnaags
粳米	au^{4}kən^{6}taːu^{1}	aux genh daol
白米	au^{4}lam^{1}laːu^{4}	aux laml laox
饭	au^{4}sok^{8}	aux sog
早饭	au^{4}ɕət^{7}	aux xeds
午饭	au^{4}van^{1}	aux vanl
晚饭	au^{4}ʔȵam^{5}	aux qnnams
粥（稀饭）	qeŋ^{1}	ggengl
米汤	lu^{5}hu^{2}	lus huz
锅巴	kep^{7}	geebs

续表

汉语	国际音标	水语拼音
糍粑	ɕi^{2}	xiz
红薯饭	au^{4}man^{2}	aux manz
玉米饭	au^{4}au^{4}tuk^{7}	aux aux dugs
米粉	vən^{6}	venh
包子	pau^{3}tsɿ^{6}	bauc zih
肉	na:n^{4}	naanx
牛肉	na:n^{4}po^{4}	naanx box
羊肉	na:n^{4}fa^{2}	naanx faz
猪肉	na:n^{4}m̥u^{5}	naanx hmus
狗肉	na:n^{4}m̥a^{1}	naanx hmal
鸡肉	na:n^{4}qa:i^{5}	naanx ggais
兔肉	na:n^{4}thu^{5}	naanx tus
口条（猪舌头）	ma^{2}m̥u^{5}	maz hmus
肥肉	na:n^{4}man^{2}	naanx manz
瘦肉	na:n^{4}na:u^{2}	naanx naoz
腊肉	na:n^{4}ʔjen^{3}	naanx qyeenc
鲜鱼	məm^{6}	memh
咸鱼	mom^{6}ɕan^{4}vi^{4}	momh xanx vix
干鱼	mom^{6}siu^{5}; mom^{6}ʔjen^{3}	momh sius; momh qyeenc
死鱼	mom^{6}tai^{1}	momh deil
活鱼	mom^{6}ɕu^{3}	momh xuc
油	man^{2}	manz
猪油	man^{2}m̥u^{5}	manz hmus
牛油	man^{2}po^{4}	manz box
鸡油	man^{2}qa:i^{5}	manz ggais
油渣	ʈa:k^{7}man^{2}	jaags manz
豆油	man^{2}to^{6}	manz doh
菜油	ju^{2}ʔma^{1}	yuz qmal
油枯	ʈa:k^{7}man^{2}	jaags manz
茶油	man^{2}tsja^{2}	manz zyaz
酱	tsja:ŋ^{1}	zyaangl

续表

汉语	国际音标	水语拼音
酱油	tsjaːŋ^{1}jiu^{4}	zyaangl yiux
豆腐	to^{6}kwaːi^{5}	doh gwais
豆腐干	to^{6}ʔjen^{3}	doh qyeenc
臭豆腐	tau^{1}fu^{6}lu^{6}	daul fuh luh
醋	tshu^{1}	cul
酸菜	aːm^{3}hum^{3}	aamc humc
淀粉	tən^{4}; tjen^{1}fən^{6}	denx; dyeenl fenh
粉条	fən^{6}thjaːu^{4}	fenh tyaox
花椒	ɕiu^{1}	xiul
八角（大料）	pa^{2}ko^{2}	baz goz
糖	taːŋ^{2}	daangz
白糖	pə^{2}thaːŋ^{4}	bez taangx
红糖	taːŋ^{2}maːi^{5}	daangz mais
米花糖	taːŋ^{2}mi^{6}fa^{3}	daangz mih fac
蛋	kai^{5}	geis
鸡蛋	kai^{5}qaːi^{5}	geis ggais
鸭蛋	kai^{5}ep^{7}	geis eebs
鹅蛋	kai^{5}ŋaːn^{6}	geis ngaanh
鸟蛋	kai^{5}nok^{8}	geis nog
咸鸭蛋	kai^{5}ep^{7}ʔjen^{3}	geis eebs qyeenc
蛋黄	ʔn̥ui^{1}kai^{5}	qnnuil geis
蛋清	laːm^{3}kai^{5}	laamc geis
蛋壳	qom^{4}kai^{5}	ggomx geis
臭蛋	kai^{5}n̥u^{1}	geis hnnul
寡蛋（孵不出小鸡的蛋）	kai^{5}ʁaːu^{1}	geis xggaol
汤	lu^{5}	lus
酒	haːu^{3}	haoc
甜酒	haːu^{3}ljen^{5}	haoc lyeens
米酒	haːu^{3}au^{4}	haoc aux
红薯酒	haːu^{3}laːk^{8}man^{2}	haoc laag manz
玉米酒	hauu^{3}au^{4}tuk^{7}	hauuc aux dugs

续表

汉语	国际音标	水语拼音
开水	nam^{3}pjaːu^{6}	namc byaoh
茶	tsja^{2}	zyaz
茶叶	va^{5}tsja^{2}	vas zyaz
烟	ʔjen^{1}	qyeenl
烟丝	ʔjen^{1}qat^{7}	qyeenl ggads
烟卷儿	ʔjen^{1}ko^{6}	qyeenl goh
烟屎	qe^{4}ʔjen^{1}	ggeex qyeenl
鸦片	ʔjen^{1}jaːŋ^{4}jen^{3}	qyeenl yaangx yeenc
药	ha^{2}	haz
草药	ha^{2}ȵ̊aːŋ^{3}	haz hnnaangc
汤药	lu^{5}ha^{2}	lus haz
药片	ȵui^{6}ha^{2}	nnuih haz
药丸	ȵui^{6}ha^{2}	nnuih haz
药末	ha^{2}mon^{1}	haz monl
糖	fa^{6}	fah
米糖	fa^{6}au^{4}	fah aux
麦麸	mə^{2}fu^{3}	mez fuc
玉米糠	pja^{6}au^{4}tuk^{7}	byah aux dugs
潲水（泔水）	hu^{2}m̥u^{5}	huz hmus
猪食	qeŋ^{1}m̥u^{5}	ggengl hmus
糕	kaːu^{3}	gaoc
饼	pin^{6}	binh
粽子	ʔjut^{7}	qyuds

四、服饰与衣着

汉语	国际音标	水语拼音
棉花（皮棉）	faːi^{5}	fais
籽棉	faːi^{5}ɕui^{6}	fais xuih
纱	faːi^{5}jət^{8}	fais yed
线	faːn^{5}	faans

续表

汉语	国际音标	水语拼音
布	ʔja^{1}	qyal
丝	sɿ^{3}	sic
衣（上衣）	ʔduk^{7}	qdugs
衣襟	tak^{7}ʔduk^{7}	dags qdugs
单衣	ʔduk^{7}ʔbaːŋ^{1}	qdugs qbaangl
夹衣	ʔduk^{7}ȶaːm^{4}	qdugs jaamx
棉衣	ʔduk^{7}mjen^{2}	qdugs myeenz
长衫	ʔduk^{7}ʔɣaːi^{3}	qdugs qxgaic
罩衣	ʔduk^{7}u^{1}	qdugs ul
衣袖	ȶhin^{1}ʔduk^{7}	qinl qdugs
衣领	qo^{4}ʔduk^{7}	ggox qdugs
衣袋	pheu^{1}	peul
纽子	lu^{2}ʔduk^{7}	luz qdugs
扣子	lu^{2}ʔduk^{7}	luz qdugs
扣眼儿	qha^{1}lu^{2}ʔduk^{7}	kkal luz qdugs
裤子	huŋ^{3}	hungc
短裤	huŋ^{3}ndjən^{3}	hungc ndyenc
裙子	ɕən^{3}	xenc
裤裆	swaːŋ^{3}huŋ^{3}	swaangc hungc
裤腿儿	pa^{1}huŋ^{3}	bal hungc
裙子	ɕən^{3}	xenc
花裙	ɕin^{3}qen^{5}	xinc ggeens
头巾（女的）	ʔmaːn^{5}qam^{4}	qmaans ggamx
帕子（男的）	fa^{3}qam^{4}	fac ggamx
帽子	ȵon^{4}	nnonx
围巾	vai^{4}ȶin^{3}	veix jinc
手绢	fa^{3}mja^{1}	fac myal
手套	tuk^{7}mja^{1}	dugs myal
腰带	laːk^{8}phan^{1}ndən^{1}	laag panl ndenl
裹腿	tsjen^{2}	zyeenz
袜子	jo^{1}	yol

续表

汉语	国际音标	水语拼音
鞋	tsa:k^{7}	zaags
鞋底	fa:n^{3}tsa:k^{7}	faanc zaags
靴子	tsa:k^{7}pon^{1}thuŋ^{6}	zaags bonl tungh
皮鞋	tsa:k^{7}pi^{2}	zaags biz
球鞋	tsa:k^{7}ȶa:u^{3}	zaags jaoc
白鞋	tsa:k^{7}pa:k^{8}	zaags baag
木拖鞋	tsa:k^{7}mai^{4}	zaags meix
草鞋	tsa:k^{7}n̥a:ŋ^{3}	zaags hnnaangc
梳子	se^{1}	seel
篦子	sui^{3}	suic
耳环	ȶoŋ^{6}qha^{1}	jongh kkal
项圈	ndoŋ^{5}	ndongs
戒指	fin^{1}	finl
手镯	vən^{5}	vens
手表	su^{6}pjeu^{6}	suh byeuh
毛巾	ʔma:n^{5}	qmaans
被子	mjen^{2}	myeenz
被里	ha:i^{4}mjen^{2}	haix myeenz
被面	ʔdeŋ^{5}mjen^{2}u^{1}	qdengs myeenz ul
棉絮	mjen^{2}	myeenz
褥子	mjen^{2}tjem^{6}	myeenz dyeemh
床单	ʔdeŋ^{5}tjem^{6}	qdengs dyeemh
毯子	tha:n^{6}	taanh
枕头	tjem^{6}qa:m^{4}	dyeemh ggaamx
席子	ʔbin^{3}	qbinc
草席	ʔbin^{3}	qbinc
篾席	ʔbin^{3}fan^{1}	qbinc fanl
垫子	tjem^{6}	dyeemh
蚊帐	hun^{3}	hunc
蓑衣	ji^{1}	yil
斗笠	tjum^{1}	dyuml

五、房屋与用具

汉语	国际音标	水语拼音
房子	ɣaːn^{2}	xgaanz
地基	haːk^{8}	haag
院子	ɕaːn^{1}	xaanl
走廊	lin^{5}ɣaːn^{2}	lins xgaanz
厕所	khoŋ^{3}	kongc
厨房	ho^{6}faŋ^{4}	hoh faangx
火塘	kə^{0}ha^{2}	ge0 haz
楼	lu^{4}	lux
谷仓	lok^{7}	logs
水牛圈（栏）	ɣuŋ^{6}kui^{2}	xgungh guiz
猪圈	ɣoŋ^{6}m̥u^{5}	xgongh hmus
鸡窝	hən^{1}qaːi^{5}	henl ggais
砖	ȶon^{1}	jonl
瓦	jiu^{2}	yiuz
墙壁	thu^{3}	tuc
围墙	vai^{4}ȶhaːŋ^{4}	veix qaangx
墙	thu^{3}	tuc
木板（板子）	pin^{5}	bins
板壁	pin^{5}qep^{7}; khaːi^{5}sjeŋ^{1}	bins ggeebs; kais syengl
木头	quŋ^{1}mai^{4}	ggungl meix
柱子	qaːm^{3}	ggaamc
门闩	lim^{4}to^{1}	limx dol
门框	fak^{7}to^{1}	fags dol
门槛	qaŋ^{3}to^{1}	ggangc dol
门	to^{1}	dol
门口	paːk^{7}to^{1}	baags dol
门扣	ȶoŋ^{6}to^{1}	jongh dol
窗子	to^{1}faːŋ^{1}	dol faangl
房顶	qom^{4}ɣaːn^{2}	ggomx xgaanz

续表

汉语	国际音标	水语拼音
梁	lja:ŋ^{4}ɣa:n^{2}	lyaangx xgaanz
椽子	ɕai^{2}	xeiz
檩子	ɕai^{2}	xeiz
房檐	vi^{5}ɣa:n^{2}	vis xgaanz
园子（菜地）	ɕa:n^{1}	xaanl
篱笆	ta:t^{7}; ȶa:i^{5}ɕa:n^{1}	daads; jais xaanl
台阶	ʔde^{3}tin^{2}	qdeec dinz
东西	ɣau^{5}	xgaus
桌子	ɕi^{3}	xic
椅子	un^{1}taŋ^{5}	unl dangs
凳子	un^{1}	unl
草墩	un^{1}va:ŋ^{1}	unl vaangl
床	ta:u^{2}	daoz
箱子	ȶui^{6}; pjoŋ^{4}	juih; byongx
柜子	ȶui^{6}pa^{1}	juih bal
抽屉	tshu^{3}ti^{4}; ȶui^{6}loŋ^{2}	cuc dix; juih longz
盒子	ho^{2}; ʔdap^{7}	hoz; qdabs
架子	ka:n^{6}; ȶa:k^{7}	gaanh; jaags
棚子（瓜棚）	tiŋ^{2}	dingz
梯子	ʔde^{3}	qdeec
脸盆	pən^{2}suk^{7}ʔna^{3}	benz sugs qnac
肥皂	fai^{4}tsa:u^{1}	feix zaol
皮箱	ȶui^{6}pi^{2}	juih biz
镜子	nam^{3}ʔda:ŋ^{1}	namc qdaangl
玻璃	po^{3}li^{4}	boc lix
刷子	mai^{4}swa^{2}	meix swaz
扫帚	mai^{4}tjət^{7}	meix dyeds
抹布	ʔma:n^{5}	qmaans
鸡毛掸子	ma:i^{4}tsən^{1}qa:i^{5}	maix zenl ggais
灯	teŋ^{5}	dengs
灯芯	tən^{3}sin^{3}	denc sinc

续表

汉语	国际音标	水语拼音
灯罩	tən^{3}tsa:u^{1}	denc zaol
灯笼	tən^{3}loŋ^{3}	denc longc
煤油	mai^{4}jiu^{2}	meix yiuz
蜡烛	la^{2}tsu^{2}; la^{2}tsju^{2}	laz zuz; laz zyuz
电灯	tjen^{1}tən^{3}	dyeenl denc
柴	ndit^{7}	ndids
火石	ta^{6}ho^{6}sɿ^{2}	dah hoh siz
炭	tha:n^{1}	taanl
火炭	han^{5}vi^{1}	hans vil
草绳	la:k^{7}n̥a:ŋ^{3}	laags hnnaangc
火	vi^{1}	vil
火焰（火苗）	ma^{2}vi^{1}	maz vil
火柴	ja:ŋ^{4}ho^{6}	yaangx hoh
火灰	vuk^{7}; uk^{7}ʔniŋ^{1}	vugs; ugs qningl
火把	tjau^{3}vi^{1}	dyauc vil
扬尘	vun^{1}	vunl
（烧）香	ta:u^{3}ɕaŋ^{1}	daoc xaangl
垃圾	qe^{0}tak^{8}	gge0 dag
颜料	sak^{7}	sags
漆	ndak^{7}	ndags
锈	ɣa:k^{8}	xgaag
灶	ndum^{5}	ndums
锅	tseŋ^{6}	zengh
铁锅	tseŋ^{6}ɕət^{7}	zengh xeds
炒菜锅	tseŋ^{6}	zengh
锅盖	qam^{3}tseŋ^{6}	ggamc zengh
锅耳	qha^{1}tseŋ^{6}	kkal zengh
鼎罐	tsəŋ^{6}	zengh
蒸笼	nda:u^{3}	ndaoc
甑子	au^{5}	aus
刀	mit^{8}	mid

续表

汉语	国际音标	水语拼音
菜刀	mit^{8}kwa:ŋ^{3}	mid gwaangc
柴刀	tsum^{5}	zums
刀把儿	ta:m^{1}mit^{8}	daaml mid
切菜板	pin^{5}na:n^{4}	bins naanx
剑	mit^{8}sik^{7}	mid sigs
尖刀	mit^{8}ɕa^{1}	mid xal
刀鞘	fak^{7}mit^{8}	fags mid
刀背	hau^{5}mit^{8}	haus mid
刀刃	pa:k^{7}mit^{8}	baags mid
锅铲	qə^{0}tsa:n^{6}	gge0 zaanh
碗	tui^{4}	duix
饭碗	tui^{4}tsje^{1}au^{4}	duix zyeel aux
海碗	kwa:ŋ^{3}	gwaangc
盘子	phon^{4}	ponx
碟子	tjep^{8}	dyeeb
筷子	tsu^{6}	zuh
筷筒	ɕaŋ^{1}tsu^{6}	xangl zuh
勺子	ʔbja:i^{5}a:m^{3}	qbyais aamc
调羹（匙子）	tshɿ^{0}kən^{3}	ci0 genc
杯子	tsuŋ^{1}	zungl
酒杯	tsuŋ^{1}ha:u^{3}	zungl haoc
茶杯	khoŋ^{5}tsja^{2}	kongs zyaz
罐子	khoŋ^{5}	kongs
壶	peŋ^{2}	maangz
酒壶	peŋ^{2}ha:u^{3}	bengz haoc
茶壶	peŋ^{2}tsja^{2}	bengz zyaz
瓶子	phin^{4}	pinx
坛子	hoŋ^{1}	hongl
缸	ʁa:m^{5}	xggaams
水缸	ʁa:m^{5}nam^{3}	xggaams namc
桶（水桶）	thoŋ^{3}	tongc

续表

汉语	国际音标	水语拼音
木桶	thoŋ^{3}mai^{4}	tongc meix
铁桶	thoŋ^{3}khət^{7}	tongc keds
箍儿	qo^{0}lo^{3}	ggo0 loc
桶底	ndiŋ^{5}thoŋ^{3}	ndings tongc
三脚架	kweŋ^{2}	gwengz
盆	pən^{2}	benz
木盆	pən^{2}mai^{4}	benz meix
水瓢	ʔbja:i^{5}nam^{3}	qbyais namc
火钳	ȶem^{2}	jeemz
吹火筒	ta:u^{4}hup^{8}vi^{1}	daox hub vil
洗锅刷（丝瓜瓤）	ha:i^{4}ʔda:t^{7}	haix qdaads
篮子	tjau^{5}	dyaus
摇篮	keŋ^{6}	gengh
背带	tai^{6}	deih
扇子	sjen^{5}	syeens
算盘	son^{1}phon^{4}	sonl ponx
秤	ndaŋ^{5}	ndangs
秤砣	tin^{2}ndaŋ^{5}	dinz ndangs
秤纽	qha^{1}ndaŋ^{5}	kkal ndangs
秤杆	qa:n^{6}ndaŋ^{5}	ggaanh ndangs
秤星	nda^{1}ndaŋ^{5}	ndal ndangs
斗（名）	qa:p^{7}; la:u^{3}	ggaabs; laoc
升	səŋ^{1}	sengl
尺子	mai^{4}fan^{1}li^{2}	meix fanl liz
针	sum^{1}	suml
锥子	sum^{1}sui^{3}	suml suic
熨斗	lo^{2}tau^{6}	loz dauh
剪刀	jiu^{1}	yiul
钉子	tjeŋ^{1}	dyengl
眼镜	nda^{1}nam^{3}ʔda:ŋ^{1}	ndal namc qdaangl
钱	ɕen^{2}	xeenz

续表

汉语	国际音标	水语拼音
路费（盘缠）	$\text{çen}^2\text{sa:m}^3\text{kwən}^1$	xeenz saamc gwenl
本钱	$\text{çen}^2\text{pən}^3$	xeenz benc
价钱	$\text{ma}^6\text{çen}^2$	mah xeenz
利息	m̥a^3	hmac
银圆（钢洋）	çan^2	xanz
货	ɣau^5	xgaus
雨伞	tjum^1	dyuml
锁	$\text{lam}^1\text{mai}^4\text{fuŋ}^3$	laml meix fungc
钥匙	$\text{tiu}^2\text{mai}^4\text{fuŋ}^3$	diuz meix fungc
链子	la:k^7	laags
棍子	mai^4	meix
竹竿	mai^4fan^1	meix fanl
杠子	$\text{mai}^4\text{tjuŋ}^4$	meix dyungx
管子	ta:u^4; qui^3	daox; gguic
车	tshə^3	cec
牛车	$\text{tshje}^3\text{mo}^4$	cyeec mox
车轮	kun^6	gunh
鞭子	$\text{mai}^4\text{n̥ai}^3$	meix nneic
马鞍	an^1ma^4	anl max
缰绳	$\text{la:k}^7\text{ndu}^1$	laags ndul
（水）牛绳	$\text{la:k}^7\text{kui}^2$	laags guiz
轿子	tau^1	daul
行李	ɣau^5; $\text{ta:u}^2\text{mjen}^2$	xgaus; daoz myeenz
包袱	$\text{sa:u}^1\text{am}^5$; $\text{pa:u}^3\text{fu}^2$	saol ams; baoc fuz
飞机	$\text{fai}^3\text{ʈi}^3$	feic jic
船	lwa^1	lwal
自行车	$\text{ʈo}^2\text{tha}^2\text{tshə}^3$	joz taz cec
布鞋	$\text{tsa:k}^7\text{ʔja}^1$	zaags qyal
木筏	$\text{pa:i}^2\text{mai}^4$	baiz meix
篙子（撑船用的竹竿）	$\text{fan}^1\text{qo}^1\text{lwa}^1$	fanl ggol lwal
工具	ɣau^5	xgaus

续表

汉语	国际音标	水语拼音
斧头	kwaːn^{1}	gwaanl
锤子	tsui^{2}	zuiz
钳子	ȶem^{2}	jeemz
凿子	ɕiu^{5}	xius
锯子	ȶu^{5}	jus
钻子	tsaːm^{4}	zaamx
锉	so^{5}	sos
刨子	paːu^{6}	baoh
铲子	tswan^{5}	zwans
木马	ma^{4}mai^{4}	max meix
曲尺	mai^{4}fan^{1}li^{2}	meix fanl liz
墨斗	mbiu^{1}	mbiul
犁	ȶoi^{1}	joil
木犁	ȶoi^{1}mai^{4}	joil meix
铁犁	kwai^{1}kwət^{7}	gweil gweds
犁铧	ma^{2}ȶoi^{1}	maz joil
犁索	ɣiu^{4}	xgiux
耙	pa^{2}	baz
木耙	pa^{2}mai^{4}	baz meix
铁耙	kwa^{2}	gwaz
耙齿	laːk^{8}pa^{2}	laag baz
牛轭	ʔjit^{7}	qyids
锄头	kwaːk^{7}	gwaags
钉耙	kaːi^{6}te^{2}maːu^{2}	gaih deez maoz
镐	jaːŋ^{4}kaːu^{3}	yaangx gaoc
铁锹	thsje^{2}tshaːn^{6}	tsyeez caanh
扁担	mai^{4}ʁaːn^{1}	meix xggaanl
绳子	laːk^{7}	laags
麻绳	laːk^{7}ʁaːn^{1}	laags xggaanl
棕皮	va^{5}ji^{1}	vas yil
麻	ʁaːn^{1}	xggaanl

续表

汉语	国际音标	水语拼音
麻袋	sa:u^{1}ʁa:n^{1}	saol xggaanl
叉子	ka:m^{3}	gaamc
楔子	lim^{4}	limx
椿子	ha:ŋ^{3}	haangc
箩筐	ʔdie^{3}	qdieec
篓子	tum^{3}	dumc
背篓	tum^{3}am^{5}	dumc ams
桩子（钉在地上的木棍或石柱）	tin^{1}la:u^{1}	dinl laol
粪箕	tjau^{5}ma:u^{2}	dyaus maoz
肥料	ma:u^{2}	maoz
镰刀	ljem^{4}	lyeemx
铡刀	mit^{8}tsa:m^{4}	mid zaamx
风车（扬谷糠用）	fuŋ^{3}po^{5}	fungc bos
风箱	qo^{1}	ggol
铁墩	tok^{8}ɕit^{7}	dog xids
炉子	lu^{4}	lux
水碾	ȵen^{6}	nneenh
石磙	kwən^{6}tin^{2}	gwenh dinz
臼	kum^{1}	guml
石臼	tsən^{2}kən^{1}	zenz genl
杵（舂杵）	toi^{5}	dois
擂钵	loi^{2}	loiz
筛子	pən^{5}	bens
簸箕	ʔdoŋ^{3}	qdongc
磨子	mo^{2}	moz
磨架	ndja:ŋ^{1}	ndyaangl
碾坊	ɣa:n^{2}ɕen^{6}	xgaanz xeenh
鸡舍	khoŋ^{1}qa:i^{5}	kongl ggais
鸟笼	ɣu^{2}nok^{8}	xguz nog
织布机	ɕuŋ^{2}ta^{4}	xungz dax
纺车	hok^{7}	hogs

续表

汉语	国际音标	水语拼音
梭子	mai^{4}ʔdaŋ^{5}	meix qdangs
纱锭	laːk^{7}hut^{7}faːi^{5}	laags huds fais
机器	ȶi^{3}ȶhi^{1}	jic qil
轧花机	ɕuŋ^{2}faːi^{5}	xungz fais
柴刀	tsum^{5}	zums
刀鞘	fak^{7}mit^{8}	fags mid
纸	tsi^{3}	zic
笔	mai^{4}pjət^{7}	meix byeds
毛笔	mai^{4}pjət^{7}	meix byeds
钢笔	mai^{4}pjət^{7}kaŋ^{3}pi^{2}	meix byeds gangc biz
铅笔	jen^{4}pi^{2}; tshjen^{3}pi^{2}	yeenx biz; cyeenc biz
墨	mak^{8}	mag
书本	pən^{3}le^{1}	benc leel
书	le^{1}	leel
字	le^{1}	leel
砚台	mə^{2}ho^{2}	mez hoz
墨盒	qap^{7}mak^{8}; me^{2}ho^{2}	ggabs mag; meez hoz
书包	saːu^{1}le^{1}	saol leel
黑板	hə^{2}paːn^{6}	hez baanh
相片	sjaːŋ^{1}phjen^{1}	syaangl pyeenl
图章	tsaːŋ^{3}	zaangc
糨糊	au^{4}nje^{2}toŋ^{2}	aux nyeez dongz
球	ȶhiu^{4}	qiux
风筝	fuŋ^{3}tsən^{3}	fungc zenc
陀螺	vu^{4}	vux
棋子	ŋui^{6}ȶhi^{4}	nguih qix
棋盘	ȶhi^{4}phon^{4}	qix ponx
旗子	ȶi^{2}	jiz
牌	paːi^{2}	baiz
鼓	tam^{2}	damz
钟	tsuŋ^{3}	zungc

续表

汉语	国际音标	水语拼音
二胡	n̥i^{5}n̥en^{1}	nnis nneenl
锣	to^{6}se^{3}	doh seec
钹	khum^{5}khwa^{4}	kums kwax
芦笙	pu^{5}miu^{1}	bus miul
笛子	pu^{5}sju^{1}	bus syul
萧	po^{5}sjeu^{1}	bos syeul
唢呐	pu^{5}lo^{4}	bus lox
哨子	khiu^{1}	kiul
喇叭	pu^{5}lo^{4}	bus lox
鞭炮	pha:u^{6}	paoh
香	nda:ŋ^{1}; ɕa:ŋ^{1}	ndaangl; xaangl
蜡烛	la^{2}tsu^{2}; la^{2}tsju^{2}	laz zuz; laz zyuz
纸钱	tsi^{3}ta:k^{7}; ɕen^{2}tsi^{3}	zic daags; xeenz zic
棺材	tsau^{6}mai^{4}	zauh meix
弓	n̥a^{3}	hnac
箭	ɕam^{3}	xamc
圈套	ȶi^{4}	jix
陷阱	tsəm^{2}	zemz
枪	tsuŋ^{5}	zungs
炮	pha:u^{1}	paol
火药	ha^{2}; ha^{2}tsuŋ^{5}	haz; haz zungs
哨	fiu^{5}	fius
子弹	n̥ui^{6}tsuŋ^{5}	nnuih zungs
铁砂	sa^{1}ɕət^{7}	sal xeds
毒药	ha^{2}	haz
炸弹	tsa^{1}ta:n^{1}	zal daanl
网	khe^{1}	keel
蜘蛛网	mbiu^{1}ɣo^{1}; fa^{3}qo^{1}	mbiul xgol; fac ggol
渔网	ȶiu^{3}	jiuc
鸟笼	ɣu^{2}nok^{8}	xguz nog
钓竿	qa:n^{5}ɕit^{7}	ggaans xids

续表

汉语	国际音标	水语拼音
钩子	$ma^{2}çit^{7}$	maz xids
鱼篓	$phiu^{1}$	piul
枪	$tsuŋ^{5}$	zungs
炮	$phaːu^{5}$	paos

第四章　水族精神文化

人生在世，婚丧嫁娶，生儿育女，生老病死，生生不息。在婚姻家庭方面，水族人的婚姻一般实行一夫一妻制，求偶择配严格奉行“同宗不娶，异姓开亲”的族外婚制。根据史书记载，水族自宋代始，沿龙江而居的有区、廖、潘、吴、蒙等几个大姓，一个姓氏就是一个血缘集团，因此同宗同姓不许通婚。至今水族同村寨的少的几十户，多的百来户，往往都是同姓，他们认为，他们都是同一父系血缘的亲属，所以不能通婚。

随着时间的推移，各姓人口逐渐增多，水族人的住地日益扩大，血缘关系越来越远，加上受汉文化的影响，同姓氏其实并不一定同血缘。“同姓不婚”的限制，造成了一些地区已届婚嫁年龄的青年男女找不到婚配对象的严重问题，于是逐步出现了破姓开亲的现象。但他们仍然要恪守“同宗不娶”的原则，即便相距百里之外、相隔百代之久，也不允许违犯这一禁例，否则就要受到社会舆论的谴责或本民族族规的惩治。在水族地区，盛行本民族互相婚配，但在多民族杂居的地区，水族人也会跟汉族、布依族、苗族等其他民族的人相互联姻。现在，水族男女跟其他民族通婚的现象已经很普遍了。

水族的文化艺术丰富多彩，民间流传着多种形式的民歌、故事、传说、寓言等。民歌内容广泛，形式多样。人们善于用诗歌来表达自己的思想感情：在形式上，有长篇叙事诗，也有即兴的短歌；在内容上，有对古代人类起源和民族迁徙的叙述，有对美好生活的向往和追求，也有对纯真爱情的热情赞颂等。水族散文式的故事传说和神话寓言，内容丰富，情节生动，具有浪漫主义色彩，既是宝贵的文学遗产，也是研究水族历史的珍贵资料。

水族在丧葬方面保留了较多的原始信仰。丧葬的过程、形式、礼仪、禁忌都比较繁杂，丧俗程序大致分为报丧、入殓、择吉、开控、安葬、立碑、除服等阶段。水族丧葬仪式极为复杂，禁忌颇多。例如，亲属和家族忌荤（水族忌陆生动物的肉、油，不忌水产的鱼虾，鱼还是丧事中主要的祭品和招待家族亲属时不可少的主菜），“忌荤”水语叫“qbaas”。但随着时代的进步，现在水族的丧葬习俗有了许多变化，仪式也日趋简化。为了表示对死者的悼念，停丧时间一般只开小控或中控，有些地区已不讲究择日，选择“三日大葬”等，但在选择墓穴等方面，水族人仍然喜欢福地吉穴和利山利向。

水族的民间信仰主要是祖先崇拜和自然崇拜。当时由于社会发展水平的限制，人们对所发生的、所看到的、所听到的、所经历的众多事物，例如日月星辰的运行、风雨雷电的形成、高山矗立、大河奔腾、万物滋生、死亡疾病等种种现象，既不能解释，也无法理解，一旦灾害降临，更无力摆脱，年深日久，世代相因，由此产生了恐惧和敬畏的心理。人们感到自然神秘莫测，所以认为世间万物都有神灵，因而水族世代形成了信仰多神的思想意识。原始宗教只是一种自发产生的、靠“集体表象”传承的信仰意识而已。它是人类为解开大自然（包括人体本身）的奥秘而进行的探索，是文化发展的产物。水族的自然崇拜表现为对巨石、大树、水井等自然物的敬畏和祭拜，他们认为这些自然物跟人一样有感觉，并具有某种无形的力量，能给人以祸福，所以要向它们行祭，求得这些神灵的庇护。图腾崇拜是自然崇拜的深化，水族社会中的图腾崇拜主要有鱼图腾、龙图腾和凤凰图腾等。

水族的岁时习俗除了传统的端节、卯节、敬霞节等本民族节日外，也有春节、端午节、清明节等汉族节日。水族的民俗宗教与岁时习俗均与水书文化密切相关，而水书的传承方式主要是通过水书先生口传心授。

下面是水族人日常生活中常用的一些词汇，如对亲属的称谓、民间信仰、民间文学、方位与时间、数量关系、指示代词、动作与行为、形状描绘、虚词等，现罗列如下。

一、亲属称谓

汉语	国际音标	水语拼音
新郎	laːk^{8}haːu^{4}m̥ai^{5}	laag haox hmeis
新娘	laːk^{8}ɕa^{3}m̥ai^{5}	laag xac hmeis
外国人	zən^{1}vaːi^{1}kwə^{2}	renl vail gwez
异乡人	ai^{3}ʔnuk^{7}	eic qnugs
生人	zən^{1}taːŋ^{5}	renl daangs
熟人	zən^{1}kwen^{5}	renl gweens
同伴	laːu^{3}tau^{2}	laoc dauz
祖宗	qoŋ^{5}pu^{4}	ggongs bux
曾祖父	qoŋ^{5}paːk^{8}	ggongs baag
曾祖母	ja^{4}paːk^{8}	yax baag
祖父	qoŋ^{5}	ggongs
祖母	ja^{4}	yax
外祖父	qoŋ^{5}	ggongs
外祖母	ja^{4}	yax
曾外祖父	qoŋ^{5}maːŋ^{6}	ggongs maangh
曾外祖母	qoŋ^{5}ja^{5}	ggongs yas
父亲	pu^{4}	bux
母亲	ni^{4}	nix
儿子	laːk^{8}	laag
儿媳妇	laːk^{8}ɕa^{3}	laag xac
女儿	laːk^{8}ʔbjaːk^{7}	laag qbjaags
女婿	laːk^{8}haːu^{4}	laag haox
孙子	laːk^{8}haːn^{1}	laag haanl
孙女儿	laːk^{8}haːn^{1}ʔbjaːk^{7}	laag haanl qbjaags
大儿子（长子）	laːk^{7}mbaːn^{1}ti^{3}	laags mbaanl dic
小儿子	laːk^{8}laːu^{4}; laːk^{8}ko^{3}mbe^{1}	laag laox; laag goc mbeel
双生子	laːk^{8}qa^{3}piŋ^{5}	laag ggac bings
大女儿	laːk^{7}ʔbjaːk^{7}laːu^{4}	laags qbjaags laox
小女儿	laːk^{7}ʔbjaːk^{7}ti^{3}	laags qbjaags dic

续表

汉语	国际音标	水语拼音
哥哥	fa:i^{4}	faix
姐姐	fe^{2}	feez
弟弟	nu^{4}mba:n^{1}	nux mbaanl
妹妹	nu^{4}ʔbja:k^{7}	nux qbjaags
伯父	luŋ^{2}	lungz
伯母	pa^{3}	bac
叔叔（泛指）	pu^{4}ti^{3}	bux dic
婶母 / 叔母	ni^{4}ti^{3}	nix dic
侄儿	la:k^{8}kha:k^{7}	laag kaags
侄女儿	la:k^{8}kha:k^{7}ʔbja:k^{7}	laag kaags qbjaags
堂哥	fa:i^{4}ha:m^{1}ɣa:n^{2}	faix haaml xgaanz
堂姐	fe^{2}ha:m^{1}ɣa:n^{2}	feez haaml xgaanz
堂弟	nu^{4}ʔba:n^{1}ha:m^{1}ɣa:n^{2}	nux mbaanl haaml xgaanz
堂妹	nu^{4}ʔbja:k^{7}ha:m^{1}ɣa:n^{2}	nux qbjaags haaml xgaanz
兄弟（弟兄）	fa:i^{4}nu^{4}	faix nux
姐妹	fe^{2}nu^{4}	feez nux
公公（丈夫的父亲）	pu^{4}; qoŋ^{5}	bux; ggongs
婆婆（丈夫的母亲）	ni^{4}	nix
大伯子	luŋ^{2}la:u^{4}	lungz laox
小姑子（夫之妹）	nu^{4}	nux
叔（父之弟）	pu^{4}ti^{3}	bux dic
小叔子（夫之弟）	nu^{4}	nux
妯娌	fe^{2}nu^{4}	feez nux
嫂子	fe^{2}ça^{3}	feez xac
弟妹	nu^{4}ça^{3}	nux xac
亲戚	hek^{7}	heegs
亲家	kwa:i^{1}	gwail
亲家公（男亲家）	pu^{4}kwa:i^{1}	bux gwail
亲家母（女亲家）	ni^{4}kwa:i^{1}	nix gwail
岳父（妻之父）	qoŋ^{5}ta^{1}	ggongs dal
岳母（妻之母）	ni^{4}te^{1}	nix deel

续表

汉语	国际音标	水语拼音
内兄（妻之兄）	faːi^{4}	faix
内弟（妻之弟）	nu^{4}	nux
爱人	laːk^{8}ɕa^{3}	laag xac
丈夫	ʔɣe^{1}	qxgeel
妻子	ɕa^{3}; ni^{4}ʔbjaːk^{7}	xac; nix qbyaags
大老婆	ni^{4}laːu^{4}	nix laox
小老婆	ni^{4}fai^{6}	nix feih
前妻	ni^{4}ʔjet^{7}	nix qyeds
后妻	ni^{4}lən^{2}	nix lenz
继父	pu^{4}lən^{2}	bux lenz
继母	ni^{4}lən^{2}	nix lenz
独子	laːk^{8}tok^{8}	laag dog
寡妇	ni^{4}qun^{3}	nix ggunc
鳏夫（老而无妻的人）	ai^{3}qun^{3}	eic ggunc
单身汉	ai^{3}qun^{3}	eic ggunc
孤儿	laːk^{8}qun^{3}	laag ggunc
情夫	ai^{3}ȶu^{5}	eic jus
情妇	ni^{4}ȶu^{5}	nix jus
男情人	ai^{3}ȶu^{5}	eic jus
女情人	ni^{4}ȶu^{5}	nix jus
私生子	laːk^{8}ȵaːu^{3}	laag nnaoc
姑父	luŋ^{2}; pu^{4}ti^{3}	lungz; bux dic
姑母	pa^{3}; ni^{4}ti^{3}	bac; nix dic
舅父	loŋ^{2}; tsu^{2}	longz; zuz
舅母	pa^{3}; fai^{6}	bac; feih
姨父	luŋ^{2}; tsu^{2}	lungz; zuz
姨母	pa^{3}; fai^{6}	bac; feih
姐夫	faːi^{4}	faix

二、民间信仰

汉语	国际音标	水语拼音
上帝（玉帝）	saːŋ^{1}ti^{1}	saangl dil
神仙	sjen^{1}	syeenl
雷公	qam^{4}ʔn̥a^{3}	ggamx qnnac
鬼	maːŋ^{1}	maangl
神	maːŋ^{1}	maangl
妖精	ni^{4}kwaːi^{5}	nix gwais
老变婆	ni^{4}pjen^{5}	nix byeens
魂魄	qa^{0}sam^{5}	gga0 sams
龙王	ka^{1}	gal
菩萨	qoŋ^{5}; phu^{4}sa^{3}	ggongs; pux sac
佛	fu^{2}	fuz
灶王爷	tsaːu^{1}waːŋ^{1}phu^{4}sa^{3}	zaol waangl pux sac
土地爷	kwan^{1}khum^{5}	gwanl kums
法术	faːp^{7}	faabs
命	miŋ^{6}	mingh
运气	vin^{1}ȶhi^{1}	vinl qil
脾气	phi^{4}thi^{1}	pix til
命运	miŋ^{6}	mingh
道理	lje^{4}; taːu^{6}lje^{4}	lyeex; daoh lyeex
力气	ljək^{8}	lyeg
本事	pən^{3}sai^{6}	benc seih
办法	haːŋ^{6}	haangh
样子	ham^{6}	hamh
影子	tə^{0}tau^{1}	de0 daul
脚印	ɣui^{2}tin^{1}	xguiz dinl
梦	vjaːn^{1}	vyaanl
话	fan^{2}	fanz

三、民间文学

汉语	国际音标	水语拼音
歌	hip^{7}	hibs
山歌	hip^{7}	hibs
戏	ɕi^{1}	xil
故事	faːm^{2}	faamz
信（相信）	sin^{1}	sinl
消息（信息）	sjaːu^{3}si^{2}	syaoc siz
笑话	fan^{2}ku^{1}	fanz gul
谜语	faːm^{2}	faamz
礼物	lje^{4}	lyeex
风俗	fuŋ^{3}su^{2}	fungc suz
习惯	kwen^{5}	gweens
交情	he^{4}ʔdaːi^{1}; qeu^{6}	heex qdail; ggeuh
年纪	ku^{0}mbe^{1}	gu0 mbeel
姓名	sin^{1}ʔdaːn^{1}	sinl qdaanl
名字	ʔdaːn^{1}	qdaanl
名声	uk^{7}ʔdaːn^{1}	ugs qdaanl
事情	sai^{6}	seih
灾难	naːn^{1}	naanl
好处	ʔdaːi^{1}	qdail
福气	miŋ^{6}ʔdaːi^{1}; fu^{2}ȶhi^{1}	mingh qdail; fuz qil
感情	tu^{3}laːu^{3}; kaːn^{6}tshin^{4}	duc laoc; kaanh cinx
勇气	juŋ^{6}ȶhi^{1}	yungh qil
精神	tsin^{3}sən^{4}	zinc senx
想法	n̥i^{3}; fa^{3}	hnic; fac
道理	lje^{4}; taːu^{6}lje^{4}	lyeex; daoh lyeex
经验	ȶin^{3}ɕen^{4}	jinc xeenx
希望	maːŋ^{6}; ɕi^{3}vaːŋ^{1}	maangh; xic vaangl
痛苦	qam^{1}loŋ^{2}	ggaml longz
秘密	ɣum^{5}; mi^{2}mi^{2}; ȶi^{3}mi^{5}	xgums; miz miz; jic mis
错误	tsho^{1}vu^{1}	col vul

续表

汉语	国际音标	水语拼音
条件	thja:u^{4}ȶan^{1}	tyaox janl
危险	vai^{4}ɕen^{6}	veix xeenh
滋味	ʔda:u^{3}pa:k^{7}	qdaoc baags
区别	ȶhui^{3}pje^{2}	quic byeez
份儿	fən^{1}	fenl
工夫	tjet^{8}	dyeed
关系	han^{1}; kon^{3}ɕi^{1}	hanl; konc xil
谎话	fan^{2}po^{5}	fanz bos
回声	ka^{1}ja:n^{1}; ja:n^{1}	gal yaanl; jaanl
技巧	ȶi^{1}ȶha:u^{6}	jil qaoh
空闲	pin^{6}; tjet^{8}	binh; dyeed
裂缝	lja:p^{7}	lyaabs
疙瘩	ʔma:k^{7}; qut^{7}	qmaags; gguds
痕迹	tja:n^{3}; ɣui^{2}	dyaanc; xguiz
渣滓	ȵa^{5}; ka^{5}; ȶa:k^{7}	nnas; kas; jaags
生日	van^{1}ha:ŋ^{4}	vanl haangx
善	ʔda:i^{1}	qdail
恶	ʔȵa:m^{1}	qnnaaml
意见	ji^{1}ȶen^{1}	yil jeenl
胆量	ʔdo^{5}	qdos
意愿	ȵon^{6}	nnonh
心思	ʁa:u^{3}loŋ^{2}	xggaoc longz

四、方位与时间

汉语	国际音标	水语拼音
方向	fa:ŋ^{1}	faangl
东方	ʔwa:ŋ^{5}nda^{1}van^{1}uk^{7}	qwaangs ndal vanl ugs
南方	na:n^{4}fa:ŋ^{1}	naanx faangl
西方	ʔwa:ŋ^{5}nda^{1}van^{1}tok^{7}	qwaangs ndal vanl dogs
北方	pak^{7}fa:ŋ^{1}	bags faangl

续表

汉语	国际音标	水语拼音
中间	tum^{3}ta^{5}	dumc das
中心	tum^{3}ta^{5}	dumc das
旁边	koŋ^{2}; ȶa:i^{5}	gongz; jais
左边	ʔwaŋ^{5}si^{4}	qwangs six
右边	ʔwaŋ^{5}fa^{1}	qwangs fal
前边	ʔwaŋ^{5}ʔna^{3}	qwangs qnac
房子前	ʔwaŋ^{5}ʔna^{3}ɣa:n^{2}	qwangs qnac xgaanz
后边	ʔwaŋ^{5}lən^{2}	qwangs lenz
背后	ʔwaŋ^{5}lən^{2}	qwangs lenz
房子后	ʔwaŋ^{5}lən^{2}ɣa:n^{2}	qwangs lenz xgaanz
周围	ȶa:i^{5}	jais
里边	ʁa:u^{3}	xggaoc
树林里	ʁa:u^{3}ʔdoŋ^{1}	xggaoc qdongl
心里	ʁa:u^{3}loŋ^{2}	xggaoc longz
附近	phjai^{5}ȶa:i^{5}; phjai^{5}	pyeis jais; pyeis
对面	toi^{5}ʔna^{3}	dois qnac
上边	ʔwa:ŋ^{5}u^{1}	qwaangs ul
桌子上	u^{1}ɕi^{3}	ul xic
天上	u^{1}ʔbən^{1}	ul qbenl
墙上	u^{1}fa:ŋ^{1}sa:ŋ^{2}; u^{1}thu^{3}	ul faangl saangz; ul tuc
下边	ʔwa:ŋ^{5}te^{3}	qwaangs deec
底下	tin^{1}te^{3}	dinl deec
山下	tin^{1}nu^{2}	dinl nuz
桌子下	te^{3}ɕi^{3}	deec xic
外边	ʔwa:ŋ^{5}ʔnok^{7}	qwaangs qnogs
房子外边	ʔwa:ŋ^{5}ʔnok^{7}ɣa:n^{2}	qwaangs qnogs xgaanz
半路	pa:n^{5}khwən^{1}	baans kwenl
时间	si^{2}	siz
今天	van^{1}na:i^{6}	vanl naih
昨天	van^{1}ʔn̥u^{1}	vanl qnnul
前天	van^{1}kwon^{5}	vanl gwons

续表

汉语	国际音标	水语拼音
大前天	van^{1}ljon^{5}	vanl lyons
明天	van^{1}ʔmu^{3}	vanl qmuc
后天	van^{1}ʔna^{3}	vanl qnac
大后天	van^{1}niŋ^{1}	vanl ningl
今晚	ʔȵam^{5}na:i^{6}	qnnams naih
明晚	ʔȵam^{5}ʔmu^{3}	qnnams qmuc
昨晚	ʔȵam^{5}ʔȵu^{1}	qnnams qnnul
早晨	ɕət^{7}ham^{1}	xeds haml
黎明	kə^{3}li^{5}	gec lis
上午	ɕət^{7}	xeds
中午	pa:n^{5}van^{1}	baans vanl
下午	pa:n^{5}van^{1}la:u^{4}	baans vanl laox
黄昏	la:i^{3}nda^{1}	laic ndal
晚上	ʔȵam^{5}	qnnams
夜里	sa:n^{2}	saanz
半夜	pa:n^{5}sa:n^{2}	baans saanz
子（鼠）	ɕi^{3}	xic
丑（牛）	su^{3}	suc
寅（虎）	ji^{2}	yiz
卯（兔）	ma:u^{4}	maox
辰（龙）	sən^{2}	senz
巳（蛇）	ɕi^{4}	xix
午（马）	ŋo^{2}	ngoz
未（羊）	mi^{6}	mih
申（猴）	sən^{1}	senl
酉（鸡）	ju^{4}	yux
戌（狗）	hət^{7}	heds
亥（猪）	ʁa:i^{3}	xggaic
初一	so^{1}ʔjat^{7}	sol qyads
初二	so^{1}ȵi^{6}	sol nnih
初三	so^{1}ha:m^{1}	sol haaml

续表

汉语	国际音标	水语拼音
初四	so^{1}çi^{5}	sol xis
初五	so^{1}ŋo^{4}	sol ngox
初十	so^{1}sup^{8}	sol sub
一月（正月）	njen^{2}tsjeŋ^{1}	nyeenz zyengl
二月	njen^{2}ȵi^{6}	nyeenz nnih
三月	njen^{2}ha:m^{1}	nyeenz haaml
四月	njen^{2}çi^{5}	nyeenz xis
五月	njen^{2}ŋo^{4}	nyeenz ngox
六月	njen^{2}ljok^{8}	nyeenz lyog
七月	njen^{2}çət^{7}	nyeenz xeds
八月	njen^{2}pa:t^{7}	nyeenz baads
九月	njen^{2}ȶu^{3}	nyeenz juc
十月	njen^{2}sup^{8}	nyeenz sub
十一月（冬月）	njen^{2}sup^{8}ʔjat^{7}	nyeenz sub qyads
十二月（腊月）	njen^{2}sup^{8}ȵi^{6}	nyeenz sub nnih
元宵	sup^{8}ŋo^{5}tsjeng^{1}	sub ngos zyeengl
清明	tshin^{3}min^{4}	cinc minx
端午	tsje^{1}va:ŋ^{4}	zyeel vaangx
中秋	tsuŋ^{3}tshiu^{3}tsje^{2}	zungc ciuc zyeez
重阳	tshoŋ^{4}ja:ŋ^{4}	congx yaangx
除夕	ʔȵam^{5}ha:m^{1}sup^{8}	qnnams haaml sub
今年	mbe^{1}na:i^{6}	mbeel naih
去年（旧年）	mbe^{1}ȵu^{2}	mbeel nnuz
前年	mbe^{1}kwon^{5}	mbeel gwons
明年（来年）	mbe^{1}na^{3}	mbeel nac
后年	mbe^{1}niŋ^{1}	mbeel ningl
从前	tsa:u^{4}tsa^{5}	zaox zas
古时候	ȶhi^{5}qa:u^{5}	qis ggaos
现在	ʔbən^{1}na:i^{6}	qbenl naih
将来	ʔmu^{3}ʔna^{3}	qmuc qnac
三年以前	ha:m^{1}mbe^{1}te^{3}	haaml mbeel deec

续表

汉语	国际音标	水语拼音
两天以后	ɣa^{2}van^{1}u^{1}	xgaz vanl ul
开始	laŋ^{4}; tsaːu^{4}; sau^{3}tsa^{5}	langx; zaox; sauc zas
最后	ton^{4}lən^{2}	donx lenz
月初	tən^{3}njen^{2}	denc nyeenz
月中	ta^{5}njen^{2}	das nyeenz
月底	phi^{1}njen^{2}	pil nyeenz

五、数量关系

汉语	国际音标	水语拼音
一	to^{2}; ʔjət^{7}; laːu^{3}; ti^{3}	doz; qyeds; laoc; dic
二（两）	ɣa^{2}	xgaz
三	haːm^{1}	haaml
四	ɕi^{5}	xis
五	ŋo^{4}	ngox
六	ljok^{8}	lyog
七	ɕət^{7}	xeds
八	paːt^{7}	baads
九	ȶu^{3}	juc
十	sup^{8}	sub
十一	sup^{8}ʔjət^{7}	sub qyeds
十二	sup^{8}ȵi^{6}	sub ngih
十三	sup^{8}haːm^{1}	sub haaml
十四	sup^{8}ɕi^{5}	sub xis
十五	sup^{8}ŋo^{4}	sub ngox
十六	sup^{8}ljok^{8}	sub lyog
十七	sup^{8}ɕət^{7}	sub xeds
十八	sup^{8}paːt^{7}	sub baads
十九	sup^{8}ȶu^{3}	sub juc
二十	ȵi^{6}sup^{8}	nnih sub
二十一	ȵi^{6}sup^{8}ʔjət^{7}; ȵi^{6}ʔjət^{7}	nnih sub qyeds; nnih qyeds

续表

汉语	国际音标	水语拼音
三十	ha:m^{1}sup^{8}	haaml sub
四十	ɕi^{5}sup^{8}	his sub
五十	ŋo^{4}sup^{8}	ngox sub
六十	ljok^{7}sup^{8}	lyogs sub
七十	ɕət^{7}sup^{8}	xeds sub
八十	pa:t^{7}sup^{8}	baads sub
九十	ȶu^{3}sup^{8}	juc sub
一百	ti^{3}pek^{7}	dic beegs
一百〇一	ti^{3}pek^{7}lin^{4}ʔjət^{7}	dic beegs linx qyeds
千	ɕen^{1}	xeenl
三千零五十	ha:m^{1}ɕen^{1}lin^{4}ŋo^{4}sup^{8}	haaml xeenl linx ngox sub
万	fa:n^{6}	faanh
亿	ji^{1}	yil
第一	ti^{6}ʔjət^{7}	dih qyeds
第二	ti^{6}ȵi^{6}	dih nnih
第三	ti^{6}ha:m^{1}	dih haaml
第十	ti^{6}sup^{8}	dih sub
第十一	ti^{6}sup^{8}ʔjət^{7}	dih sub qyeds
（一）个（人）	(ti^{3})ai^{3}(zən^{1})	(dic)eic(renl)
（两）位（客）	(ɣa^{2})ai^{3}(hek^{7})	(xgaz)eic(heegs)
（三）条（河）	(ha:m^{1})tiu^{2}(ʔnja^{1})	(haaml)diuz(qnjal)
（一）张（纸）	(ti^{3})va^{5}(tsi^{3})	(dic)vas(zic)
（一）个（鸡蛋）	(ti^{3})lam^{1}(kai^{5}qa:i^{5})	(dic)laml(keis ggais)
（两）只（鸟）	(ɣa^{2})to^{2}(nok^{8})	(xgaz)doz(nog)
（一）根（扁担）	(ti^{3})tiu^{2}(mai^{4}ʁa:n^{1})	(dic)diuz(meix xggaanl)
（一）粒（米）	(ti^{3})ȵui^{5}(au^{4})	(dic)nnuis(aux)
（一）把（扫帚）	(ti^{3})tiu^{2}(mai^{4}tit^{8})	(dic)diuz(meix did)
（一）棵（树）	(ti^{3})ni^{4}(mai^{4})	(dic)nix(meix)
（两）本（书）	(ɣa^{2})pən^{6}(le^{1})	(xgaz)benh(leel)
（一）蔸（禾）	(ti^{3})hoŋ^{2}(ʔdja^{3})	(dic)hongz(qdyac)
（一）行（麦子）	(ti^{3})ke^{6}(au^{4}mo^{5})	(dic)keeh(aux mos)

续表

汉语	国际音标	水语拼音
（一）座（桥）	(ti^3)lam^1(ʈu^{2}lu^2)	(dic)laml(juz luz)
（两）支（笔）	(ɣa^2)tiu^2(mai^{4}pjət^7)	(xgaz)diuz(meix byeds)
（一）把（韭菜）	(ti^3)mja^1(ŋam^2)	(dic)myal(ngamz)
（一）把（米）	(ti^3)ʔɳam^1(au^4)	(dic)qnnaml(aux)
（一）堆（粪）	(ti^3)nu^2(maːu^2)	(dic)nuz(maoz)
（一）桶（水）	(ti^3)thoŋ^3(nam^3)	(dic)tongc(namc)
（一）碗（饭）	(ti^3)tui^4(au^4)	(dic)duix(aux)
（一）块（地）	(ti^3)ʔba^1(ndaːi^5)	(dic)qbal(ndais)
（一）块（石头）	(ti^3)kwaːi^5(tin^2)	(dic)kwais(dinz)
（一）担（行李）	(ti^3)tap^8(ɣau^5)	(dic)dab(xgaus)
（一）片（树叶）	(ti^3)va^5(mai^4)	(dic)vas(meix)
（一）朵（花）	(ti^3)koŋ^5(nuk^8)	(dic)kongs(nug)
（一）句（话）	(ti^3)qut^7(fan^2)	(dic)gguds(fanz)
（一）首（歌）	(ti^3)tiu^2(hip^8); (ti^3)tiu^2(ko^3)	(dic)diuz(hib); (dic)diuz(koc)
（一）件（衣服）	(ti^3)pja^2(ʔduk^7)	(dic)byaz(qdugs)
（一）件（事）	(ti^3)pən^3(sai^6)	(dic)benc(seih)
（一）双（鞋）	(ti^3)tsau^6(tsaːk^7)	(dic)zauh(zaags)
（一）对（兔子）	(ti^3)tsau^6(thu^1)	(dic)zauh(dul)
（一）群（羊）	(ti^3)tau^2(fa^2)	(dic)daoz(faz)
（一）副（眼镜）	(ti^3)fu^5(jen^{6}ʈin^1)	(dic)fus(jeenh jinl)
（一）段（路）	(ti^3)ʈhaŋ^5(khwən^1)	(dic)qangs(kwenl)
（一）串（辣椒）	(ti^3)ɣoŋ^5(ljaːn^5)	(dic)xgongs(lyaans)
（一）滴（油）	(ti^3)tom^5(man^2)	(dic)doms(manz)
（一）面（旗）	(ti^3)ʔba^1(ʈi^2)	(dic)qbal(jiz)
（两）层（楼）	(ɣa^2)kak^7(ɣaːn^2)	(xgaz)kags(xgaanz)
（一）封（信）	(ti^3)fung^1(sin^5)	(dic)fungl(sins)
（一）间（房）	(ti^3)loŋ^5(ɣaːn^2)	(dic)longs(xgaanz)
（一）包（东西）	(ti^3)tuk^7(ɣou^5)	(dic)dugs(xgous)
（一）瓶（酒）	(ti^3)phin^4(haːu^3)	(dic)pinx(haoc)
（一）盒（药）	(ti^3)ho^2(ha^2)	(dic)hoz(haz)
（一）滩（泥）	(ti^3)tiŋ^6(mboŋ^5)	(dic)dingh(mbongs)

续表

汉语	国际音标	水语拼音
（一）斤	(ti^{3})ȶən^{2}	(dic)jenz
半（斤）	pa:n^{5}(ȶən^{2})	baans(jenz)
（一斤）半	(ȶən^{2})pa:n^{5}	(jenz)baans
（二）两（酒）	(ɣa^{2})ʔdja:ŋ^{3}(ha:u^{3})	(xgaz)qdyaangc(haoc)
（两）钱（银子）	(ɣa^{2})cen^{2}(ȵan^{2})	(xgaz)ceenz(nnanz)
（一）秤（花生）	(ti^{3})nda:ŋ^{5}(to^{6}hum^{5})	(dic)ndaangs(doh hums)
（一）石（谷子）	(ti^{3})ta:n^{1}	(dic)daanl
（一）斗	(ti^{3})ta:u^{4}	(dic)daox
（一）升	(ti^{3})səŋ^{1}	(dic)sengl
（一）合	(ti^{3})ho^{2}	(dic)hoz
（一）里	(ti^{3})li^{4}	(dic)lix
（一）丈	(ti^{3})tsa:ŋ^{1}	(dic)zaangl
（一）庹（两手伸直的长度）	(ti^{3})phi^{5}	(dic)pis
（一）尺	(ti^{3})ma:i^{4}	(dic)maix
（一）拃	(ti^{3})sa:p^{7}	(dic)saabs
（一）寸	(ti^{3})ɕen^{2}	(dic) xeenz
（一）分（钱）	(ti^{3})fən^{3}(ɕen^{2})	(dic)fenc(xeenz)
（一）元 /（一）块	(ti^{3})vjen^{4}; (ti^{3})kwai^{5}	(dic)vyeenx; (dic)kweis
（一）角（钱）	(ti^{3})ȶo^{2}(ɕen^{2})	(dic)joz(xeenz)
（一）分（地）	(ti^{3})fən^{3}	(dic)fenc
（一）亩	(ti^{3})mou^{6}	(dic)mouh
（一）点（钟）	(ji^{2})tjen^{6}(tsuŋ^{3})	(jiz)dyeenh(zungc)
（一）会（儿）	(ti^{3})ȶhi^{5}	(dic)qis
（一）天	(ti^{3})van^{1}	(dic)vanl
（一）夜	(ti^{3})sa:n^{2}	(dic)saanz
（一）昼夜	(ti^{3})van^{1}(ti^{3})san^{2}	(dic)vanl(dic)sanz
（一）个（月）	(ti^{3})njen^{2}	(dic)nyeenz
（一）年	(ti^{3})mbe^{1}	(dic)mbeel
（一）岁	(ti^{3})mbe^{1}	(dic)mbeel
一辈子	ti^{3}ti^{6}zən^{1}	dic dih renl
（一）代（人）	(ti^{3})ti^{6}(zən^{1})	(dic)dih(renl)

续表

汉语	国际音标	水语拼音
(去一)次	(pa:i^{1}ti^{3})pja^{3}	(bail dic)byac
(来一)回	(taŋ^{1}ti^{3})phja^{3}; (taŋ^{1}ti^{3})pai^{2}	(dangl dic)pyac; (dangl dic) beiz
(吃一)顿	(tsje^{1}ti^{3})lan^{5}	(zyeel dic)lans
(喊一)声	(ju^{5}ti^{3})lo^{5}	(jus dic)los
(打一)下	(ʔnon^{5}ti^{3})lan^{5}	(qnons dic)lans
(踢一)脚	(ta:p^{8}ti^{3})tin^{3}	(daab dic)dinc
(咬一)口	(ȶit^{3}ti^{3})pak^{7}	(jidc dic)bags
一些	ti^{3}mbja:ŋ^{5}	dic mbyaangs
(一)批	(ti^{3})phja^{3}	(dic)pyac
(两)成	(ɣa^{2})haŋ^{2}	(xgaz)hangz
几(个)	ȶi^{3}(lam^{1})	jic(laml)
每天	tsap^{8}van^{1}	zab vanl
个把人	tam^{3}ai^{3}zən^{1}	damc eic renl
天天	tsap^{8}van^{1}	zab vanl
个个	tsap^{8}ai^{3}; tsap^{8}lam^{1}	zab eic; zab laml

六、指示与指代

汉语	国际音标	水语拼音
我	ju^{2}	yuz
我俩	ɣa^{2}ai^{2}nda:u^{1}	xgaz eiz ndaol
我们	ȶən^{1}nda:u^{3}; ȶən^{1}ndiu^{1}	jenl ndaoc; jenl ndiul
你	ȵa^{2}	nnaz
你俩	ɣa^{2}ai^{3}sa:u^{1}	xgaz eic saol
你们	ȶən^{1}sa:u^{1}	jenl saol
他	man^{1}	manl
他俩	ɣa^{2}ai^{3}man^{1}	xgaz eic manl
他们	ȶən^{1}man^{1}	jenl manl
咱们	ȶən^{1}nda:u^{1}	jenl ndaol
大家	ȶən^{1}nda:u^{1}; zən^{1}kuŋ^{2}	jenl ndaol; zenl gungz

续表

汉语	国际音标	水语拼音
自己	qaːk^{7}	ggaags
别人（人家，别个）	he^{1}	heel
这	naːi^{6}	naih
这个	laːm^{1}naːi^{6}	laaml naih
这些	pjeŋ^{2}naːi^{6}	byengz naih
这里	ndjoŋ^{3}naːi^{6}	ndyongc naih
这边	ʔwaːŋ^{5}naːi^{6}	qwaangs naih
这样	he^{4}naːi^{6}; he^{4}naːi^{6}ja^{5}	heex naih; heex naih yas
那（较远指）	ʔna^{3}tsa^{5}	qnac zas
那（最远指）	ui^{5}tsa^{5}	uis zas
那个（指物）	lam^{1}tsa^{5}	laml zas
那些	pjeŋ^{2}tsa^{5}	byengz zas
那里	ndjoŋ^{3}tsa^{5}	ndyongc zas
那边	ʔwaːŋ^{5}tsa^{5}	qwaangs zas
那样	he^{4}tsa^{5}	heex zas
谁	ai^{3}n̥u^{1}	eic hnul
什么	ni^{4}maːŋ^{2}	nix maangz
哪个	n̥u^{1}; nau^{2}	hnul; nauz
哪里	ndjoŋ^{1}n̥u^{1}	ndyongl hnul
怎么	he^{4}nau^{2}	heex nauz
多少	ȶi^{3}kuŋ^{2}	jic gungz
几个	ȶi^{3}lam^{1}; ȶi^{3}ai^{3}	jic laml; jic eic
为什么	vai^{1}he^{4}nau^{2}	veil heex nauz
挨近	tu^{3}mba^{3}	duc mbac
挨（打）	ŋaːi^{4}(non^{5})	ngaix(nons)
爱（她）	maŋ^{4}(man^{1})	mangx(manl)
爱（吃）	maŋ^{4}(tsje^{1})	mangx(zyeel)
安（抽水机）	ŋaːn^{3}(tshou^{3}sui^{6}ȶi^{3})	ngaanc(couc suih jic)
（用手）按（住）	(au^{1}mja^{1})(ho^{4})ȵan^{4}	(aul myal)(hox)nnanx
熬（粥）	he^{4}(qeŋ^{1})	heex(ggengl)
拔（草）	ʔdjon^{1}kaŋ^{1}	qdyonl gangl

续表

汉语	国际音标	水语拼音
拔（火罐）	ʔdjon^{1}; mbjoi^{1}; ndiu^{1}	qdyonl; mbyoil; ndiul
（给婴儿）把（尿）	ʔnam^{5}(nu^{4}si^{5}ʔniu^{5})	qnams(nux sis qnius)

七、动作与行为

汉语	国际音标	水语拼音
霸占	tsaːn^{1}	zaanl
耙（田）	khaːi^{5}(ʔɣa^{5})	kais(qxgas)
掰（玉米）	lin^{3}(au^{4}mek^{7})	linc(aux meegs)
（桌上）摆着（许多东西）	(u^{1}ɕi^{3}naːi^{6}) paːi^{6}(ku^{3}nu^{2}lam^{1}dat^{7})	(ul xic naih)baih(kuc nuz laml dads)
摆动	ndjəu^{5}ndjaːng^{1}	ndyeus ndyaangl
败	su^{3}	suc
拜（菩萨）	paːi^{5}(pu^{4}sa^{3})	bais(bux sac)
搬（家）	pon^{3}(ɣaːn^{2})	bonc(xgaanz)
搬（凳子）	pon^{3}(un^{1})	bonc(unl)
拌	ɣap^{7}	xgabs
帮助	paːŋ^{3}	baangc
绑	ndo^{1}	ndol
包（药）	tuk^{7}(ha^{2})	dugs(haz)
剥（花生）	phjok^{7}(to^{6}hum^{5})	pyogs(doh hums)
剥（牛皮）	phjok^{7}(pi^{2}po^{4})	pyogs(biz box)
保	paːu^{3}	baoc
抱（小孩）	um^{3}(laːk^{7}ti^{3})	umc(laags dic)
刨（光一点）	paːu^{6}(mbjaːk^{7}ti^{0}ti^{3})	baoh(mbyaags di0 dic)
背（孩子）	am^{5}(laːk^{8})	ams(laag)
（把谷子）焙（干）	sjaːŋ^{4}(au^{4})	syaangx(aux)
背（书）	pai^{1}(le^{1})	beil(leel)
（山）崩（了）	(nu^{2})paŋ^{1}(leu^{4})	(nuz)bangl(leux)
迸（出来了）	ɕin^{5}(tang^{1}lən^{2}ljeu^{2})	xins(dangl lenz lyeuz)
逼（他交出来）	pi^{2}(man^{1}ʨaːu^{3}taŋ^{1}lən^{2})	biz(manl jaoc dangl lenz)

续表

汉语	国际音标	水语拼音
比	pi^{6}	bih
闭（口）	ʔŋap^{8}(pa:k^{7})	qngab(baags)
编（辫子）	lja^{1}(pi^{2}lja^{1})	lyal(biz lyal)
编（篮子）	lja^{1}(tjau^{5})	lyal(dyaus)
变	pjen^{5}	byeens
辩论	tu^{3}ȶa:i^{2}	duc jaiz
病	ȶit^{7}	jids
补（衣服）	fa:ŋ^{1}(ʔduk^{7})	faangl(qdugs)
补（锅）	fa:ŋ^{1}(tseŋ^{6})	faangl(zengh)
擦（玻璃）	sək^{7}(nam^{3}ʔda:ŋ^{1})	segs(namc qdaangl)
猜（谜语）	ton^{5}(fa:m^{2})	dons(faamz)
裁（纸）	qat^{7}(tsi^{3})	ggads(zic)
（别）踩（庄稼）	(ʔna^{3})tan^{4}(au^{4})	(qnac)danx(aux)
藏（东西）	piu^{3}(lam^{1}ʔdat^{7})	biuc(laml qdads)
操练	ljen^{1}	lyeenl
（牛在树上）蹭	(po^{4})ndan^{3}(mai^{4})	(box)ndanc(meix)
插（牌子）	ȵak^{8}(pha:i^{4})	nnag(baix)
插（秧）	lam^{1}(ʔdja^{3})	laml(qdyac)
查账	tsha^{4}tsa:ŋ^{1}	cax zaangl
差不多	tsha^{3}me^{2}kuŋ^{2}	cac meez gungz
拆（房子）	lit^{8}(ɣa:n^{1})	lid(xgaanl)
掺（水）	ndun^{1}(nam^{3})	ndunl(namc)
（蛇）缠（树）	(hui^{2})ȶon^{3}(mai^{4})	(huiz)jonc(meix)
馋肉	qo^{4}ha:n^{3}	ggox haanc
尝（味道）	ndjou^{5}(puŋ^{5})	ndyous(bungs)
唱歌	he^{4}hip^{8}; tsha:ŋ^{1}ko^{3}	heex hib; caangl goc
抄（书）	tsha:u^{3}(le^{1})	caoc(leel)
吵	tu^{3}tsən^{3}	duc zenc
炒	sa:u^{3}	saoc
车（水）	tshe^{3}(nam^{3}）	ceec(namc ）
沉	ʔɣam^{1}	qxgaml

续表

汉语	国际音标	水语拼音
称（粮食）	ndaŋ^{5}(au^{4})	ndangs(aux)
称赞	pau^{3}	bauc
（用木头）撑住	(joŋ^{6}mai^{4}ho^{4})seŋ^{5}	(jongh meix hox)sengs
（做）成（了）	(he^{4})ɕən^{1}(leu^{2})	(heex) xenl(leuz)
盛（饭）	te^{3}(au^{4})	deec(aux)
澄清	ʔɣam^{1}	qxgaml
吃	tjse^{1}	dyseel
冲（在前边）	pjau^{5}(n̥a:u^{6}ʔna^{3})	byaus(nnaoh qnac)
（用水）冲	(au^{1}nam^{3})tshuŋ^{3}	(aul namc)cungc
舂米	ha:k^{7}(au^{4})	haags(aux)
抽（出刀来）	ndu^{1}(mit^{8}ta:ŋ^{1}lən^{2})	ndul(mid daangl lenz)
抽烟	ɕut^{7}jen^{1}	xuds yeenl
（这儿）出（水果）	(ndjong^{3}na:i^{6})ɕən^{1}(lam^{1}mai^{4})	(ndyongc naih) xenl(laml meix)
出嫁	ʈa^{5}pa:i^{1}	jas bail
出（水痘）	uk^{7}(to^{6})	ugs(doh)
出汗	taŋ^{1}ljuk^{7}	dangl lyugs
（太阳）出（来了）	(nda^{0}van^{1})uk^{7}(taŋ^{1}leu^{2})	(nda0 vanl)ugs(dangl leuz)
出去	pa:i^{1}ʔnuk^{7}	bail qnugs
锄草	sop^{7}nda:i^{5}	sobs ndais
穿（衣）	tan^{3}(ʔduk^{7})	danc(qdugs)
穿（鞋）	tan^{3}(tsa:k^{7})	danc(zaags)
穿（针）	son^{1}(sum^{1})	sonl(suml)
（一代）传（一代）	(ti^{6})hun^{4}pa:i^{1}(ti^{6})	(dih)hunx bail(dih)
传染	təu^{6}	deuh
吹（喇叭）	hup^{8}(la^{6}pa^{3})	hub(lah bac)
捶（衣服）	qui^{5}(ʔduk^{7})	gguis(qdugs)
戳	tjuŋ^{3}	dyungc
催促	tshui^{3}	cuic
皱	tju^{5}khit^{7}	dyus kids
搓（绳子）	ha:t^{8}(la:k^{7})	haad(laags)

续表

汉语	国际音标	水语拼音
答应	liŋ^{4}	lingx
搭车	ta^{2}tshe^{3}	daz ceec
搭（棚子）	he^{4}(tiŋ^{2}); ta^{2}(pa^{4})	heex(dingz); taz(bax)
打（人）	ʔnon^{5}(zən^{1})	qnons(renl)
打枪	peŋ^{5}tsuŋ^{5}	bengs zungs
打伞	ȶa^{5}(tjum^{1})	jas(dyuml)
打扮	he^{4}ȶa:ŋ^{5}	heex jaangs
打倒	ta^{6}ta:u^{6}	dah daoh
打赌	tu^{3}qo^{3}	duc ggoc
打呵欠	kho^{1}	kol
打鼾	fa:n^{2}	faanz
打架	tu^{3}ʔnon^{5}	duc qnons
打瞌睡	n̥ak^{7}	hnags
打球	ta^{6}ȶhiu^{4}	dah qiux
打雷	qam^{4}ʔȵa^{3}	ggamx qnnac
打闪	ʔbə^{0}la:p^{7}	qbe0 laabs
打仗	he^{4}tsja:ŋ^{1}; ta^{3}tsja:ŋ^{1}	heex zyaangl; dac zyaangl
打针	ta^{6}tsən^{3}	dah zenc
待（一会儿）	ka^{3}(ti^{3}ȶhi^{5}); ka^{3}(ʔdjop^{7}tsja:ŋ^{2})	gac(dic qis); kac(qdyobs zyaangz)
代替	thi^{5}	tis
带（钱）	thjak^{7}(ɕen^{2})	tyags(xeenz)
带（红领巾）	thjak^{7}(huŋ^{4}lin^{6}ȶin^{3})	tyags(hungx linh jinc)
带（孩子）	tai^{2}(la:k^{8})	deiz(laag)
带（路）	to^{5}(khwən^{1})	dos(kwenl)
戴（帽子）	tan^{3}(ȵon^{4})	danc(nnonx)
戴（项圈）	tan^{3}(ndoŋ^{5})	danc(ndongs)
戴（手镯）	tan^{3}(wən^{5})	danc(wens)
耽误	taŋ^{3}ko^{2}	dangc goz
当（兵）	he^{4}(piŋ^{1})	heex(bingl)
挡（风）	ta:ŋ^{6}(kha:ŋ^{5})	daangh(kaangs)

续表

汉语	国际音标	水语拼音
(墙)倒(了)	(thu^{3})paŋ^{1}(leu^{2})	(tuc)bangl(leuz)
到(家了)	thou^{5}(ɣa:n^{2}leu^{2})	tous(xgaanz leuz)
倒过来	ta:u^{5}ku^{3}taŋ^{1}	daos guc dangl
(把水)倒(掉)	ʔjau^{5}(nam^{3}pa:i^{1})	qyaus(namc bail)
得到	ʔdai^{3}thau^{4}	qdeic taux
等(人)	ka^{3}(zən^{1})	gac(renl)
低(头)	tsam^{3}(qam^{4})	zamc(ggamx)
点(头)	ʔŋwat^{7}(qam^{4})	qngwads(ggamx)
垫(桌子)	tjem^{1}(ɕi^{3})	dyeeml(xic)
叼(烟卷儿)	ʔŋam^{1}(ʔjen^{1})	qngaml(qyeenl)
掉(下井去了)	tok^{8}(pa:i^{1}ʁau^{3}ʔbən^{5}leu^{2})	dog(bail xggauc qbens leuz)
吊(在梁上)	tiu^{5}(ȵau^{5}u^{1}lja:ŋ^{4})	dius(nnaus ul lyaangx)
钓(鱼)	ho^{4}(ɕit^{7})	hox(xids)
跌倒	ʔdjen^{3}	qdyeenc
叠(被子)	ljum^{3}(mjen^{2})	lyumc(myeenz)
(蚊子)叮(人)	(lja:n^{3})ʈit^{8}(zən^{1})	(lyaanc)jid(renl)
钉(钉子)	ta:k^{7}(tjeŋ^{1})	daags(dyengl)
扔(砖头)	peŋ^{5}(ʈon^{1}); na:ŋ^{5}(ʈon^{1})	bengs(jonl); naangs(jonl)
丢(了钱包)	tok^{7}(pheu^{1}ɕen^{2})	dogs(beul xeenz)
懂(事)	ɕau^{3}lje^{4}	xauc lyeex
冻	ʈet^{7}ʔȵit^{7}	jeeds qnnids
动	n̥ai^{1}	hneil
动身	tsən^{2}	zenz
(用衣兜)兜(着)	tok^{7}	dogs
读(书)	qa^{1}(le^{1})	ggal(leel)
堵(漏洞)	hak^{7}	hags
赌(钱)	tu^{6}(ɕen^{2})	duh(xeenz)
渡(河)	ʈap^{8}(ʔnja^{1})	jab(qnjal)
端(水)	tjoŋ^{6}(nam^{3})	dyongh(namc)
(线)断(了)	(fa:n^{6})tju^{5}(leu^{2})	(faanh)dyus(leuz)
(棍子)断(了)	(mai^{4})tak^{7}(leu^{2})	(meix)dags(leuz)

续表

汉语	国际音标	水语拼音
断气	tju^{5}(ljo^{5})	dyus(lyos)
堆（稻草）	tap^{8}(va:ŋ^{1})	dab(vaangl)
对（笔迹）	toi^{5}(pjət^{7}le^{1})	dois(byeds leel)
蹲	soŋ^{1}	songl
炖（鸡）	nan^{1}(qa:i^{5})	nanl(ggais)
夺	tseŋ^{1}	zengl
躲起来	tsam^{2}	zamz
剁（肉）	tjak^{7}(na:n^{4})	dyags(naanx)
跺（脚）	tjam^{6}(tin^{1})	dyamh(dinl)
发（信）	ȶi^{1}(sin^{1})	jil(sinl)
发抖	kau^{5}	gaus
发烧	sut^{7}na:n^{4}	suds naanx
发芽	uk^{7}la:k^{8}	ugs laag
罚款	fa^{2}khwon^{6}	faz kwonh
（把衣服）翻（过来穿）	phja^{3}(ʔduk^{7}tan^{3})	pyac(qdugs danc)
翻身	fa:n^{3}ndən^{1}	faanc ndenl
反	fa:n^{6}	faanh
犯（法）	fa:n^{1}(fa^{2})	faanl(faz)
防（野猪）	faŋ^{4}(m̥u^{5}la:i^{5})	fangx(hmus lais)
纺（棉花）	jat^{8}(fa:i^{5})	yad(fais)
（把鸟）放（了）	hoŋ^{5}(nok^{2}pa:i^{1}leu^{2})	hongs(nogz bail leuz)
放（田水）	hoŋ^{5}(nam^{3})	hongs(namc)
放（盐）	ho^{4}(ʔdwa^{1})	hox(qdwal)
放（牛）	hoŋ^{5}(po^{4})	hongs(box)
放心	ʔɣam^{1}loŋ^{2}	qxgaml longz
放手	man^{5}mja^{1}	mans myal
飞	vjen^{3}	vyeenc
分（粮食）	fen^{3}(au^{4})	fenc(aux)
分家	fen^{3}(ɣa:n^{2})	fenc(xgaanz)
（把信）封（好）	(pa^{6}sin^{1}fuŋ^{3})ni^{2}(ʔda:i^{1})	(bah sinl fungc)niz(qdail)
缝（衣服）	tip^{7}(ʔduk^{7})	dibs(qdugs)

续表

汉语	国际音标	水语拼音
敷（药）	lwaːt^{8}(ha^{2}); mo^{3}(ha^{2})	lwaad(haz); moc(haz)
孵（小鸡）	pjam^{1}(qaːi^{5}ti^{3})	byaml(ggais dic)
扶（着栏杆）	paŋ^{6}(laːk^{8}ȶak^{8})	bangh(laag jag)
扶起来	tjem^{1}tsən^{2}taŋ^{1}	dyeeml zenz dangl
伏（在桌子上）	ham^{3}(ȵaːu^{5}u^{1}ɕi^{3})	hamc(nnaos ul xic)
浮（在水上）	mu^{1}ȵau^{5}u^{1}nam^{1}	mul nnaus ul naml
腐朽	ŋam^{1}	ngaml
（不）该（讲）	me^{2}ʔdaːu^{3}fan^{2}	meez qdaoc fanz
改	kaːi^{6}	gaih
盖（一层土）	qum^{5}	ggums
盖（被子）	qum^{5}(mjen^{2})	ggums(myeenz)
赶（鸟）	lau^{4}(nok^{8})	laux(nog)
赶集	ʔdaːu^{3}qe^{4}	qdaoc ggeex
敢	su^{4}	sux
干活儿	he^{4}qoŋ^{1}	heex ggongl
告诉	fan^{2}; sot^{7}	fanz; sods
告状	qo^{5}	ggos
割（肉）	qat^{7}(nan^{4})	ggads(nanx)
割（草）	kha^{3}	kac
搁（在桌子上）	hoŋ^{5}(ȵau^{5}u^{1}ɕi^{3})	hongs(nnaus ul xic)
隔（一条河）	qe^{5}(ti^{3}tiu^{2}ʔnja^{1})	ggees(dic diuz qnjal)
给（钱）	haːi^{1}(ɕen^{2})	hail(xeenz)
（孩子）跟（着妈妈）	(laːk^{8})ʔnam^{5}(ni^{4}); (laːk^{8})tsan^{6}(ni^{4})	(laag)qnams(nix); (laag)zanh(nix)
耕（田）	ȶoi^{1}(ʔɣa^{5})	joil(qxgas)
（猪）拱（土）	(m̥u^{5})ndui^{1}(hum^{5})	(hmus)nduil(hums)
钩	qhau^{1}	kkaul
够	tum^{4}	dumx
估计	ku^{6}ȶi^{1}	guh jil
箍	qo^{3}	ggoc
鼓（起肚子）	eŋ^{3}(loŋ^{2})	engc(longz)

续表

汉语	国际音标	水语拼音
刮掉（毛）	khut^{7}tok^7(tsən^1)	kuds dogs(zenl)
刮风	kha:ŋ^5	kaangs
挂（在墙上）	saŋ^2(n̥au^{5}u^{1}sjaŋ^2)	sangz(nnaus ul syangz)
怪（他）	ʔwen^5(man^1)	qweens(manl)
关（门）	ŋap^8(to^1)	ngab(dol)
关（牛）	tam^3(po^4)	damc(box)
管（事情）	kham^3(sai^6)	kamc(seih)
灌（水）	huŋ^5(nam^3)	hungs(namc)
跪	ȶok^8	jog
滚	ljən^3	lyenc
过（桥）	lət^8(lo^4)	led(lox)
过（了两年）	ta^6(ga^{2}mbe^{3}ljeu^2)	dah(gaz mbeec lyeuz)
过（河）	ȶap^8(ʔnja^1)	jab(qnjal)
害羞	pha^{5}ui^1	pas uil
含（一口水）	ʔŋam^1(ti^{3}pa:k^{7}nam^3)	qngaml(dic baags namc)
喊（人开会）	ju^5(zən^{1}khai^{3}fai^1)	yus(renl keic feil)
焊（管子）	ha:n^1(kwon^{6}tsɿ^6)	haanl(kwonh zih)
喝（茶）	ɣom^4(tsja^2)	xgomx(zyaz)
恨	n̥un^2	nnunz
哼 / 呻吟	va:n^1	vaanl
烘（衣服）	sja:ŋ^2(ʔduk^7); lja:m^3(ʔduk^7)	syaangz(qdugs); lyaamc(qdugs)
哄 / 哄骗	po^5	bos
吼	ɕin^3; ha:m^1	xinc; haaml
后悔	hau^{1}fai^6	haul feih
（烧）糊	sou^3(sut^7)	souc(suds)
（眼）花（了）	(nda^1)mbja^3(leu^2)	(ndal)mbyac(leuz)
划（船）	qo^1(lwa^1)	ggol(lwal)
（雪）化（了）	(ʔnui^1)joŋ^2(leu^2)	(qnuil)jongz(leuz)
画（图）	fa^1	fal
怀孕	thjak^{7}la:k^8	tyags laag
还（账）	fa:n^4(tsja:ŋ^1)	faanx(zyaangl)

续表

汉语	国际音标	水语拼音
还（钢笔）	fa:n^{4}(mai^{4}pjet^{7})	faanx(meix byeeds)
换	lik^{7}	ligs
唤（狗）	ʔjik^{7}(m̥a^{1})	qyigs(hmal)
慌忙	ha:n^{6}; ho^{1}; san^{4}	haanh; hol; sanx
回（家）	pa:i^{1}(ɣa:n^{2}); taŋ^{1}(ɣa:n^{2})	bail(xgaanz); tangl(xgaanz)
回来	taŋ^{1}lən^{2}	dangl lenz
回去	pai^{1}lən^{2}	beil lenz
回头	ȶau^{1}qam^{4}; pan^{5}qam^{4}	jaul ggamx; bans ggamx
回忆	an^{1}qau^{5}	anl ggaus
会（客）	ʔɣa:u^{3}(hek^{7})	qxgaoc(heegs)
会（织布）	ɕau^{3}(tam^{3}ta^{4}); ha:ŋ^{5}(tam^{3}ta^{4})	xauc(damc dax); haangs(damc dax)
会（来）	ɣo^{4}(taŋ^{1})	xgox(dangl)
活	ɕu^{3}	xuc
和（泥）	ɣap^{7}(hum^{5})	xgabs(hums)
挤（过去）	ɣan^{4}(pa:i^{1})	xganx(bail)
挤（奶）	pan^{3}(tju^{4})	banc(dyux)
系（鞋带）	phan^{1}(la:k^{7}tsa:k^{7})	panl(laags zaags)
记得	tgi^{1}ʔdai^{3}	dgil qdeic
继续	kam^{3}	gamc
（腋下）夹（着一本书）	(te^{3}ha:k^{7})qap^{7}(ti^{3}pən^{6}le^{1})	(deec haags)ggabs(dic benh leel)
夹（菜吃）	hap^{7}(a:m^{3}tsje^{1})	habs(aamc zyeel)
加	ȶa^{3}	jac
煎	tsjen^{5}	zyeens
检	tsup^{7}	zubs
减	ȶen^{6}	jeenh
剪	qat^{7}	ggads
（冻）僵（了）	(ȶak^{7})ȶuŋ^{4}(leu^{2})	(jags)jungx(leuz)
讲（故事）	fan^{2}; pai^{6}(fa:m^{2})	fanz; beih(faamz)
交（钱）	tau^{3}(ɕen^{2})	dauc(xeenz)

续表

汉语	国际音标	水语拼音
浇水	tui^{5}nam^{3}	duis namc
教（书）	to^{5}(le^{1})	dos(leel)
嚼	m̥ak^{7}	hmags
搅	ʈau^{3}; kap^{8}; qoi^{1}	jauc; kab; ggoil
（老虎）叫	(mum^{4})ɕin^{3}	(mumx) xinc
（公鸡）叫 / 打鸣、啼	(qa:i^{5})ʈan^{2}	(ggais)janz
（小鸟）叫 / 鸣	(nok^{8}ti^{3})ɕin^{3}	(nog dic) xinc
（狗对生人）叫 / 吠	(m̥a^{1})khau^{5}(zən^{1}ʔnuk^{7})	(hmal)kaus(renl qnugs)
叫（名字）	ju^{5}(ʔda:n^{1})	yus(qdaanl)
（你扔，我）接	(ȵa^{2}na:ŋ^{5}, ju^{2})ka^{3}; hap^{7}	(nnaz naangs ,juz)gac; habs
（把两根绳子）接（起来）	ha:p^{7}(ɣa^{2}tiu^{2}la:k^{7}na:i^{6})	haabs(xgaz diuz laags naih)
揭（锅盖）	ʔdja:ŋ^{3}(qam^{3}tseŋ^{6})	qdyaangc(ggamc zengh)
结（果子）	ɕən^{1}(lam^{1})	xenl(laml)
结（冰）	ʈet^{3}kwa:ŋ^{3}	jeedc gwaangc
结婚	tu^{3}a:u^{1}	duc aol
解（衣扣）	tsi^{5}(lu^{2}ʔduk^{7})	zis(luz qdugs)
解（疙瘩）	tsi^{5}(qut^{7})	zis(gguds)
借（钱）	ʔja:m^{1}(ɕen^{2})	qyaaml(xeenz)
借（钢笔写字）	ʔja:m^{1}(ka:ŋ^{3}pi^{2}va^{5}le^{1})	qyaaml(kaangc biz vas leel)
进（屋）	taŋ^{1}(ɣa:n^{2}); pa:i^{1}(ɣa:n^{2})	dangl(xgaanz); pail(xgaanz)
禁止	ʈin^{1}tsi^{6}	jinl zih
（好话说）尽 / 完	(huŋ^{1}ʔda:i^{1}fan^{2})liu^{4}	(hungl qdail fanz)liux
敬酒	ʈiŋ^{5}ha:u^{3}	jings haoc
揪住	ʔbjət^{7}	qbyeds
救（命）	ʈiu^{5}(miŋ^{5})	jius(mings)
锯	ʈu^{5}	jus
举手	tjem^{1}(mja^{1})	dyeeml(myal)
卷（布）	ljum^{3}(ʔja^{1})	lyumc(qyal)
掘（树根）	tsət^{8}(ha:ŋ^{1}mai^{4})	zed(haangl meix)
开（门）	ŋ̊ai^{1}(to^{1})	hngeil(dol)
（水）开（了）	(nam^{3})pja:u^{6}(leu^{2})	(namc)byaoh(leuz)

续表

汉语	国际音标	水语拼音
（花）开（了）	(nuk^{8})ȶa^{5}(leu^{2})	(nug)jas(leuz)
开（车）	ŋ̊ai^{1}(tshe^{3})	hngeil(ceec)
走开	pa:i^{1}koŋ^{2}	bail
开会	kha:i^{3}	kaic
揩	suk^{7}	sugs
砍（树）	ha^{3}(mai^{4}); te^{5}(mai^{4})	hac(meix); tees(meix)
砍（骨头）	te^{5}(la:k^{7})	dees(laags)
看（书）	ʔniŋ^{5}(le^{2}); qau^{5}(le^{2})	qnings(leez); ggaus(leez)
看（病）	qau^{5}(ȶit^{7})	ggaus(jids)
看见	ʔniŋ^{5}ndo^{3}	qnings ndoc
扛（木头）	un^{1}(mai^{4})	unl(meix)
考（学校）	khau^{6}(ço^{2}çau^{1})	kauh(xoz xaul)
烤（干衣服）	lja:m^{3}(siu^{5}ʔduk^{7})	lyaamc(sius qdugs)
烤火	phja:u^{1}vi^{1}	pyaol vil
靠（墙）	mba^{1}(thu^{3})	mbal(tuc)
磕头	tso^{2}ji^{2}	zoz yiz
咳嗽	khuk^{7}ɣuk^{2}	kugs xgugz
刻（用刀刻）	(au^{1}mit^{8})qok^{7}	(aul mid)ggogs
客气	he^{4}lje^{4}	heex lyeex
肯	ʔȵi^{6}	qnnih
啃（骨头）	ɣan^{5}(la:k^{7})	xgans(laags)
抠 / 用手指挖	qok^{7}	ggogs
扣（好衣服）	lum^{1}(ʔduk^{7}ʔda:i^{1})	luml(qdugs qdail)
哭	ʔȵe^{3}	qnneec
夸奖	pau^{3}	bauc
跨（一步）	ʔja:ŋ^{5}(ti^{3}ȶa:ŋ^{6})	qyaangs(dic jaangh)
捆（柴）	ndo^{1}; phan^{1}(ndjit^{7})	ndol; panl(ndyids)
拉（绳子）	ʔda:k^{7}(la:k^{7})	qdaags(laags)
拉（犁）	ʔda:k^{7}(ȶoi^{1})	qdaags(joil)
拉（“屙”屎）	qe^{4}	ggeex
来	taŋ^{1}	dangl

续表

汉语	国际音标	水语拼音
赖（我）	laːi^{1}(ju^{2})	lail(juz)
拦住	haŋ^{3}	hangc
烂 / 腐烂	laːn^{5}; tju^{5}	laans; dyus
捞（起来）	hən^{3}(taŋ^{1}lən^{2})	henc(dangl lenz)
烙（饼）	lo^{2}(pin^{6})	loz(binh)
勒（死）	ɣat^{7}(tai^{1})	xgads(deil)
离开	laŋ^{5}paːi^{1}	langs bail
理睬	liŋ^{4}	lingx
练（武艺）	ljen^{1}(ȶon^{2})	lyeenl(jonz)
量（布）	taːk^{8}(ʔja^{1})	daag(qyal)
晾（衣服）	sa^{5}(ʔduk^{7})	sas(qdugs)
聊天	pai^{6}ku^{1}; pai^{6}pə^{2}	beih gul; beih bez
裂（开了）	tai^{5}leu^{2}; khit^{7}leu^{2}	deis leuz; kids leuz
淋雨	tui^{5}	duis
流（水）	lui^{5}(nam^{3})	luis(namc)
留（种子）	man^{5}(van^{1})	mans(vanl)
靠拢	tu^{3}mba^{3}	duc mbac
搂（在怀里）	um^{3}(ȵaːu^{5}tse^{0}qu^{5})	umc(nnaos ze0 ggus)
（房屋）漏（雨）	(gaːn^{2})ɣo^{6}(fən^{1})	(gaanz)xgoh(fenl)
轮流	tu^{3}pan^{5}	duc bans
摞（起来）	tsap^{7}	zabs
落（下来）	tok^{7}(taŋ^{1}te^{3})	dogs(dangl deec)
（手）麻	(mja^{1})zaːu^{1}	(myal)zaol
骂	ʔmui^{1}	qmuil
埋（老鼠）	haːŋ^{5}(n̥o^{3})	haangs(hnoc)
买（鱼）	ndjai^{3}(mom^{6})	ndyeic(momh)
卖（菜）	pe^{1}(ʔma^{1})	beel(qmal)
冒（烟了）	uk^{7}(kwan^{2})	ugs(kwanz)
没有（钱）	me^{2}ʔnaŋ^{1}(ɕen^{2})	meez qnangl(xeenz)
（衣服）霉	(nduk^{7})phaːŋ^{3}	(ndugs)paangc
蒙住	qom^{5}	ggoms

续表

汉语	国际音标	水语拼音
眯（眼）	mi^3	mic
瞄准	nju^4	nyux
（火）灭（了）	(vi^1)ham^5(leu^2)	(vil)hams(leuz)
抿（着嘴笑）	pan^3(pa:k^{7}ku^1)	banc(baags gul)
明白（你的意思）	ɕau^3(ji^{1}si^{0}ȵa^{1}leu^2)	xauc(jil si0 nnal leuz)
摸（鱼）	mo^3(mom^6); hap^7(mom^6)	moc(momh); habs(momh)
磨（刀）	pan^2(mit^8)	banz(mid)
抹（药）	thu^4(ha^2)	tux(haz)
磨（面）	qa:n^3(fa^5)	ggaanc(fas)
（脚）木（了）	(tin^1)za:u^1(leu^2)	(dinl)raol(leuz)
拿来	tai^2	deiz
挠痒	ʔjot^7; kwoi^2	qyods; kwoiz
（小孩）闹	(la:k^{8}ti^3)nau^1	(laag dic)naul
能（做）	he^4(ʔdai^3)	heex(qdeic)
（晒）蔫（了）	(sa^5)tiu^3(leu^2)	(sas)diuc(leuz)
拈（一块糖）	au^1(ti^{3}kwa:i^{5}ta:ŋ^2)	aul(dic gwais daangz)
碾（米）	ȵen^6(au^4)	nneenh(aux)
念经	ȵen^{2}jin^3	nneenz yinc
捏（手）	tai^2(mja^1)	deiz(myal)
拧（紧）	ʔbjət^7(ȶan^3)	qbyeds(janc)
弄（坏了）	ɣa:u^1(pha^{5}leu^2)	xgaol(pas leuz)
挪开	ɣaŋ^6	xgangh
呕吐	kun^5	guns
沤（烂了）	faŋ^1(la:n^{6}leu^2)	fangl(laanh leuz)
趴	ham^3	hamc
爬（树）	ha:t^8(mai^4)	haad(meix)
（虫子）爬	(nui^6)la^5	(nuih)las
爬（山）	ha:t^8(nu^2)	haad(nuz)
怕（老虎）	ho^1(mum^4)	hol(mumx)
拍（桌子）	phek^7(ɕi^3)	peegs(xic)
排队	phai^{4}tui^1	peix duil

续表

汉语	国际音标	水语拼音
派（人）	pha:i^{1}(zən^{1})	pail(renl)
（把辫子）盘（在头上）	(pi^{2}lja^{1})qut^{7}(ȵau^{5}u^{1}qam^{4})	(biz lyal)gguds(nnaus ul ggamx)
跑步	pja:u^{5}	byaos
泡（衣服）	faŋ^{1}(ʔduk^{7})	fangl(qdugs)
泡（茶）	pjau^{6}(tsja^{2})	byauh(zyaz)
陪（客）	ʔɣa:u^{3}(hek^{5})	qxgaoc(heegs)
赔本	phai^{4}pən^{3}	peix benc
赔偿	phai^{4}	peix
喷（水）	phut^{7}(nam^{3})	puds(namc)
（用手）捧（起来）	(au^{1}mja^{1})ʁop^{7}(taŋ^{1})	(aul myal)xggobs(dangl)
碰（桌子）	tam^{3}(ɕi^{3})	damc(xic)
披（衣）	ʁa:i^{5}(ʔduk^{7})	xggais(qdugs)
劈（柴）	m̥a:k^{7}(ndit^{7})	hmaags(ndids)
漂（在水面上）	mu^{1}(ȵa:u^{5}u^{1}nam^{3})	mul(nnaos ul namc)
（红旗）飘	(ʈi^{2})phju^{1}	(jiz)pyul
漂（布）	phjau^{1}(ʔja^{1})	pyaul(qyal)
拼命	sje^{6}miŋ^{6}	syeeh mingh
泼（水）	qham^{5}(nam^{3}); ʔjau^{5}(nam^{3})	kkams(namc); qyaus(namc)
破（篾）	la^{5}(ndjuk^{7})	las(ndyugs)
破（肚子）	pja:ŋ^{5}(loŋ^{2})	byaangs(longz)
（竹竿）破（了）	(qa:n^{5}fan^{1})he^{5}(leu^{2})	(ggaans fanl)hees(leuz)
（衣服）破（了）	(ʔduk^{7})tju^{5}(leu^{2})	(qdugs)dyus(leuz)
铺（被子）	ke^{5}(mjen^{2}); pai^{5}(mjen^{2})	gees(myeenz); peis(myeenz)
（老虎）扑（羊）	(mum^{4})tsa^{2}(fa^{2})	(mumx)zaz(faz)
欺负	ʈhi^{3}	qic
欺骗	po^{5}; phjen^{1}	bos; pyeenl
骑（马）	tsi^{6}(ma^{4})	zih(max)
起床	tsən^{2}; tsən^{2}(ta:u^{2})	zenz; zenz(daoz)
起来	tsən^{2}taŋ^{1}	zenz dangl
（别）气（我）	(ʔna^{3})ȵun^{2}(ju^{2})	(qnac)nnunz(juz)

续表

汉语	国际音标	水语拼音
牵（牛）	jət^{8}(po^{4})	yed(box)
前进	pa:i^{1}ʔna^{3}	bail qnac
欠钱	ȶhen^{1}ɕen^{2}	qeenl xeenz
抢	tseŋ^{1}	zengl
敲（门）	tui^{2}(to^{1})	duiz(dol)
翘（尾巴）	tsaŋ^{4}(hət^{2})	zangx(hedz)
切（菜）	qat^{7}(ʔma^{1})	ggads(qmal)
亲（小孩）	put^{8}(la:k^{8}ti^{3})	bud(laag dic)
请	tshin^{6}	cinh
求（人帮忙）	ȶhiu^{4}(zən^{1}pa:ŋ^{3})	qiux(renl baangc)
取（款）	ȶhi^{6}(khon^{6}); ȶhi^{6}(ɕen^{2})	qih(konh); qih(xeenz)
娶（妻子）	au^{1}(ni^{4}ʔbja:k^{7})	aul(nix qbyaags)
去	pa:i^{1}	bail
劝	ȶhon^{5}	qons
缺（了口子）	mba:ŋ^{5}(ti^{3}tsum^{2})	mbaangs(dic zumz)
瘸（了）	kwa^{2}	gwaz
（火）燃（了）	(vi^{1})tau^{6}(leu^{2})	(vil)dauh(leuz)
染（布）	ʔjam^{3}(ʔja^{1})	qyamc(qyal)
嚷	ɕin^{3}	xinc
绕（弯儿）	qeu^{3}(ȶau^{1})	ggeuc(jaul)
热（一下再吃）	ndu^{3}(ti^{0}ti^{3}fa:n^{1}tsje^{1})	nduc(di0 dic faanl zyeel)
忍耐	ʔjan^{3}	qyanc
认（字）	ʔme^{1}(le^{1})	qmeel(leel)
认得	ɣo^{4}ʔme^{1}	xgox qmeel
扔掉	na:ŋ^{5}	naangs
溶化	joŋ^{2}	yongz
揉面	zwa^{4}mjen^{6}	rwax myeenh gnead dough
洒（水）	sa^{6}(nam^{3}); san^{5}(nam^{3})	sah(namc); sans(namc)
撒尿	ʔniu^{6}	qniuh
撒种	tau^{5}van^{1}	daus vanl
塞（老鼠洞）	pja:ŋ^{1}(qa:u^{2}n̥o^{3})	byaangl(ggaoz hnoc)

续表

汉语	国际音标	水语拼音
（人都）散（了）	(zən^{1}tu^{3})ha:n^{5}(leu^{2})	(renl duc)haans(leuz)
散步	sa:n^{1}pu^{1}	saanl bul
扫地	tjet^{7}ɣa:n^{2}	dyeeds xgaanz
杀（人）	ha^{3}(zən^{1})	hac(renl)
杀（鸡）	ha^{3}(qa:i^{5})	hac(ggais)
筛（米）	pən^{5}(au^{4})	bens(aux)
晒（衣）	sa^{5}(ʔduk^{7})	sas(qdugs)
（人）晒（太阳）	(zən^{1})phja:u^{1}(ɕa:ŋ^{1})	(renl)pyaol(xaangl)
扇风	sjen^{5}kha:ŋ^{5}	syeens kaangs
骗（牛）	ʔjem^{1}(po^{4})	qyeeml(box)
伤（了手）	(mja^{1})sa:ŋ^{3}(leu^{2})	(myal)saangc(leuz)
赏（给他些东西）	hun^{4}(ha:i^{1}man^{1}ti^{3}mba:ŋ^{5}ɣau^{5})	hunx(hail manl dic mbaangs xgaus)
上（楼）	pa:i^{1}(u^{1}lu^{2})	bail(ul luz)
烧（火煮饭）	taŋ^{5}(vi^{1}ɕuŋ^{1}au^{4})	dangs(vil xungl aux)
烧（山）	ta:u^{3}(pa^{5}); sut^{7}(pa^{5})	daoc(bas); suds(bas)
烧（茶）	pja:u^{6}(tsja^{2})	byaoh(zyaz)
舍不得	sje^{6}me^{2}ʔdai^{3}	syeeh meez qdeic
射（箭）	peŋ^{5}(ɕam^{3})	bengs(xamc)
伸（手）	ɕon^{4}(mja^{1})	xonx(myal)
伸（懒腰）	ɕon^{4}(ȶa:ŋ^{6})	xonx(jaangh)
生（孩子）	ha:ŋ^{4}(la:k^{8}ti^{3})	haangx(laag dic)
生（疮）	ɕən^{1}(ɕiŋ^{1})	xenl(xingl)
省（钱）	qan^{1}; sən^{6}ɕen^{2}	gganl; senh xeenz
剩下	ndja^{1}	ndyal
试试	si^{5}	sis
是	ndum^{3}; si^{3}	ndumc; sic
收（稻子）	tui^{2}(au^{4})	duiz(aux)
收（信）	su^{3}(sin^{1})	suc(sinl)
收拾（房子）	kha^{3}(ɣa:n^{1})	kac(xgaanl)
守（庄稼）	su^{3}au^{4}	suc aux

续表

汉语	国际音标	水语拼音
梳（头发）	se^{1}(pjam^{1}qam^{4})	seel(byaml ggamx)
输	su^{3}	suc
数 / 数目	jai^{5}	yeis
漱口	un^{3}pa:k^{7}; lju^{3}pa:k^{7}	unc baags; lyuc baags
竖起来	laŋ^{5}(taŋ^{1})	langs(dangl)
（从树上）摔（下来）	(ȵa:u^{5}u^{1}mai^{4})tok^{7}(taŋ^{1}te^{3})	(nnaos ul meix)dogs(dangl deec)
甩（手榴弹）	peŋ^{5}(su^{5}liu^{4}ta:n^{1})	bengs(sus liux daanl)
闩门	ʔnaŋ^{1}(to^{1})	qnangl(dol)
拴（牛）	ndo^{1}(po^{4})	ndol(box)
涮（衣服）	swa^{2}(ʔduk^{7})	swaz(qdugs)
睡	nun^{2}	nunz
睡觉	nun^{2}n̥ak^{7}	nunz hnags
吮（奶）	ɕut^{7}(tju^{4})	xuds(dyux)
说话	fan^{2}	fanz
撕（纸）	pja:k^{7}(tsi^{3})	byaags(zic)
死	tai^{1}	deil
送（他回去）	hun^{4}(man^{1}pa:i^{1}lən^{2})	hunx(manl bail lenz)
送（你一支笔）	hun^{4}(ha:i^{1}ȵa^{2}ti^{3}tiu^{2}mai^{4}pjet^{7})	hunx(hail nnaz dic diuz meix byeeds)
搜（山）	lam^{1}(nu^{2})	laml(nuz)
	lon^{2}	lonz
（腿）酸	za:u^{1}(ʈau^{4})	raol(jaux)
算（账）	son^{1}(tsja:ng^{1}); swən^{1}	sonl(zyaangl); swenl
缩小	ɣat^{8}	xgad
锁（箱子）	lan^{5}(ʈui^{5})	lans(juis)
塌下去	mbje^{6}(pai^{1}te^{3})	mbyeeh(beil deec)
踏（上一只脚）	(ti^{3}tsik^{7}tin^{3}ho^{4})tjam^{6}	(dic zigs dinc hox)dyamh
（两人）抬（一块石头）	(ɣa^{2}ai^{3}zən^{1})tjuŋ^{1}(ti^{3}kwa:i^{5}tin^{2})	(xgaz eic renl)dyungl(dic gwais dinz)
弹（棉花）	pit^{7}(fa:i^{5})	bids(fais)
弹（琴）	pit^{7}(pi^{2}pa^{2})	bids(biz baz)

续表

汉语	国际音标	水语拼音
淌（眼泪）	lo^{6}(nam^{3}nda^{1})	loh(namc ndal)
躺（在床上）	kha:u^{1}(n̥a:u^{6}u^{1}ta:u^{2})	kaol(nnaoh ul daoz)
烫（手）	sut^{7}(mja^{1})	suds(myal)
掏出来	ʁau^{1}taŋ^{1}lən^{2}	xggaul dangl lenz
逃跑	pja:u^{5}	byaos
淘（米）	thau^{4}(au^{4})	taux(aux)
淘气	thau^{4}ȶhi^{1}	taux qil
讨（饭）	qa^{0}sa^{5}	gga0 sas
套（上一件衣服）	thau^{1}(ti^{3}la:k^{8}ʔduk^{7})	taul(dic laag qdugs)
（头）疼	ɕut^{7}(qam^{4})	xuds(ggamx)
疼（孩子）	maŋ^{5}(la:k^{8}ti^{3}); an^{5}(la:k^{8}ti^{3})	mangs(laag dic); ans(laag dic)
踢（球）	ta:p^{8}	daab
提（篮子）	tjoŋ^{6}(tjau^{5})	dyongh(dyaus)
剃（头）	khut^{7}kam^{4}	kuds gamx
填（坑）	tjen^{2}tsum^{2}qom^{2}	dyeenz zumz ggomz
舔	lja:k^{7}	lyaags
（用扁担）挑	joŋ^{6}mai^{4}ʁa:n^{1}ta:p^{7}	yongh meix xggaanl daabs
挑拨	tu^{3}ȶhak^{8}	duc qag
跳	tiu^{2}	diuz
（一只脚）跳	ti^{3}lam^{1}tin^{1}tin^{2}	dic laml dinl dinz
跳舞	thjeu^{1}wu^{6}	tyeul wuh
贴（标语）	thje^{2}ta^{1}tsi^{1}pau^{1}	tyeez dal zil baul
听	di^{3}; ŋan^{4}	dic; nganx
听见	ŋ̊ai^{5}	hngeis
停	ʔdi^{3}	qdic
挺起腰	ɕaŋ^{2}ndən^{1}	xangz ndenl
通	thoŋ^{3}	tongc
捅	tjuŋ^{3}; kam^{4}	dyungc; kamx
偷	ljak^{7}	lyags
投（球）	thu^{4}ȶhiu^{4}	tux qiux
涂（油）	lan^{2}man^{2}	lanz manz

续表

汉语	国际音标	水语拼音
吐痰	ȶi^{2}ʁe^{1}	jiz xggeel
推	kun^{3}	gunc
退	thui^{1}	tuil
吞	ʔdan^{1}	qdanl
褪色	thui^{1}sak^{7},tho^{2}sak^{7}	tuil sags; toz sags
拖（木头）	ʔda:k^{7}(mai^{4})	qdaags(meix)
托（人办事）	tho^{2}(zən^{1}pan^{5}ȶən^{6})	toz(renl bans jenh)
脱（鞋）	pjut^{7}(tsak^{7})	byuds(zags)
脱（衣服）	pjut^{7}(nduk^{7})	byuds(ndugs)
（蛇）蜕（皮）	(hui^{2})ha:k^{7}(ʁa^{1})	(huiz)haags(xggal)
（马）驮（货）	(ma^{4})to^{4}(ɣau^{5})	(max)dox(xgaus)
挖（地）	tsət^{8}(nda:i^{5})	zed(ndais)
弯腰	tsam^{3}(ndən^{1})	zamc(ndenl)
（用尖刀）剜	(joŋ^{6}phi^{1}mit^{8})qok^{7}	(jongh pil mid)ggogs
游玩	ɕan^{3}	xanc
忘记	la:m^{2}	laamz
望	ma:ŋ^{6}; qau^{5}	maangh; ggaus
煨（红薯）	nan^{1}(man^{2}ha:n^{3})	nanl(manz haanc)
围（敌人）	tsum^{3}(ti^{2}zən^{4})	zumc(diz renx)
喂（猪）	ha:ŋ^{4}(m̥u^{5})	haangx(hmus)
喂（奶）	ho^{4}(tju^{4})	hox(dyux)
闻 / 嗅	nən^{4}	nenx
问	sa:i^{3}	saic
握（手）	ʔȵam^{1}(mja^{1}); tai^{2}(mja^{1})	qnnaml(myal); teiz(myal)
捂（着嘴）	pja:ŋ^{1}(pa:k^{7})	byaangl(baags)
吸气	ɕut^{7}lo^{5}	xuds los
熄（灯）	ham^{5}(teŋ^{5})	hams(dengs)
洗（碗）	suk^{8}(tui^{4})	sug(duix)
洗（衣服）	lak^{7}(ʔduk^{4})	lags(qdugx)
洗澡	a:p^{7}	aabs
喜欢	maŋ^{4}	mangx

续表

汉语	国际音标	水语拼音
瞎(眼睛)	ko^{4}(nda^{1})	gox(ndal)
下楼	pa:i^{1}te^{3}lu^{2}; lui^{5}pa:i^{1}te^{3}lu^{2}	bail deec luz; luis bail deec luz
(母猪)下(小猪)	(ni^{4}m̥u^{5})ha:ŋ^{4}(m̥u^{5}ti^{3})	(nix hmus)haangx(hmus dic)
(太阳)下(山)	(da^{1}van^{1})tok^{7}(ljam^{3}nu^{2})	(dal vanl)dogs(lyamc nuz)
下雨	tok^{7}fən^{1}	dogs fenl
吓唬	hə^{2}	hez
陷(下去)	qop^{8}(pa:i^{1}te^{3})	ggob(bail deec)
(你)想(什么)	(ȵa^{2})an^{5}(ni^{4}ma:ng^{2})	(nnaz)ans(nix maangz)
(我)想(进城)	(ju^{2})an^{5}(pa:i^{1}qa:i^{1})	(juz)ans(bail ggail)
像	sja:ŋ^{1}	syaangl
(肿)消(了)	(sok^{8})pja:p^{7}	(sog)byaabs
削(铅笔)	ɣut^{8}(tshjen^{1}pi^{2})	xgud(cyeenl biz)
笑	ku^{1}	gul
写	va^{5}	vas
泻(肚子)	ndaŋ^{5}(loŋ^{2})	ndangs(longz)
谢(大家)	to^{5}sj^{1}(zən^{1}kuŋ^{2})	dos syl(renl gungz)
信(你的话)	ʔdi^{3}(ȵa^{2}fan^{2})	qdic(nnaz fanz)
擤(鼻涕)	ɣaŋ^{6}(muk^{8})	xgangh(mug)
醒	lju^{1}	lyul
休息	lwa^{5}	lwas
修(机器)	li^{4}(ȶi^{1}ȶhi^{1})	lix(jil qil)
修(路)	li^{4}(khwən^{1})	lix(kwenl)
绣花	va^{5}ʔba^{3}	vas qbac
选(种子)	la:i^{6}(van^{1})	laih(vanl)
学	ɕo^{2}; ȶau^{5}	xoz; jaus
熏(肉)	ʔjen^{3}(na:n^{4})	qyeenc(naanx)
寻(东西)	tha:u^{3}(ɣau^{5})	taoc(xgaus)
压	ȵan^{4}	nnanx
轧(棉花)	qa:n^{3}(fa:i^{5})	ggaanc(fais)
阉(猪)	ʔjem^{1}(m̥u^{5})	qyeeml(hmus)
腌(鱼)	ʔjen^{3}(mom^{6})	qyeenc(momh)

续表

汉语	国际音标	水语拼音
扬（麦子）	tui^{2}(au^{4}mo^{6})	duiz(aux moh)
痒	ȶit^{8}	jid
养（鱼）	haːŋ^{4}(mom^{6})	haangx(momh)
摇（木桩）	ȵat^{7}(mai^{4})	nnads(meix)
摇摇晃晃	ʔdjaːu^{5}ndjaːŋ^{1}	qdyaos ndyaangl
摇（头）	pan^{5}(qam^{4})	bans(ggamx)
（狗）咬	(m̥a^{1})ȶit^{8}	(hmal)jid
要（钱）	aːu^{1}(ɕen^{2})	aol(xeenz)
要（下雨了）	hai^{3}(tok^{7}fən^{1}ljeu^{4})	heic(dogs fenl lyeux)
（我）要（去北京）	(ju^{2})aːu^{1}(paːi^{1}pe^{2}tsin^{3})	(juz)aol(bail beez zinc)
依（他的）	ʔdi^{3}(man^{1})	qdic(manl)
移	ɣaŋ^{5}	xgangs
赢	jin^{4}	yinx
隐瞒	ʔjam^{1}	qyaml
迎接	ka^{2}	gaz
（我）用（铅笔）	(ju^{2})joŋ^{6}(tshjen^{3}pi^{2})	(juz)jongh(cyeenc biz)
（鸭子在河里）游	(ep^{7}ȵaːu^{6}ʁaːu^{3}kui^{3})lui^{2}	(eebs nnaoh xggaoc guic)luiz
游泳	lui^{2}tam^{2}	luiz damz
有	ʔnaŋ^{1}	qnangl
遇见	ndam^{1}	ndaml
约（时间）	ɕa^{6}(van^{1}); tang^{5}(si^{2}); tjeng^{6}	xah(vanl); tangs(siz); dyeengh
头晕	ŋ̊am^{3}qam^{4}	hngamc ggamx
允许	ʔȵi^{6}	qnnih
（碗）砸（破了）	(tui^{4})pjaːk^{8}(he^{5}ljeu^{4})	(duix)byaag(hees lyeux)
（用锤）砸（石头）	(au^{1}tsui^{2})ʔnwon^{5}(tin^{2})	(aul zuiz)qnwons(dinz)
栽（树）	mbja^{1}(mai^{4})	mbyal(meix)
在	ȵaːu^{6}	nnaoh
攒（钱）	tson^{1}(ɕen^{2})	zonl(xeenz)
糟蹋（粮食）	tsaːu^{3}tha^{2}(au^{4})	zaoc taz(aux)
凿	ɕiu^{5}	xius

续表

汉语	国际音标	水语拼音
扎猛子（头朝下钻入深水里）	tiu²nam³	diuz namc
炸（油饼）	tsa²(jiu⁴pin⁶)	zaz(jiux binh)
眨眼	ʔjap⁷nda¹	qyabs ndal
炸（开石头）	pha:u⁵(tin²)	paos(dinz)
榨（油）	ta:k⁷(man²)	daags(manz)
摘（花）	eu³(nuk⁸)	euc(nug)
摘下（帽子）	pjut⁷(n̥on⁴)	byuds(nnonx)
粘（住了）	n̥em¹	hneeml
站	ʔjon¹	qyonl
蘸（墨水）	sup⁷(mə²sui⁶)	subs(mez suih)
张（嘴）	ʈa⁵(pa:k⁷)	jas(baags)
长大	la:u⁴	laox
涨（大水）	tsa:ng⁶(nam³la:u⁴)	zaangh(namc laox)
（肚子）胀	ʔɣok⁷(luŋ²)	qxgogs(lungz)
招（女婿）	tha:u³(ha:u⁴)	taoc(haox)
招（手）	tjem¹(mja¹)	dyeeml(myal)
着（火了）	phi⁵(vi¹); ɕən¹(vi¹)	pis(vil); xenl(vil)
找（人）	tha:u³(zən¹)	taoc(renl)
找零钱	thoi¹cen²lin⁴	toil ceenz linx
（用灯）照	(jong⁶tjeng⁵)nda:ŋ¹	(jongh dyeengs)ndaangl
照（镜子）	tsa:u¹(nam³ʔda:ŋ¹); qau⁵	zaol(namc qdaangl); ggaus
（马蜂）蛰（人）	(lu¹)tai³(zən¹)	(lul)deic(renl)
折断（树枝）	eu³tak⁷(tsing⁵mai⁴)	euc dags(zings meix)
折（衣服）	ljum³（duk⁷）	lyumc(qdugs)
震动	ʔnan⁵	qnans
争	tsən³	zenc
蒸（饭）	nda:u³(au⁴)	ndaoc(aux)
知道	ɕau³	xauc
织（布）	tam³(ta⁴); tam³ʔja¹	damc(dax); tamc qyal
值得	tsi²ʔdai³	ziz qdeic

续表

汉语	国际音标	水语拼音
指（方向）	to^{5}	dos
治（病）	ho^{4}(ȶit^{7})	hox(jids)
（打）中	(peng^{5})ndum^{3}	(beengs)ndumc
种（麦子）	ho^{4}(au^{4}mo^{6})	hox(aux moh)
拄（拐棍）	tjam^{6}(tjuŋ^{4})	dyamh(dyungx)
煮（肉）	ɕuŋ^{1}(na:n^{4})	xungl(naanx)
住（在哪儿）	nun^{2}(ȵa:u^{6}ndjong^{3}n̥u^{1})	nunz(nnaoh ndyongc hnul)
抓（特务）	hap^{7}(thə^{2}u^{1})	habs(tez ul)
转身	pan^{5}ndən^{1}	bans ndenl
转弯	ȶau^{1}	jaul
转动	pan^{5}; tson^{6}	bans; zonh
赚（钱）	tson^{1}	zonl
装（粮食）	tswa:ŋ^{3}(au^{4})	zwaangc(aux)
撞（墙）	tam^{3}(thu^{3})	damc(tuc)
追赶	tat^{8}	dad
准备	tsun^{6}pi^{1}	zunh bil
捉（鸡）	hap^{7}(qa:i^{5})	habs(ggais)
（鸡）啄（米）	(qa:i^{5})ɕau^{5}(au^{4})	(ggais) xaus(aux)
走	sa:m^{3}	saamc
钻（洞）	(n̥o^{3})lan^{3}qa:u^{2}	(hnoc)lanc ggaoz
（用钻子）钻（洞）	ha:k^{8}	haag
醉（酒）	tjaŋ^{5}(ha:u^{3})	dyangs(haoc)
坐下	hui^{6}	huih
做（事情）	he^{4}(sai^{6})	heex(seih)
做（生意）	he^{4}fan^{5}	heex fans

八、形状描绘

汉语	国际音标	水语拼音
大	la:u^{4}	laox
小	ti^{3}	dic

续表

汉语	国际音标	水语拼音
粗	laːu^{4}	laox
细	ti^{3}	dic
高	vaːŋ^{1}	vaangl
低	ndam^{5}	ndams
矮	ndam^{5}	ndams
长	ʔɣaːi^{3}	qxgaic
短	ndjən^{3}	ndyenc
远	ʔdi^{1}	qdil
近	phjai^{5}	pyeis
宽	faːŋ^{3}	faangc
窄	ʔnjap^{7}	qnjabs
厚	ʔna^{1}	qnal
薄	ʔbaːŋ^{1}	qbaangl
深	ʔjam^{1}	qyaml
浅	ʔdjai^{5}	qdyeis
满	tik^{7}	digs
空	khoŋ^{1}	kongl
多	kuŋ^{2}	gungz
少	sjeu^{3}	syeuc
方	ɕi^{5}ljum^{5}	xis lyums
圆	qo^{0}lom^{5}; qo^{1}lu^{5}	ggo0 loms; ggol lus
扁	thjoŋ^{3}; pjaŋ^{6}	tyongc; byangh
尖	ɕa^{1}	xal
秃	lo^{3}	loc
平	pjeŋ^{2}	byengz
正	ɕən^{1}	xenl
反	lin^{3}	linc
偏	qaːi^{2}	ggaiz
歪	qaːi^{2}	ggaiz
顺	thjep^{7}	tyeebs
倒	taːu^{5}	daos

续表

汉语	国际音标	水语拼音
横	vja:n^{1}	vyaanl
直	laŋ^{2}	langz
斜	çe^{4}	xeex
弯	ȶau^{1}	jaul
黑	ʔnam^{1}	qnaml
白	pa:k^{8}	baag
红	ha:n^{3}	haanc
黄	m̥a:n^{3}	hmaanc
绿	çu^{1}	xul
青	çu^{1}	xul
蓝	çu^{1}	xul
紫	qam^{5}	ggams
灰	pha^{1}	pal
亮	ʔda:ŋ^{1}	qdaangl
暗	ʔdjəŋ^{5}	qdyengs
重	zan^{1}	ranl
轻	za^{3}	rac
快	hoi^{5}	hois
慢	fa:n^{1}	faanl
早	ham^{1}	haml
迟	fe^{1}	feel
晚	fe^{1}	feel
利 / 快	tau^{6}	dauh
钝	lon^{4}; tom^{1}	lonx; doml
清	çu^{1}	xul
浑 / 浊	ʁam^{1}	xggaml
胖	pi^{2}	biz
（猪）肥	pi^{2}	biz
（地）肥	ʔn̥oŋ^{2}	qnnongz
壮	han^{5}; lik^{7}lui^{2}; ʁan^{3}	hans; ligs luiz; xgganc
（人）瘦	ȶoŋ^{3}	jongc

续表

汉语	国际音标	水语拼音
(地)瘦	ɣaːn^{3}	xgaanc
强	han^{5}	hans
弱	tjoŋ^{5}	dyongs
(晒)干	siu^{5}	sius
(树木)干(了)	ɣaːŋ^{2}	xgaangz
(河水)干(了)	siu^{5}	sius
(衣服)湿	ʔɣak^{7}	qxgags
(淋)湿(了)	ʔɣak^{7}	qxgags
咸(淡)	ɕu^{1}	xul
脓(茶)	ȵoŋ^{2}	nnongz
淡(茶)	ɕu^{1}	xul
(粥)稠	(qeŋ^{1})tuŋ^{5}; mboŋ^{5}	(ggengl)dungs; mbongs
(粥)稀	(qeŋ^{1})ɕu^{1}	(ggengl) xul
密	ʔna^{1}	qnal
(布)稀	ko^{1}	gol
硬	ʔda^{3}	qdac
软	ʔma^{3}	qmac
粘	tiu^{3}	diuc
光	mbjaːk^{7}	mbyaags
(拉)紧	ȶan^{3}	janc
紧	ȶan^{3}	janc
(鞋袜)紧	ȶan^{3}	janc
(压)紧	ȶan^{3}	janc
(放)松	loŋ^{5}	longs
松(土)	loŋ^{5}	longs
(鞋袜)松	loŋ^{5}	longs
松(软)	po^{1}	bol
松(紧)	ŋoŋ^{5}	ngongs
滑	ʔdjan^{1}	qdyanl
脆	khim^{1}	kiml
绵	tju^{5}	dyus

续表

汉语	国际音标	水语拼音
齐	jən^{2}	yenz
乱	lon^{1}	lonl
对	toi^{5}; ndum^{3}	dois; ndumc
错	tsho^{1}	col
真	ɕu^{5}; ɕən^{1}	xus; xenl
假	po^{5}	bos
生（瓜）	ʔdjup^{7}	qdyubs
（饭）熟	sok^{8}	sog
（果子）熟	sok^{8}	sog
新	m̥ai^{5}	hmeis
旧	qa:u^{5}	ggaos
好	ʔda:i^{1}	qdail
坏	n̥au^{5}	hnnaus
差	n̥au^{5}	hnnaus
贵	mbiŋ^{1}	mbingl
贱 / 便宜	tsjen^{5}	zyeens
老	qa:u^{5}; n̥ak^{7}	ggaos; nnags
嫩	nun^{5}	nuns
年青	ʁoŋ^{2}	xggongz
美	kiŋ^{3}	gingc
丑	n̥au^{5}	hnnaus
（天气）热	ndu^{3}	nduc
（天气）冷	ʔn̥it^{7}	qnnids
（水）冷	ŋ̊a:ŋ^{5}	hngaangs
暖和	ndu^{3}	nduc
凉快	ɣa:ŋ^{5}	xgaangs
难	ʔn̥am^{1}he^{4}	qnnaml heex
容易	ʔda:i^{1}he^{4}	qdail heex
香	nda:ŋ^{1}	ndaangl
臭	n̥u^{1}	hnnul
（味道）香	nda:ŋ^{1}	ndaangl

续表

汉语	国际音标	水语拼音
酸	hom^{3}	homc
甜	ljən^{6}	lyenh
苦	qam^{1}	ggaml
辣	ljaːn^{5}	lyaans
咸	ʔnaŋ^{5}	qnangs
涩	qhaːt^{7}	kkaads
腥	ju^{1}	yul
臊	ȵiŋ^{3}	nningc
闲	loŋ^{5}; ʔda^{1}qoŋ^{1}	longs; qdal ggongl
忙	san^{4}	sanx
富	fu^{5}	fus
穷	ho^{3}	hoc
干净	ɣaːŋ^{5}	xgaangs
脏	ʔdaːn^{3}	qdaanc
热闹	naːu^{1}zə^{2}	naol rez
安静	ʔdet^{7}	qdeeds
新鲜	m̥ai^{5}	hmeis
古怪	ku^{6}kwaːi^{1}	guh gwail
稀奇	ɕi^{3}ȶhi^{4}	xic qix
明亮	ʔdaːŋ^{1}theŋ^{3}	qdaangl tengc
清楚	ɣaːŋ^{5}	xgaangs
模糊	mbja^{3}tsja^{4}	mbyac zyax
紧急	hoi^{5}	hois
好吃	ʔdaːi^{1}tsje^{1}	qdail zyeel
难吃	ʔȵaːm^{1}tsje^{1}	qnnaaml zyeel
好闻	ʔdaːi^{1}nən^{4}	qdail nenx
难闻	ʔȵaːm^{1}nən^{4}	qnnaaml nenx
好听	ʔdaːi^{1}ŋan^{4}	qdail nganx
难听	ʔȵaːm^{1}ŋan^{4}	qnnaaml nganx
好看	ʔdaːi^{1}ʔniŋ^{5}	qdaail qnings
难看	ʔȵaːm^{1}ʔniŋ^{5}	qnnaaml qnings

续表

汉语	国际音标	水语拼音
响	qoŋ^{3}	ggongc
饱	tjaŋ^{5}	dyangs
饿	ʔjaːk^{7}	qyaags
饥饿	lju^{5}	lyus
渴	ɕiu^{5}paːk^{7}	xius baags
困 / 倦	fe^{3}	feec
累	fe^{3}	feec
辛苦	ɕen^{6}	xeenh
闷	ʔbja^{5}	qbyas
慌张	haːn^{6}; ho^{1}	haanh; hol
急	san^{1}	sanl
漂亮（男）	ʔdaːi^{1}ʔniŋ^{5}	qdail qnings
漂亮（女）	kiŋ^{3}	gingc
花（衣服）	(ʔduk^{7})taːi^{5}	(qdugs)dais
聪明	lin^{4}	linx
傻	va^{3}	vac
笨	pən^{1}	benl
蠢	ɕaŋ^{2}	xangz
机灵	lin^{4}	linx
糊涂	fu^{4}thu^{4}	fux tux
老实	laːu^{6}si^{2}	laoh siz
狡猾	ȶaːu^{6}fa^{2}	jaoh faz
粗鲁	tshu^{3}lu^{5}	cuc lus
马虎	ma^{3}fu^{3}	mac fuc
细心	tsjak^{7}	zyags
和气	ho^{4}ȶhi^{1}	hox qil
勇敢	ʔdo^{5}laːu^{4}	qdos laox
凶恶	ʔȵaːm^{1}	qnnaaml
狠毒	loŋ^{2}ʔȵaːm^{1}	longz qnnaaml
客气	he^{4}lje^{4}	heex lyeex
大方	khwa^{1}lja^{2}	kwal lyaz

续表

汉语	国际音标	水语拼音
小气	ʔmai^{5}	qmeis
勤快	khak^{7}	kags
懒	hət^{7}	heds
巧	ȶhau^{3}	qauc
乖	ɕai^{1}	xeil
能干	ha:ŋ^{6}he^{4}	haangh heex
努力	joŋ^{6}ljək^{7}	yongh lyegs
啰唆	lo^{3}so^{3}	loc soc
有名	uk^{7}ʔda:n^{1}	ugs qdaanl
可惜	kho^{6}si^{2}	koh siz
可怕	ʔda:i^{1}ho^{1}	qdail hol
可怜	ʔɣa^{2}ha^{2}	qxgaz haz
高兴	maŋ^{4}	mangx
痛快	la:ŋ^{5}loŋ^{2}	laangs longz
难过	ʔȵa:m^{1}ȵa:u^{6}	qnnaaml nnaoh
难受	me^{2}ʔda:i^{1}ȵa:u^{6}	meez qdail nnaoh
悲哀	ȵun^{2}loŋ^{2}	nnunz longz
亲热	maŋ^{4}	mangx
讨厌	thau^{6}jen^{1}	tauh yeenl

九、其他

汉语	国际音标	水语拼音
（他）刚（来）	(man^{1})laŋ^{2}(taŋ^{1})	(manl)langz(dangl)
马上（走）	ma^{6}saŋ^{1}(pa:i^{1})	mah sangl(bail)
赶快（去）	ȵam^{2}(pa:i^{1})	nnamz(bail)
一（看）就（懂）	laŋ^{2}(ʔniŋ^{5})qo^{3}(ɕau^{3})	langz(qnings)ggoc(xauc)
已经（晚了）	(fe^{1})ljeu^{4}	(feel)lyeux
（你）先（走）	(ȵa^{2})(pa:i^{1})kwon^{5}	(nnaz)(bail)kwons
（火车）快要（到了）	(ho^{6}tshje^{3})hai^{3}(taŋ^{1}leu^{4})	(hoh cyeec)heic(dangl leux)
忽然（来了一个人）	pe^{3}leu^{3}(ta:ŋ^{1}ti^{3}ai^{3}zən^{1})	beec leuc(dangl dic eic renl)

续表

汉语	国际音标	水语拼音
（他）常常（来）	(man^{1})ʔnam^{3}(taŋ^{1})	(manl)qnamc(dangl)
永远（是这样）	ʔnam^{3}(ɕən^{1}he^{4}na:i^{6})	qnamc(xenl heex naih)
慢慢（说）	fa:n^{1}(fan^{2})	faanl(fanz)
很（重）	(zan^{1})kuŋ^{2}	(ranl)kungz
太（大）	(la:u^{4})ɕo^{3}	(laox) xoc
最（快）	tsui^{1}(hoi^{5})	zuil(hois)
（好）极（了）	ʔda:i^{1}ʔdeu^{5}	qdail qdeus
非常（好）	ka:i^{1}(ʔda:i^{1})	gail(qdail)
更（快）	kən^{1}(hoi^{5})	genl(hois)
越（走）越（远）	san^{1}(pa:i^{1})san^{4}(ʔdi^{1})	sanl(bail)sanx(qdil)
真（好）	kai^{1}(ʔda:i^{1})	geil(qdail)
的确（冷）	ti^{2}ȶho^{2}(ʔȵit^{7})	diz qoz(qnnids)
亲自（去）	tshin^{3}tsi^{1}(pa:i^{1})	cinc zil(bail)
白（跑一趟）	(pjau^{5}ti^{3}thaŋ^{1})ɣo^{2}ɣa:t^{8}	(bjaus dic tangl)xgoz xgaad
都（来了）	tu^{3}(taŋ^{1}leu^{2})	duc(dangl leuz)
全（是我们的）	ljeŋ^{1}(to^{2}ndjeu^{1}lju^{4})	lyengl(doz ndyeul lyux)
一起（学习）	tu^{3}toŋ^{2}(qa^{1}le^{1})	duc dongz(ggal leel)
一共（有五个）	ɣon^{2}(naŋ^{1}ŋo^{4}ai^{3})	xgonz(nangl ngox eic)
只（买五斤）	si^{3}(ndai^{3}ŋo^{4}ȶən^{2})	sic(ndeic ngox jenz)
光（说不行）	la:u^{3}(fan^{2}me^{2}ɕən^{1})	laoc(fanz meez xenl)
还（有许多）	(ʔnaŋ^{1}ti^{3}kuŋ^{2})ai^{5}	(qnangl dic gungz)eis
是（小孩）还是（大人）	(la:k^{8}ti^{3})ɣo^{3}si^{3}(ai^{3}la:u^{4})	(laag dic)xgoc sic(eic laox)
又（飞了一只）	jiu^{1}(vjən^{3}ti^{3}to^{2})	yiul(vyenc dic doz)
再（说一遍）	tsai^{1}(fan^{2}ti^{3}pja^{1})	zeil(fanz dic byal)
（我）也（去）	(ju^{2})pu^{3}(pa:i^{1})	(juz)buc(bail)
就（在这儿）	naŋ^{5}(ȵa:u^{6}ndjoŋ^{3}na:i^{6})	nangs(nnaoh ndyongc naih)
到底（是怎么回事）	ta:u^{1}ti^{6}(ȶən^{6}ni^{4}ma:ŋ^{2})	daol dih(jenh nix maangz)
当然（可以）	ta:ŋ^{3}za:n^{4}(kho^{6}ji^{6})	daangc raanx(koh yih)
原来（的地方）	(ndjoŋ^{3})qa:u^{5}	(ndyongc)ggaos
原来（是你）	vjen^{4}la:i^{4}(si^{1}ȵa^{2})	vyeenx laix(sil nnaz)
根本（不对）	kən^{3}pən^{6}(me^{2}ndum^{3})	genc benh(meez ndumc)

续表

汉语	国际音标	水语拼音
（三天）或者（四天）	(haːm^{1}van^{1})me^{2}qo^{3}(ɕi^{5}van^{1})	(haaml vanl)meez ggoc(xis vanl)
大概（是这样）	ta^{1}khaːi^{1}(he^{4}ja^{6})	dal kail(heex yah)
好像（是他）	hai^{3}(tsup^{7}man^{1})	heic(zubs manl)
不（是）	me^{2}(djum^{3})	meez(djumc)
不（吃）	me^{2}(tsje^{1})	meez(zyeel)
没（来）	mi^{4}(taŋ^{1})	mix(dangl)
（来了）没有	(taŋ^{1}leu^{1})mi^{4}	(dangl leul)mix
别（嚷）	ʔna^{3}(ɕin^{3})	qnac(xinc)
一定（去）	ɣo^{4}(paːi^{1})	xgox(bail)
必须（去）	he^{4}nau^{2}pu^{3}(paːi^{1})	heex nauz buc(bail)
把（猪卖了）	(pe^{2}m̥u^{5}paːi^{1}leu^{2})	(beez hmus bail leuz)
替（我写信）	thi^{5}(ju^{2}va^{5}sin^{1})	tis(juz vas sinl)
给（他写信）	ʔnjam^{5}(man^{1}va^{5}sin^{1})	qnjams(manl vas sinl)
在（那边工作）	n̥aːu^{6}(ʔwaːŋ^{5}tsa^{5}kuŋ^{3}tso^{2})	nnaoh(qwaangs zas gungc zoz)
沿（河走）	thjep^{7}(ʔnja^{1}paːi^{1})	tyeebs(qnjal bail)
从（去年）到（现在）	tshuŋ^{4}(mbe^{1}n̥u^{2}) thau^{5}mbən^{1}naːi^{6}	cungx(mbeel nnuz)taus mbenl naih
往（左走）	paːi^{1}(ʔwaːŋ^{5}si^{4})	bail(qwaangs six)
向（上爬）	(haːt^{8})paːi^{1}(wu^{1})	(haad)bail(wul)
朝（南开）	thaːu^{4}naːn^{4}ŋaːi^{1}	taox naanx ngail
对（我很好）	toi^{5}(ju^{2}kaːi^{1}ʔdaːi^{1})	dois(juz gail qdail)
同（他去）	toŋ^{2}(man^{1}paːi^{1}),ʔnjam^{5}	dongz(manl bail),qnjams
比（月亮大）	pi^{6}(njen^{2}laːu^{4})	bih(nyeenz laox)
为了（祖国）	vui^{1}ljeu^{6}(tsu^{6}kwə^{2})	vuil lyeuh(zuh gwez)
让（我去）	haːi^{1}(ju^{2}paːi^{1})	hail(juz bail)
被（同志们拦住了）	tsau^{2}(zən^{1}kuŋ^{2}haːŋ^{1}leu^{2})	zauz(renl gungz haangl leuz)
和（弟弟）	(faːi^{4})kaːp^{7}(nu^{4})	(faix)kaabs(nux)
因为……所以……	jin^{3}vui^{1}...so^{6}ji^{6}...	yinc vuil ...soh yih ...
不但……而且……	pu^{2}taːn^{1}...ʔə^{4}tshə^{6}...	buz daanl ...ʔex ceh ...
如果……就……	zu^{4}ko^{6}...qo^{3}...	rux goh ...ggoc ...
（我）的（书）	(le^{1})(ju^{2})	(leel)(juz)

续表

汉语	国际音标	水语拼音
（红色）的（纸）	(tsi³)(saːk⁷haːn³)	(zic)(saags haanc)
（种田）的	to²,ai³(he⁴qoŋ¹)	doz ,eic(heex ggongl)
（到）过（北京）	(thau⁵)(pə²tsin³)leu²	(taus)(bez zinc)leuz
（写）了（一封信）	(va⁵ti³fuŋ³sin¹)leu²	(vas dic fungc sinl)leuz
（坐）着（讲）	(hui⁶)(fan²)	(huih)(fanz)
（下雨）了	(tok⁷fən¹)leu²	(dogs fenl)leuz

第五章　水语与周边语言的关系

水语是汉藏语系壮侗语族侗水语支中的一种语言。壮侗语族是汉藏语系中的主要语族之一。壮侗语族旧称黔台语族或侗台语族，近几十年才开始被称为壮侗语族，又叫侗泰语族、侗台语族。壮侗语族分 4 个语支：①台语支（又称壮傣语支），包括壮语、布依语、傣语等。此外，该语支中的泰语、老挝语、掸语、昆语、阿含语、坎梯语、黑泰语、白泰语、土语、侬语、岱语和石家语等分别分布在中南半岛和印度的部分地区。②侗水语支，包括侗语、水语、仫佬语、毛南语、拉珈语、佯僙语、莫语、标话、茶洞语等。使用侗语的民族主要是侗族，还有部分是苗族；使用水语的为水族；使用仫佬语的为仫佬族；使用毛南语的为毛南族；使用拉珈语的为瑶族；使用佯僙语的为毛南族；使用莫语的为布依族；使用标话的为汉族；使用茶洞语的多为汉族，还有少部分为壮族。③黎语支，包括黎语和村话。④仡央语支，包括仡佬语、布央语等语言。

侗水语支是壮侗语族在中国境内语言种类最多的语支之一。就各语言特点而言，从现有的研究成果来看，侗水语支可以分为侗语群、水语群和待定语群。侗语群包括侗语和仫佬语，水语群包括水语、毛南语、莫语和佯僙语，拉珈语、标话、茶洞语与侗语群及水语群之间的关系尚待进一步研究确定。

侗水语支的语音结构可以分为“声母”“韵母”“声调”三个部分。韵母的元音一般有长短之分，一般都有 -i、-u、-m、-n、-ŋ、-p、-t、-k 八个韵尾。-p、

-t、-k 这三个韵尾只闭不破，只有成阻阶段，没有除阻阶段。声母一般有清、浊辅音。侗水语支有相当于汉语平、上、去、入的调类，并各分阴阳，但不是只有完整的八个调类，侗水语支的调类比较多。黎语支和台语支保存了古代的复辅音声母，侗水语支除了部分语言外没有复辅音声母。侗水语支中有一系列的清化鼻音。水语群有小舌塞音和舌根塞音，并且声母比较多，也比较复杂；而侗语群声母较少，但声调较多。在侗水语支各语言中也有很多带喉塞音的浊塞声母和鼻音声母。元音 -a 带韵尾时一般都分长短，有些语言中的其他元音也分长短。拉珈语的韵母在侗水语支中最复杂。侗水语支各语言的语法主要以虚词和词序的使用为主，语序属于“主语 + 谓语 + 宾语”型。名词短语的主要语序为中心语在前，修饰语在中心语之后；指示代词当定语时位于整个短语之末；动词和形容词后面可接重叠词，表示状态和程度。侗水语支各语言中还有“反语”现象，也就是一个词通过一定的语音变位反过来说，听者也能明白该词的意义。这是侗水语支的基本特点，但每种语言也有自己的独特之处。

水语与侗水语支特别是水语群语言关系最近，与台语支语言关系较远，与黎语支语言关系更远。下面我们简要介绍一下除水语之外侗水语支的其他语言，从而揭示水语和其他侗水语支语言的亲缘关系。

一、侗水语支的其他语言

（一）侗语

侗语是侗族人之间相互交流的主要工具之一，在贵州省黔东南苗族侗族自治州锦屏县与黎平县接壤的侗、苗、汉族杂居地带（启蒙、大同、水口和洪州）生活的部分苗族人也使用侗语。根据 2020 年第七次全国人口普查统计，侗族总人口数为 3 495 993 人，主要分布在贵州、湖南、广西、湖北等省区的 20 多个县市里。[①] 其中，贵州省生活的侗族最多，主要分布在贵州省东南部，聚居人口约 124 万，大部分聚居在黔东南苗族侗族自治州的凯里市、三穗县、镇远县、天柱县、锦屏县、剑河县、台江县、黎平县、榕江县、从江县；还有一部分侗族人生活在铜仁市玉屏侗族自治县；黔南布依族苗族自治州的独山县和荔波县也有少量分布。湖南省的侗族主要分布在邵阳市和怀化市，聚居人口约 78 万，其中，邵阳市主要有城步苗族自治县，绥宁县的东山侗族乡、鹅公岭侗族苗族乡、乐安铺苗族侗族乡、长铺子苗族侗族乡、寨市苗族侗族乡；怀化市主要有会同县的宝田侗族苗族乡、漠滨侗族苗族乡、蒲稳侗族苗族乡、青朗侗族苗族乡、炮团侗族苗族乡、金子岩侗族苗族乡，新晃侗族自治县，芷江侗族自治县，靖州苗族侗族自治县，通道侗族自治县。广西壮族自治区的侗族主要分布在桂林市和柳州市，聚居人口约 27 万，桂林市主要有龙胜各族自治县，柳州市有融安县、三江侗族自治县、融水苗族自治县；河池市的罗城仫佬族自治县也有侗族人分布。湖北省恩施土家族苗族自治州芭蕉侗族乡有侗族超两万人。此外，其余的侗族人散居于全国各地的大中小城市。

在侗族聚居区，大部分侗族人都以侗语为主要交流工具，兼通汉语的人也相当多。在散居区和天柱、新晃等地的部分侗族，已经不会说侗语而改说汉语了。侗语共分南北两个方言区，以贵州省锦屏县南部侗、苗、汉等民族杂居地带为界，使用南部方言的人数约占总人数的 60%，使用北部方言的人数约占总人数的 40%。使用北部方言且兼通汉语的人比南部方言区多一些，由此可见，汉语对侗语北部方言的影响较大，对南部方言的影响相对来说要小一些。这在南北方言的语音、词汇、语法上都有所反映。下面以南部方言区榕江县车江话为例展开论述。

---

① 国家统计局编《中国统计年鉴 .2021=China Statistical Yearbook-2021》，中国统计出版社，2021，第 834 页。

1. 语音方面

侗语中的声母有 32 个，韵母有 56 个，声调有 15 个，调类调值分别是 1–55，2–11，3–323，4–31，5–53，6–33，7–55，8–21，9–24，10–31，1'–35，3'–13，5'–453，7'–35，9'–13。相对于其他的侗水语支语言而言，除极个别的地方（如融水的中寨）外，侗语没有浊塞音声母，而水语和毛南语有“ʔb、ʔd”和“mb、nd”两套，水语的 ʔb、ʔd 声母分别与侗语的 m、l 声母对应；水语和毛南语中的 mb、nd 等声母分别与侗语的 p、t 等声母对应。各地侗语的塞音声母都分送气和不送气两种；其余的鼻音、边音、擦音声母根据地方不同也各有区别，如有些地方有送气和不送气的区别，有些地方只有不送气这一套。各地侗语都有舌尖音声母 t、th、n、s 和舌面音声母 ȶ、ȶh、ȵ、ɕ 等；有些地方还有舌根塞音声母 k、kh 和小舌塞音声母 q、qh。关于韵母，侗语北部方言已经没有长、短元音之分了，南部方言多数地方在带辅音韵尾时，还保留 aː 和 a 的发音。壮侗语族诸语言，一般都有 6 个舒声调和 2—4 个促声调。部分以侗语为主要语言的地方，如从江县贯洞镇、三江县和里村、镇远县报京村，以及黎平县、融水县也只有 6 个舒声调和 4 个促声调，由于所有单数调的词都因声母是否送气而分化出一个新调值，多数地方的侗语有 9 个舒声调和 6 个促声调。有的地方只有第一调有分化，即有 7 个舒声调、4 个促声调。

2. 词汇方面

侗语词汇与壮侗语族中其他语言的词汇有很多同源词，其中跟同语支的仫佬语、水语、毛南语等的同源词更多一些；跟台语支的壮语、布依语、傣语、泰语、老挝语等同源的次之；跟黎语支和仡央语支同源的较少。侗语中的汉语借词数量也很多，在社会生活、政治、经济的会话中或在干部传达政策的讲话中，汉语借词往往占一半以上，即使在比较古老的故事、传说或家常谈话中，借词或同源词也占 20%—30%。北部方言使用的汉语借词比南部方言稍多。此外，侗语也有不少自己特有的语词，例如：“u^{4} 雹子”“ȶən^{2}

山”“maːk^{10} 泥巴”“ke^{1} 旁边”“pjuŋ^{1} 狼”“meu^{2} 雉”“tok^{7}uk^{9} 鹧鸪”“pjin^{3} 鳖”“koŋ^{5}ke^{6} 蝉”“paːu^{2} 柚子”“pjo^{1}ljo^{1} 肚脐”“jaːk^{10} 篱笆”“ȶhit^{9} 锄头”“əm^{3} 药”等。

在固有词中，以单音词和双音词居多。复音词（包括双音词）可分为单纯词和合成词两类。复音单纯词大都是双音的，各音节之间可能有某些语音联系。复音合成词又可分为复合式和附加式两类。复合式合成词按其内部关系有：联合式，如 tin^{1}（脚）mja^{2}（手），手艺；修饰式，如 pu^{4}（父）maːk^{9}（大），伯父；动宾式，如 paːi^{1}（去）saːu^{4}（丈夫），出嫁；补充式，如 ljak^{7}（冷）saːi^{3}（肠），寒心；主谓式，如 əp^{7}（口）kuŋ^{2}（多），饶舌。附加式合成词有带词头的，如 a^{2}o^{5} 叔叔；有带后附音节的，如 saŋ^{2}let^{7}let^{7} 直溜溜。这些词汇和语法特点同时适合于其他侗水语支语言。

侗语中早期的汉语同源词或借词大都是日常生活用语，亦以单音节和双音节的居多，它们已适应了侗语的语音特点和构词方式。早期汉语同源词或借词中的复音词也常按汉语的构词方式被完整地吸收。现代借词，都按当地西南官话的语音和构词方式直接借入。

3. 语法方面

侗语中，由名词（或量词）充当修饰词组的中心成分时，数词、量词和“动词 +‘ȶi^{3} 的’”的修饰成分放在中心成分的前面，而形容词、动词、代词、其他名词或某些词组充当修饰成分的都放在中心成分的后面。如果中心成分同时有几个修饰成分的话，一般的词序是：数词 + 量词 + 名词（中心成分）+ 形容词或动词 + 其他名词或各种词组 + 人称代词 + 指示代词。在实际使用中，这种多层次的修饰结构是很少出现的，常见的只有两三种修饰成分。名词、数词及数量词组等在句子中充当谓语时也可以被做状语的副词修饰。例如：

ȶa^{6}maːu^{5}lət^{7}ɕo^{2}sən^{6}.

他们　都　学生　　　　　　　　他们都是学生。

侗语南、北方言又主要以语音差异为依据，各分三个土语。南、北方言虽有差异，但同源词超过70%，语法规则基本一致，操不同方言的人接触一段时间就能通话。具体情况如下。

南部方言	第一土语：贵州榕江、锦屏（启蒙），湖南通道，广西龙胜、三江（独峒）
	第二土语：贵州黎平、从江，广西三江（和里）
	第三土语：广西融水，贵州镇远
北部方言	第一土语：贵州天柱（石洞）、三穗、剑河
	第二土语：贵州天柱（注溪）、湖南新晃
	第三土语：贵州锦屏（大同）、湖南靖州县

1949年前，侗族没有文字，民间流行用汉字记录侗语，或者说是方块侗字，但没有通行。1949年后，党和政府重视侗族文字的创制工作，经语言工作者的辛勤努力，1958年，在贵阳召开的有侗族代表参加的侗族语言文字科学讨论会上通过了《侗文方案（草案）》，极大地促进了侗语的发展。

（二）仫佬语

仫佬语是仫佬族使用的语言。仫佬族是我国人口较少的一个山地民族。仫佬族自称“mu^6lam^1”，“mu^6”是仫佬语中用来称人的词。根据2020年第七次全国人口普查统计，仫佬族总人口数为277 233人。[①] 广西壮族自治区罗城仫佬族自治县是仫佬族主要的聚居之地，主要分布在东门、四把两个乡镇，另外，在黄金、小长安、龙岸、天河等乡镇也有仫佬族分布。此外，广西壮族自治区柳州市柳城县的仫佬族主要聚居在古砦乡的大岩垌、罗峒等村，来宾市忻城县仫佬族主要在马泗乡居住。

仫佬族使用的仫佬语与毛南语、侗语、水语相近，属于同一语支，按同源词的多少划分，仫佬语更接近侗语，两者都属于侗语群。仫佬族大多数人兼

① 国家统计局编《中国统计年鉴.2021=China Statistical Yearbook-2021》，中国统计出版社，2021，第834页。

通汉语，部分人还会说壮语。仫佬族没有文字，通用汉字，且仫佬语内部比较一致，除罗城县东北部龙岸一带同别处语音差别较大外，各地仫佬人都能互相通话。仫佬语龙岸话同别处的仫佬语不同，除了一些声母、韵母上的差异外，还主要表现在声调调值的不同和现代汉语借词的读音不同，仫佬语龙岸话的现代汉语借词读音属粤方言系统，别处则按西南官话读音借入。

1994 年，贵州省民委报请国家民委识别批准，将散居在贵州凯里、都匀、福泉、麻江、黄平等地的 2 万多“木佬”人（即史书记载“木娄苗”的后裔）归入仫佬族。关于贵州“木佬”人的基本情况和语言详见薄文泽的《木佬语研究》，但如今贵州的仫佬族都以使用汉语为主，基本上没有人使用木佬语了。

罗城仫佬族自治县是仫佬族的聚居之地，该县东门镇上南岸仫佬语共有声母 67 个，其中，一般声母 31 个，后腭声母 8 个，前腭化声母 11 个，唇化声母 17 个；韵母 82 个；声调 10 个，分别为 1-42，2-121，3-53，4-24，5-44，6-11，7 短 -55，7 长 -42，8 短 -12，8 长 -11。仫佬语没有浊塞音声母，清塞音声母分不送气和送气两种，从这一点可以看出，它的声母系统更接近于侗语的声母系统。而从它有 15 个元音音位以及“e 和 ε”“o 和 ɔ”中可以看出，仫佬语的韵母系统和毛南语的韵母系统较为接近。从部分词长短元音的变化来看，仫佬语也是和侗水语支其他语言相一致的。词汇方面，仫佬语中有相当数量的词与侗水语支诸语言同源。仫佬语和侗语相比，在 694 个常用词中，同源词就有 455 个，约占 65.56%。语法方面，侗水语支诸语言语法构造的基本形式大致一样（标话和拉珈语除外），仫佬语与侗语更接近。仫佬语受汉语影响而借入一种新的语法成分，有“kɔ 的”（“ti^5 的”）、“$sɔ^3$ 所”等结构助词，例如：ni^4（母亲）$sɔ^3$（所）$ca:ŋ^3$（讲）kɔ（的）wa^6（话），母亲讲的话。“kɔ”的用法同汉语“的”字差不多一样，目前在仫佬语中用得相当广泛。有些修饰词组由于用了结构助词“kɔ”，某些修饰成分就被放在中心词的前面了。

（三）毛南语

毛南语是毛南族使用的语言。毛南族是中国人口较少的山地民族之一，自称 $ai^1na:n^6$。毛南族人大部分居住在广西壮族自治区的环江毛南族自治县。

另有少部分人分散居住在河池市的宜州区、南丹县、都安瑶族自治县等地。根据 2020 年第七次全国人口普查统计，毛南族总人口数为 124 092 人。[①]毛南族主要使用毛南语，但有一部分居住在贵州的自称“佯僙人”的毛南族使用的是佯僙语。

毛南语属于汉藏语系壮侗语族侗水语支，在语音、语调、语序以及基本词汇方面与同一语族的侗语、仫佬语和水语有许多相似之处，尤其与水语更为接近。毛南语语言内部基本一致，不同地区只有个别音位、个别词汇的差异，没有方言土语的区别。毛南族没有自己的文字，一向以汉语文字为学习文化和书面交际的工具。由于毛南族长期与壮族、汉族密切交往，所以许多人都能操壮语和当地汉语，毛南族人还借用汉字的音义来记录毛南语，形成“土俗字”，用来记录本民族的民歌。

毛南语与水语一样，音位系统结构比较复杂。环江下南毛南语共有声母 72 个，韵母 88 个；有 10 个调类，包括 6 个舒声调和 4 个促声调，且跟汉语的平、上、去、入（各分阴阳）相当；促声调的调值因元音的长短不一而有所不同，调类调值分别为 1-42，2-231，3-51，4-24，5-44，6-213，7 短 -55，7 长 -44，8 短 -23，8 长 -24。整个调值受桂北壮语影响较深。大量常用的固有词语中，同义词和近义词丰富；量词除了做单位外，还可以区分事物的类别。毛南语跟同语族的其他语言有很多同源词，其中跟水语的同源词更多一些。但它也有一些跟侗水语支不同而跟壮傣语支相同的语词，这种情况可能是毛南族人口较少，而他们跟周围的壮族人民交往密切，从壮语中吸收了部分借词的缘故。毛南语构词的手法多且有特色，如表达概念的方式有比拟、联想和转义等。毛南语中的汉语借词为整体吸收，其音节在毛南语中大都没有意义。毛南语中的合成词有多种方式，有带词头的、带词尾的及在后面附加音节的等类型。毛南语除一些兼具量词作用的名词外，一般名词不能重叠，一般名词可受量词、代词、形容词、动词、其他名词和各种词组修饰。名词、量

---

① 国家统计局编《中国统计年鉴 .2021=China Statistical Yearbook-2021》，中国统计出版社，2021，第 834 页。

词重叠表示“每一”“任一”或“全体”的意思，可以受数词、代词、形容词、动词和各种词组的修饰。受修饰时，除了二以上的数词应置于量词之前外，其余修饰成分均在量词之后。基数词常用来修饰量词或跟量词共同来修饰名词，除“dɛu^{2} 一”放在量词或“量词 + 名词”词组之后外，其他数词都放在量词前面，如：dat^{8}（只）ʔwon^{3}（碗）dɛu^{2}（一），一只碗。这一点与水语、侗语不同，而与壮语、布依语相同。“ti^{0} 的”是从汉语中借入的，毛南语以名词为中心的修饰词组，修饰成分原来大都放在中心词的后面，吸收结构助词“ti^{0}”之后，修饰成分放在前面的已相当普遍。“ti^{0}”也可以跟汉语一样放在动词、形容词或动宾词组后面组成“的字结构”，使该动词、形容词做名词。如：

pok^{8}ti^{0}ɕi^{4}waːi^{5}，maːn^{3}ti^{0}ɕi^{4}ɦu^{4}.
白 的 是 棉花　黄 的 是稻子　　　白的是棉花，黄的是稻子。

毛南语的人称代词修饰量词时，中间都要加结构助词“tu^{6} 属于”，“tu^{6}”和单数第一人称“ɦe^{2} 我”、第二人称代词“ŋ^{2} 你”常缩减成一个音节，分别为“the^{2} 我的”“thuŋ^{2} 你的”，表示领属关系的判断句也常用助词“tu^{6}”。例如：

pən^{3}the^{2}(<tu^{6}ɦe^{2})
本 我 的 属于我　　　我的这本
dat^{8}thuŋ^{2}(<tu^{6}ŋ^{2})
个 你的 属于你　　　你的这个

时态助词有“waːi^{3} 过”“ljeu^{4} 完”“zɔ^{4} 着”“kau^{5} 看”等，它们可以放在动词或表示发展、变化的形容词后面，表示经历、完成、持续、试行等意思。此外，还有一些表示概数、表示被动和使动的助词。

毛南族受汉族、壮族等民族的影响，会讲汉语的人数逐年增多。有些散居于城镇的毛南族，他们的毛南语母语音调已不够纯正，壮语词汇增多，汉语重叠形式、部分修饰成分移在中心词前面的现象已经很普遍了。

（四）莫语

莫语的使用者主要分布于贵州省黔南布依族苗族自治州荔波县和独山县境内，使用这种语言的人自称为“ai³maːk⁸”或“ai³ʈam¹”，自称为“ai³maːk⁸”的人全姓莫，自称为“ai³ʈam¹”的人都姓吴，当地汉话分别叫作“莫家”和“吴家”。倪大白等教授把“吴家话”也叫锦话或甲姆话，而杨通银《莫语研究》认为锦话或甲姆话可以被看作是莫语的一个方言，认为莫语可以分为莫方言和锦方言两个方言，我们这里采用后者这个说法。说莫语的莫家集中居住在荔波县阳凤、方村、甲良和播尧 4 个乡（镇），合计 10 000 人。说锦方言的吴家人口 3 000 人，主要居住在荔波县的播尧乡。

莫语属壮侗语族的侗水语支，跟水语更近一些。说莫语的吴家人和莫家人目前都是布依族。莫家跟布依族杂居、通婚，唱布依歌，没有自己的民歌，所以目前是“布依族”。莫语里有不少布依语语词及与布依语同源的词，但从音系结构和基本词汇等方面分析，莫语应属侗水语支，跟台语支要远一些。阳凤莫语的声母有 50 个，其中单辅音声母 28 个，腭化声母 7 个，唇化声母 15 个；韵母有 62 个；声调有 11 个，调类调值分别为 1-12，2-31，3-33，4-42，5-34，6-44，7 长 -33，7 短 -44，8 长 -42，8 短 -31，9 长 -34。韵母和声调调值与水语相当。莫语的连音变读现象较为突出，主要发生在第一音节的鼻音尾中和第二音节元音开头的音节里。例如：

zˌaːn¹ʔe² --> zˌaːne²
家　我　　我家　　　　我家

mi¹ʔe²-->mje²
手 我　我的手　　　　我的手

saːm¹ ʔai³ --> saːma³
三　个（人）三 个　　　　三个（人）

语法方面，莫语有数词“ʔdeu¹ 一”置于名词之后修饰名词的后置现象，如：tiu^{2}（条）ni^{1}（河）ʔdeu^{1}（一），一条河。莫语里有“tho^{2}”和“tə^{2}”两个助词：“tho^{2}”跟动词、形容词结合，放在动词、形容词前面；“tə^{2}”放在代词、名词之前，组成的结构绝大多数具有名词的性质。这两个词都相当于汉语中的“的”。词汇方面，莫语中的固有词有 45% 与同语族同源词中的固有词相同，有 60% 与同语支语言的同源词相同。莫语中有很多独有的动植物名词，并且汉语对莫语的影响很深。

（五）标话

标话主要分布于广东省肇庆市怀集县西南部诗洞、永固、大岗、梁村、桥头等乡镇的一些地区以及封开县的长安、金装、七星等乡镇中。目前使用这种语言的约有七八万人。过去他们都被归入汉族，称自己讲的话为“标话”（kaːŋ^{5}peu^{5} 或 kaːŋ^{5}paːu^{5}）。各乡的标话在语音、词汇方面虽然有些差别，但基本上可以通话。汉语借词虽然较多，但基本词汇大都是固有词，语法方面仍保留了不少自己的特点。可以肯定的是，标话不是汉语的任何一种方言，而是壮侗语族中的一种独立语言，因为标话跟壮侗语族语言关系密切，有一部分词与壮侗语族各语支都同源，还有些词只跟台语支同源或只与侗水语支同源。此外，标话还有不少自己特有的语词。诗洞标话声母共有 20 个。标话没有复辅音、腭化音、唇化音、先喉塞音、浊塞音和浊擦音声母等特征，是一种较为简化的语言。

标话的韵母有 79 个，突出的特点是低元音高化、唇化，而且出现频率较高。如壮侗语族诸语言中的不少长 a 韵字在这里变成了 u、o、ɔ、y 等韵。例如：

语言	例词				
	秧苗	厚	眼睛	雷	脸
标话	sø^{3}	tsho^{1}	θo^{1}	phɔ^{3}	nu^{3}
壮语	kja^{3}	na^{1}	ta^{1}	pla^{3}	na^{3}
侗语	ka^{3}	na^{1}	ta^{1}	pja^{3}	na^{3}
水语	ʔdja^{3}	ʔna^{1}	nda^{1}	qam^{3}ʔn̥a^{3}	ʔna^{3}

标话的声调有 10 个，其中 6 个是舒声调，4 个是促声调。调类调值分别为 1–55，2–214，3–54，4–132，5–35，6–22，7–55，8–12，9–35，10–32。诗洞、永固、大岗 3 个乡的标话在声、韵、调方面虽有些差别，但差别不大。词汇方面，在标话的固有词中，以单音节词居多，复音单纯词较少，复合词由两个或两个以上具有意义的实词素组成。各地标话词汇的差别大多是因为民族词或汉语借词的使用不同而造成的，即使都用民族词，各地也有一些差别。标话中的词与拉珈语中的词相同的最多，关系最密切。语法方面，指人的代词修饰表示亲属称谓的名词时可以直接放在中心词前面，如修饰其他名词时，该名词前面一般都要带与之相对应的量词或指示词修饰。跟本语族其他语言不同的是，标话中指人的代词做修饰成分时，不论是否用结构助词“kε^{6} 的”，指人的代词都要放在中心词的前面，这一点与拉珈语一致。例如：

man^{2}a^{1}ku^{4}
他　舅父　　　　他舅父

mu^{2}toi^{5}haːi^{4}
你 对　鞋　　　　你的鞋

tsia^{1}mui^{1}løk^{1}
我　那　家　　　　我的家

løŋ^{2}kε^{6}pɔ^{6}kaːi^{5}
我们的 母 鸡　　　　我们的母鸡

man^{2}ȵaːm^{1}hy^{2}
他　只　手　　　　他的手

标话中常用的结构助词有“kε^{6} 的”等。“kε^{6}”是从粤方言中吸收的，用法与汉语中的“的”字基本相同，用来连接名词性修饰词组的修饰成分和中心成分。带“kε^{6}”的修饰成分都放在中心词的前面。“kε^{6}”也可以和动词、形容词、代词等组成“的字结构”在句子中做主语和宾语。例如：

løŋ²kɛ⁶lɔ⁵θu³

我们的 老师 　　　　　　　　我们的老师

jɔ²tsuŋ⁵kɛ⁶tan⁶

我们 种 的 豆 　　　　　　　　我们种的豆

标话中以量词为中心的短语，修饰成分大都是数词、指示词、形容词。用动词做修饰成分时，一般要跟指示词等一起用，或加助词“kɛ⁶ 的”。形容词做修饰成分时，多放在中心词后面，其余修饰成分多放在中心词前面。指示词“nai¹ 这”“mɔ⁵ 那”在后，“naːi¹ 这”“mui¹ 那”在前。常用的时态助词有“ken¹ 着”“ty⁶ 过”“lɛu² 了”“pa⁶ 罢”等。

（六）拉珈语

拉珈语是广西金秀瑶族自治县茶山瑶族人所说的语言，属壮侗语族侗水语支。茶山瑶族人自称“lak⁴kja³ 拉珈”，居住在广西金秀瑶族自治县，人口有1.5 万余人。其中聚居在金秀县说拉珈语的有 1.1 万人，主要居住在金秀、忠良、长垌、三角、罗香等乡镇。由于拉珈语与侗语、水语、仫佬语、毛南语同源词相对少得多，近年来有人主张将拉珈语独立为“拉珈语支”。拉珈语无方言差别，但有土语之分。土语之间在语音和词汇上虽有些差异，但可以互相通话。由于长期与邻近的汉族人、壮族人密切交往，因此，大部分人会说当地汉语，部分人会说壮语，少数人会说当地其他瑶族人的语言。

金秀拉珈语中有声母 36 个；韵母复杂，有 137 个；声调有 10 个，其中有 6 个舒声调、4 个带塞音韵尾的促声调，调类调值分别为 1–51，2–231，3–24，4–11，5–55，6–214，7 短 –55，7 长 –24，8 短 –24，8 长 –11。拉珈语有复辅音，这是侗水语支其他语言没有的。拉珈语有变调现象，其变调很有规律性。在合成词、修饰词组或叠音词中，第 1 调和第 5 调在任何调前面变为 33，第 2 调和第 6 调在任何调的前面变为第 4 调。金秀拉珈语的借词主要借自汉语。早期多从粤语中借入，近年来多从西南官话中借入。与其他侗水语支语言不同，拉珈语人称代词修饰名词时，人称代词在名词之前。例如：

ta² na⁴
我们 舅　　　　我们的舅舅
ma² pa⁶
你　婆　　　　你的奶奶

结构助词有“in³”“li³”“kaːi³”“ka⁴”，均可译为“的”。“in³”和“li³”分别用在代词和名词之后，表示领有的物或做领属性修饰语。例如：

lak⁸ in³lai¹.
他 的　好　　　　他的好。
li²tok⁷nɛ⁴li³?
这 是 谁的　　　　这是谁的？

“kaːi³”用在否定句末尾，一般与人称代词，修饰人的名词、形容词，以及一部分动宾词组发生结构关系。例如：

fak⁷pet⁷ni²ŋ³tuk⁸tsi¹kaːi³.
支　笔 这 不 是　我　的　　　　这支笔不是我的。

（七）茶洞语

讲茶洞语的人主要分布于广西临桂县茶洞乡及相邻的两江镇，以及永福县龙江乡部分村寨，约 2 万多人，目前多为汉族，少部分为壮族。茶洞语不同于周边的汉语、壮语和瑶语。经初步比较分析，茶洞语应是壮侗语族侗水语支中一种新发现的语言，语言学界称这种语言为“茶洞语”，当地其他族群称之为“茶洞话”。讲茶洞语的人以谢、陆、蒙、姚为大姓，余有龙、梁、周、韦、秦、吴、黄、银、苏等。这些都是侗族、水族等民族中常见的姓氏。茶洞语有地理变体，但不突出，不能构成方言或土语差别。茶洞乡南边几个村寨及两江镇的茶洞语受平话、官话影响较深，和壮语有些接触，发生了一些语音变异。语音方面，思吉村茶洞语的声母至少有 54 个，其中单辅音有 28 个，腭化、唇化辅音有 26 个。茶洞语没有壮侗语族中常见的带前喉塞的 ʔb、ʔd，这两个声母多变成 p、l（t），如“paːn⁴ 村”“lo⁶ 胆”“laːi⁴ 好”。茶洞语有侗水语支中少见的齿间清擦音 θ。思吉村茶洞语的韵母有 89 个，其中单元音韵母有 9 个，复合元音和带辅音韵尾的有 80 个。声调有 10 个，调类调值分别为 1–53，2–21，3–31，4–23，5–45，6–35，7 短 –45，7 长 –31，8 短 –21，8 长 –23。茶洞语有变调现象，双音节调中前一音节变，后一音节不变，如：“大腿”原本的发音为 tin¹kwa¹，变调后则为 tin⁴kwa¹；“小孩”原本的发音为 lən¹ti⁴，变调后为 lən³ti⁴。

（八）佯僙语

佯僙语是自称为“佯僙人”的毛南族人所使用的语言，分布在中国贵州省黔南布依族苗族自治州惠水县、平塘县与独山县交界的山间河谷地带。他们以前被认为是布依族人，现在被认定为毛南族人。佯僙人共有 3.2 万多人口，其中 2.9 万多人住在平塘县的聚居区内，位于平塘县东南与独山县交界的狭长山间河谷地带。上游村寨沿卡蒲河（平塘河的支流）两岸错落分布，下游村寨则建于六硐坝及其下游地区。佯僙人聚居区的周围有汉族、布依族、苗族分布，附近的汉族人称他们为“佯僙”，在汉文文献上，这个词还有“杨荒、佯黄、佯僙苗”等十几种不同的写法和叫法，但各种叫法在语音上基本一致。佯僙语分河东土语、河西土语和惠水土语 3 种。卡蒲乡佯僙语有 71 个声母，其中包括单纯辅音声母 32 个，腭化辅音声母 16 个，唇化辅音声母 21 个，复辅音声母 2 个；有 71 个韵母，其中有 8 个单元音韵母，12 个复合元音韵母，26 个鼻尾韵母，25 个塞尾韵母。声调有 10 个，与侗水语支对应，调类调值分别为 1–11，2–35，3–213，4–33，5–42，6–53，7 短 –35，7 长 –213，8 短 –33，8 长 –42。在连读的时候，由于受别的音影响，有些词的语音会发生变化。佯僙语有同化、异化、弱化、脱落和合音等语流音变现象。佯僙语与同语支的其他语言接触不多，它独立发展的时间相对较长，加之其分布地区为高山所环绕，与外界的交流较为困难，所以它保留了许多侗水语支语言的固有特征，有一大批与侗语、水语等语言共同的词语，也有相当多的词是佯僙语独有的词汇。语法方面与水语差别不是很大。

二、水语与壮侗语族其他语言的简单比较

划分语支的依据主要是同源词的比例。壮侗语族各语支内部的同源词约有 45%—75%，而台语支与侗水语支的同源词约为 25%—45%，台语支、侗水语支与黎语支的同源词约为 22%—27%。同源词的语音形式在不同语支之间有明显的差别，而在某一语支内部则有较大的一致性。水语与壮侗语族其他语言同源例词如下。

语种	例词				
	去	死	要	咱们	忘记
水　语	paːi¹	tai¹	aːu¹	ndaːu¹	laːm²
壮　语	pai¹	taːi¹	au¹	zau²	lum²
布依语	pai¹	taːi¹	au¹	zau¹	lum²
傣　语	pai¹	tai¹	au¹	rau²	lɯːm²
侗　语	paːi¹	tai¹	aːu¹	taːu¹	laːm²
仫佬语	paːi¹	tai¹	aːu¹	hɣaːu¹	laːm²
毛南语	pai¹	tai¹	aːu¹	ndaːu¹	laːm²
莫　语	paːi¹	tai¹	aːu¹	də¹	laːm²
佯僙语	paːi¹	tai¹	aːu¹	raːu¹	laːm²
拉珈语	pai¹	tai¹	au¹	tau¹	pok⁸phlɛm¹
标　话	poi¹	θa¹	ɔ¹	—	—
茶洞语	pə¹	tai¹	……	laːu¹	……

水语与侗水语支其他语言同源，而与壮侗语族其他语支语言不同源的例词如下。

语种	例词				
	舌头	肩膀	田	叶子	蔬菜
水　语	ma^{2}	ha^{1}	ʔɣa^{5}	va^{5}	ʔma^{1}
侗　语	ma^{2}	sa$^{1'}$	ja^{5}	pa^{5}	ma^{1}
仫佬语	ma^{2}	ha^{1}	ɣa^{5}	fa^{5}	ma^{1}
毛南语	ma^{2}	ha^{2}	ʔja^{5}	va^{5}	ʔma^{1}
莫　语	ma^{2}	ha^{1}	ja^{5}	va^{5}	ma^{1}
佯僙语	ma^{2}	ɣa^{1}	ra^{5}	va^{5}	ʔma^{1}
拉珈语	ŋwa^{2}	—	ja^{6}num^{4}	wa^{1}	—
标　话	—	tshu^{5}	jo^{6}	—	—
茶洞语	ma^{2}	……	ja^{2}	……	ma^{1}
壮　语	lin^{4}	ba^{5}	na^{2}	baɯ^{1}	pjak^{7}
布依语	lin^{4}	ba^{5}	na^{2}	baɯ^{1}	pjak^{7}
傣　语	lin^{4}	ba^{5}	na^{2}	bai^{1}	phak^{7}
黎　语	ɬiːn^{3}	tsɯ^{2}va^{2}	ta^{2}	beɯ^{1}	beɯ^{1}tshai^{1}

上表中空缺处“－”表示已调查到该词，但不同源。省略号处“……”表示尚未调查到该词在对应语种中的说法。

附录　经典水语 800 句

序号	例句	国际音标
1	花开了。	nuk^{8} tja^{5} ljeu^{2}.
2	雨停了。	fən^{1} taŋ^{4} ljeu^{2}.
3	孩子们走了。	qa:k^{8} la:k^{8} ti^{3} pa:i^{1} ljeu^{4}.
4	晚上很冷。	ʔȵa:m^{5} naŋ^{6} ʔȵit^{7}.
5	明天初一。	van^{1} ʔmu^{3} so^{1} ʔjət^{7}.
6	里面黑，外面亮。	ʁa:u^{3} ndjəŋ^{5} ʔnuk^{7} ʔda:ŋ^{1}.
7	路边塌掉了。	ȶa:i^{5} khwən^{1} zək^{7} pa:ŋ^{1} ljeu^{4}.
8	山上光秃秃的。	kum^{4} nu^{2} zak^{7} lo^{3} la:k^{7}.
9	今晚的月亮圆圆的。	ʔȵam^{5} na:i^{1} njen^{2} qə^{3} lu^{5} ljeu^{1}.
10	这条山路又滑又陡。	qhun^{1} pa:n^{5} nu^{2} na:i^{1} jau^{6} ȶhən^{3} jau^{6} ʔdjən^{1}.
11	弟弟妹妹都来了。	nu^{4} mbjek^{7} nu^{4} mba:n^{1} taŋ^{1} ljeu^{2}.
12	家家通了电。	jən^{1} ɣa:n^{1} thoŋ^{3} tjen^{1} ljeu^{4}.
13	帽子、衣服、裤子、鞋子全湿了。	ma:u^{1}, ʔduk^{7}, huŋ^{3}, tsa:k^{7} ʔɣa:k^{7} ljeu^{4} ʔo^{3} ljok^{7}.
14	衣服、钱、吃的和用的都带齐了。	ʔduk^{7}, ɕen^{2}, tsjə^{1}, to^{4} joŋ^{1} tsap^{8} pən^{3} tai^{2} tsap^{8} ljeu^{2}.
15	偷、抢、骗都干。	lja:k^{7}, tseŋ^{1}, fe^{4} po^{5} tsap^{8} pən^{3} li^{4} ljeu^{4} ʔo^{3} ljok^{7}.
16	喝酒、抽烟、打麻将全都会。	ɣum^{4} ha:u^{3}, ɕut^{7} ʔjen^{1}, ta^{3} ma^{4} tsja:ŋ^{1} tsap^{8} pən^{3} ɣo^{4} ljeu^{4}.
17	喝醉酒好难受。	tja:ŋ^{5} ha:u^{3} me^{2} ʔda:i^{1} ȵa:u^{6}.
18	说起来容易，做起来难。	fan^{1} pje^{2} tho^{2}, fe^{4} naŋ^{1} ȵ̊a:t^{7}.

续表

序号	例句	国际音标
19	去你家住不方便。	pa:i^{1} ɣa:n^{1} ȵe^{1} ȵa:u^{6} me^{2} fa:ŋ^{3} pjen^{1}.
20	到集市买东西很近。	pa:i^{1} tjem^{5} ndjai^{3} ŋau^{1} naŋ^{1} phjai^{5}.
21	别想让他出钱。	jam^{1} man^{1} ho^{4} ɕen^{1} ȵe^{1} me^{2} joŋ^{6} ʔan^{5}.
22	太老实总吃亏。	naŋ^{1} fe^{4} ɕaŋ^{1} hə^{4} n̥u^{1} pu^{3} khui^{3}.
23	八比十吉利。	pa:t^{7} pi^{5} suk^{8} va:ŋ^{6} to^{1}.
24	两百块太多了。	ɣa^{1} pek^{7} kwa:i^{5} ɕen^{1} tha:i^{1} kuŋ^{2} ljeu^{4}.
25	一桌八个菜、三瓶酒够吃了。	ti^{3} ɕi^{3} pa:t^{7} lam^{1} ʔa:m^{3}, ha:m^{1} phin^{4} ha:u^{3} tum^{4} ljeu^{2}.
26	个个都喝酒。	jən^{2} ʔai^{3} ɣum^{4} ha:u^{3}.
27	他已经睡觉了。	man^{1} pa:i^{1} nun^{2} ljeu^{2}.
28	你们回来了。	sa:u^{1} taŋ^{1} lən^{2} ljeu^{2}.
29	咱俩先吃了。	ɣa^{2} nda:u^{1} tsjə^{1} kon^{5} ljeu^{4}.
30	谁也不说。	ʔai^{3} nu^{1} pu^{3} me^{2} fan^{2}.
31	什么都不吃。	ni^{6} maŋ^{2} tə^{6} me^{2} tsjə^{1}.
32	哪里也不去。	ndjoŋ^{3} nu^{1} pu^{6} me^{2} pa:i^{1}.
33	多少都要。	ȶi^{3} kuŋ^{2} pu^{3} ʔa:u^{1}.
34	这里好晒。	ndjoŋ^{3} na:i^{1} ʔda:i^{1} sa^{5} ɕeŋ^{1}.
35	那里很凉快。	ndjoŋ^{3} ʔui^{5} naŋ^{6} ɣa:ŋ^{5}.
36	这些大，那些小。	ʔdət^{7} na:i^{1} la:u^{4}, ʔdət^{7} za^{5} ti^{3}.
37	李麻子一家人都走了。	ljeu^{4} ɣa:n^{2} li^{6} ma^{6} tsɿ^{6} pa:i^{1} ljeu^{4} ljeu^{4}.
38	李三、你和我三个人一起去。	li^{6} sa:n^{3}, ȵə^{2}, ʔai^{2} ha:m^{1} ʔai^{3} toŋ^{2} pa:i^{1}.
39	他们做事乱搞。	qa^{1} man^{1} fe^{4} sɿ^{1} tshin^{4} foŋ^{1} fe^{4}.
40	你俩去最好。	ɣa^{2} sa:u^{1} pa:i^{1} tsui^{1} ʔda:u^{3}.
41	天天喝酒抽烟不好。	jən^{2} van^{1} ɣum^{4} ha:u^{3} ɕut^{7} ʔjen^{1} me^{2} ʔda:i^{1}.
42	（皮带）三尺长正好。	la:k^{8} huŋ^{3} ha:m^{1} mai^{4} ʔɣa:i^{3} tsui^{1} ʔda:i^{1}.
43	坐着砍舒服些。	hui^{1} te^{5} jau^{4} ʔda:i^{1}.
44	（东西）摸一下都不愿意。	ŋau^{1} tam^{3} ʔdət^{7} ti^{3} me^{2} ʔdai^{3}.
45	李老三的不行。	kə^{3} li^{6} lau^{6} sa:n^{3} na:i^{1} me^{2} ɕən^{1}.
46	你的新，我的旧。	tə^{4} ȵə^{2} m̥ai^{5}, to^{4} ʔai^{2} qa:u^{5}.
47	好的留下，烂的丢掉。	tə^{4} ʔda:i^{1} man^{6}, tə^{4} la:n^{6} vət^{8} pa:i^{1}.
48	酸的、咸的、苦的、辣的都尝遍了。	pən^{3} hum^{3}, pən^{3} ʔnaŋ^{5}, pən^{3} qam^{2}, pən^{3} ljen^{5}, tsap^{8} pən^{3} ʔdai^{3} ʔdju^{5} ljeu^{2}.

续表

序号	例句	国际音标
49	吃的、住的、玩的全包了。	tsjə^{1}, nun^{2}, maŋ^{4} tsap^{8} pən^{3} pau^{3} ljeu^{4}.
50	集镇里打铁的、补锅的、缝衣的做什么的都有。	ʁaːu^{3} qaːi^{1} naːi^{1} tui^{2} ɕət^{7}, faːŋ^{1} tseŋ^{6}, tip^{7} ʔduk^{7} tsap^{8} pən^{3} ʔnaŋ^{1}.
51	弟弟在家吗？	nu^{4} ȵaːu^{6} ɣaːn^{2} me^{2} le^{2}?
52	我们村子八十口人。	ʔbaːn^{3} ndjeu^{1} ʔnaŋ^{1} paːt^{7} sək^{8} zən^{1}.
53	（这些梨）我三个，你五个。	ljeu^{4} ɣai^{2} naːi^{6} ʔai^{2} haːm^{1} lam^{1}, ȵə^{2} ŋo^{4} lam^{1}.
54	做一天五十块。	fe^{4} ti^{3} van^{1} ŋo^{4} sək^{8} vjen^{4}.
55	你脑袋怎么样？有点痛。	ku^{3} ȵeŋ^{1} ɕən^{5} n̥u^{1} ʈit^{7} ʔdət^{7} ti^{3}.
56	我的这些，你的那些。	ta^{6} ʔai^{2} ʔdət^{7} naːi^{6}, tə^{6} ȵə^{2} ʔdət^{7} tsa^{5}.
57	这条鱼几斤？	to^{2} mom^{6} naːi^{6} ʈi^{3} ʈən^{2}?
58	我排行第三。	ʔai^{2} laːk^{8} ti^{3} haːm^{1}.
59	他家人口多。	ɣaːn^{2} man^{1} zən^{1} kuŋ^{2}.
60	我的一块钱两斤半。	toi^{4} naːi^{6} ti^{3} kwaːi^{5} ɕen^{2} ʔdai^{3} ɣa^{2} ʈən^{2} paːn^{5}.
61	喝酒他最厉害。	tsjə^{1} haːu^{3} man^{1} tsui^{1} han^{5}.
62	我弟弟又喝酒又抽烟。	noi^{4} ʔai^{2} jau^{1} tsjə^{1} ʔjen^{1} jau^{1} tsjə^{1} haːu^{3}.
63	你越吃越能吃。	ȵə^{2} san^{4} tsjə^{1} san^{4} haːŋ^{6} tsjə^{1}.
64	雨越下越大。	fən^{1} san^{4} ʔjau^{5} san^{4} laːu^{4}.
65	姑娘们边做事边唱歌。	qa^{3} laːk^{8} ʔbjəːk^{7} kon^{3} fe^{4} qoŋ^{1} kon^{3} fe^{4} ɕip^{8}.
66	你坐着说。	ȵə^{2} hui^{6} fan^{1}.
67	这种野菜可以腌着吃。	pən^{3} ʔma^{1} naːi^{6} lap^{8} tsjə^{1} ʔdai^{3}.
68	这种鱼要煮汤吃。	pən^{3} mom^{6} naːi^{6} ɕuŋ^{1} lu^{5} tsjə^{1}.
69	他一个人在煮肉吃。	laːu^{3} man^{1} pu^{3} ɕuŋ^{1} nan^{4} tsjə^{1}.
70	你进来坐一下。	ȵə^{2} taŋ^{1} ʁaːu^{3} hui^{6} ljeu^{3}.
71	他很像他父亲。	man^{1} naŋ^{6} tsup^{7} pu^{4} man^{1}.
72	这种鱼好像蛇。	pən^{3} mom^{6} naːi^{6} hai^{3} ɕən^{1} ɕeŋ^{5} hui^{2}.
73	你吃什么呀？	ȵe^{1} tsjə^{1} ni^{6} maːŋ^{2} ɣo^{1}?
74	蛇吃青蛙。	hui^{2} tjsə^{1} ʔji^{1}.
75	这个老人得了重病。	ʔai^{3} laːu^{4} naːi^{6} ʈit^{7} zan^{1} ljeu^{4}.
76	王老五去支书家了。	vaːŋ^{4} lau^{6} u^{3} paːi^{1} ɣaːn^{2} tsɿ^{3} su^{3} ljeu^{4}.
77	我家在路边。	ɣaːn^{2} ʔai^{2} ȵaːu^{6} ʈaːi^{5} khun^{1}.
78	单车在门外。	taːn^{3} tshə^{3} ȵaːu^{6} ʔboŋ^{5} ʔnuk^{7} to^{1}.

续表

序号	例句	国际音标
79	我会说汉话和本地话。	ʔai^{2} ɣo^{4} fan^{1} ka^{4} kə^{6} sui^{3}.
80	你吃过蛇肉和鳖肉吗？	naːn^{4} hui^{2} kə^{3} naːn^{4} fiŋ^{5} n̥a^{1} ʔdai^{3} tsjə^{1} mi^{4} le^{2}?
81	我俩说话吵到他们了。	ɣa^{2} ndaːu^{1} tu^{3} fan^{2} peu^{2} thau^{5} qa^{1} man^{1} ljeu^{4}.
82	有人找你。	ʔnaŋ^{1} zən^{1} thaːu^{3} n̥ə^{2}.
83	你们找谁？	saːu^{1} thaːu^{3} ʔai^{3} nu^{1}?
84	他懂什么！	man^{1} ɕau^{3} ni^{6} maːŋ^{2}!
85	村主任在哪里？	tshən^{3} tsaːŋ^{3} n̥aːu^{6} ndjoŋ^{3} nu^{1}?
86	你俩赚了多少？	ɣa^{2} saːu^{1} m̥a^{3} ȶi^{3} kuŋ^{2}?
87	我们来过这里。	ndjeu^{1} thau^{5} ndəŋ^{3} naːi^{6} ljeu^{2}.
88	老王知道那里。	lau^{6} vaːŋ^{4} ɕau^{3} ndjoŋ^{3} tsa^{5}.
89	我们不靠别人，靠自己。	ndaːu^{1} me^{2} khau^{1} he^{1}, khau^{1} ndaːu^{1} ha^{1}.
90	我来看你们两个。	ʔai^{2} taŋ^{1} tsjeu^{5} ɣa^{2} saːu^{1}.
91	我看到那两个小偷了。	ʔai^{2} ndo^{3} ɣa^{2} ʔai^{3} laːk^{8} ljaːk^{7} ndjoŋ^{3} za^{5} ljeu^{2}.
92	你拿那几个。	n̥ə^{2} ʔaːu^{1} ȶi^{3} lam^{1} za^{5}.
93	这条狗咬了三个人。	to^{2} m̥a^{1} naːi^{6} ȶit^{8} haːm^{1} ʔai^{3} zən^{1} ljeu^{2}.
94	我吃了两碗。	ʔai^{2} tsjə^{1} ljeu^{4} ɣa^{2} tui^{4} ljeu^{1}.
95	我有四兄弟。	ʔai^{2} ʔnaŋ^{1} ɕi^{5} faːi^{4} nu^{4}.
96	明天我满五十岁了。	van^{1} ʔmu^{3} ʔai^{2} tik^{7} ŋo^{4} sup^{8} mbe^{1} ljeu^{2}.
97	我吃酸的、辣的和咸的，不吃甜的。	ʔai^{2} tsjə^{1} hum^{3}, tsjə^{1} ʔnaŋ^{5} ljen^{5}, me^{2} hai^{3} tsjə^{1} faːn^{1}.
98	我要小个的。	ʔai^{2} ʔaːu^{1} lam^{1} ti^{3} za^{5} ha^{1}.
99	我弟弟看见了那个偷车的。	noi^{4} ʔai^{2} ndo^{3} tak^{8} ljaːk^{7} tshə^{3} za^{4} ljeu^{4}.
100	我喜欢走路，不喜欢骑摩托。	ʔai^{2} saːm^{3} khun^{1}, me^{2} hai^{3} hui^{1} tshə^{3}.
101	奶奶怕晕车。	ja^{4} ho^{1} ŋ̊am^{3} tshə^{3}.
102	王麻子最爱说假话。	vaːŋ^{4} ma^{4} tsɿ^{6} naːŋ^{1} hai^{3} fan^{1} po^{5}.
103	我知道这两天你忙。	ʔai^{3} ɕau^{3} ɣa^{2} van^{1} naːi^{6} n̥ə^{2} naŋ^{1} hak^{7}.
104	我听到狗叫。	ʔai^{2} ŋ̊ai^{5} m̥a^{1} khau^{5}.
105	我知道他们来过。	ʔai^{2} ɕau^{3} qa^{1} man^{1} thau^{5} ljeu^{2}.
106	大家都说他孝顺。	jən^{2} ʔai^{3} fan^{2} man^{1} tsau^{3} fu^{3} ʔdai^{3} ʔai^{3} laːu^{4}.
107	我穿着你做的鞋子。	ʔai^{2} tan^{3} tsaːk^{7} n̥ə^{2} fe^{4} tsa^{5} ha^{1} ɣo^{1}.

续表

序号	例句	国际音标
108	我弟弟说你去年借了他一百块钱没有还。	noi^{4} ʔai^{2} fan^{2} mbe^{1} n̥u^{2} n̥ə^{2} khjeŋ^{1} man^{1} ʔdai^{3} ti^{3} pek^{7} kwaːi^{5} ɕen^{1} mi^{4} faːn^{4}.
109	你教我瑶语。	n̥ə^{2} to^{5} ʔai^{2} fan^{2} sui^{3}.
110	我问你一件事。	ʔai^{2} saːi^{3} n̥ə^{2} ti^{3} qhun^{1}.
111	他给我买了一辆摩托。	man^{1} ʔnjam^{5} ʔai^{2} ndjai^{3} ʔdai^{3} lam^{1} mo^{2} tho^{2} tshə^{3}.
112	我借给他一百块。	ʔai^{2} kheŋ^{1} haːi^{1} man^{1} ti^{3} pek^{7}vjen^{4} ɕen^{1}.
113	我借了他一百块。	ʔai^{2} kheŋ^{1} man^{1} ti^{3} pek^{7} vjen^{4} ɕen^{1}.
114	村主任告诉大家一个好消息。	tshən^{3} tsaːŋ^{6} fan^{2} ti^{3} ʔdət^{7} ʈən^{1} ʔdaːi^{1} haːi^{1} zən^{1} kuŋ^{1}.
115	他每年给村里交一百块钱。	man^{1} jən^{1} mbe^{1} ʈau^{3} haːi^{1} tshən^{3} li^{6} ti^{3} vjen^{4} ɕen^{1}.
116	我给了那个叫花子一碗饭。	ʔai^{2} haːi^{1} ti^{3} tui^{4} ʔau^{4} haːi^{1} laːk^{8} ka^{4} fuə^{1} za^{5}.
117	这竹林有笋子吗？	saːi^{5} naːi^{6} ʔnaŋ^{1} naːŋ^{1} ni^{6} maːŋ^{2} le^{2}?
118	老李请你喝酒。	laːu^{6} li^{6} jam^{1} n̥ə^{2} paːi^{1} tsjə^{1} haːu^{3}.
119	我爸爸叫我来看您。	poi^{4} ʔai^{2} jam^{1} ʔai^{2} taŋ^{1} ʔniŋ^{5} n̥e^{1}.
120	他留我住了两天。	man^{1} jam^{1} ʔai^{1} n̥aːu^{6} ɣa^{2} van^{1}.
121	我看见他在路边等车。	ʔai^{2} ndo^{3} man^{1} n̥aːu^{6} ʈaːi^{5} khun^{1} za^{5} ka^{3}tshə^{3}.
122	你站在那里等我。	n̥ə^{2} ʔdi^{3} n̥aːu^{6} ndjoŋ^{3} za^{5} ka^{3} ʔai^{2}.
123	他要我去城里找他。	man^{1} jam^{1} ʔai^{2} paːi^{1} qaːi^{1} thaːu^{3} man^{1}.
124	你去请客人来吃饭。	n̥ə^{2} paːi^{1} jam^{1} hek^{7} taŋ^{1} tsjə^{1} ʔau^{4}.
125	我带你去村主任家。	ʔai^{2} tai^{2} n̥ə^{2} paːi^{1} ɣaːn^{2} tshən^{3} tsaːŋ^{6}.
126	这棵树有多高？	ni^{4} mai^{4} naːi^{6} ʈi^{3} kuŋ^{2} voŋ^{1} ɣə^{3} ni^{6}?
127	李老三的儿子是老板。	laːk^{8} li^{6} lau^{6} saːn^{3} tjeŋ^{3} lau^{6} paːn^{6}.
128	后面那匹马是花马。	to^{2} ma^{4} lən^{2} za^{5} tjeŋ^{3} ma^{4} taːi^{5}.
129	老王是个好人。	lau^{6} waːŋ^{4} ɕən^{1} ti^{3} ʔai^{3} zən^{1} ʔdaːi^{1}.
130	明天结婚酒是下午 3 点开席。	van^{1} ʔmu^{3} tsjə^{1} haːu^{3} ɕe^{3} tjeŋ^{3} ɕa^{1} u^{3} saːn^{3} tjan^{3} tsuŋ^{3} pai^{5} ɕi^{3} tsjə^{1}.
131	天天是红薯南瓜。	jən^{2} van^{1} pu^{2} kap^{7} pai^{2}.
132	明天是你的生日了。	van^{1} ʔmu^{3} van^{1} haːŋ^{4} n̥ə^{2}.
133	我舅舅是昨天来的。	tsu^{2} ʔai^{2} van^{1} ʔn̥u^{1} taŋ^{1}.
134	这棵树是李树吗？	ni^{4} mai^{4} naːi^{6} tju^{1} mai^{4} mən^{3} me^{2}?
135	你这张圆桌子是木的。	lam^{1} ɕi^{3} qə^{1} lu^{5} n̥ə^{2} naːi^{6} tjeŋ^{3} ɕi^{3} mai^{4}.

续表

序号	例句	国际音标
136	山上的那堆火不是我烧的。	ha^{2} vi^{1} kum^{4} nu^{1} zak^{7} me^{2} tjeŋ^{3} ʔai^{2} taŋ^{5}.
137	这件衣服不是我的。	pje^{1} ʔduk^{7} na:i^{6} me^{2} tjeŋ^{3} ʔduk^{7} ʔai^{2}.
138	我是汉族，你是水族。	ȵə^{2} ka^{4}, ʔai^{2} sui^{3}.
139	他以前不是乡长，现在是乡长。	haŋ^{2} ʔjət^{7} man^{1} me^{2} fe^{4} ɕa:ŋ^{3} tsa:ŋ^{6} , haŋ^{2} na:i^{6} man^{1} fe^{4}.
140	我是骂他，不是骂你。	ʔai^{2} ʔmui^{1} man^{1}, me^{2} ʔmui^{1} ʔȵə^{2}.
141	你不是不知道，是故意的。	ȵə^{2} me^{2} sɿ^{1} me^{2} ɕau^{3} sɿ^{1} poi^{5} fe^{4} na:i^{6} ti^{3}.
142	是鸡把米篓弄倒了。	khek^{7} ʔau^{4} na:i^{6} to^{2} qa:i^{5} fe^{4} qham^{5} lju^{4}.
143	这把刀好是好，就是太贵了。	pa:k^{8} mit^{8} na:i^{6} naŋ^{1} ʔda:i^{1}, miŋ^{1} kuŋ^{2} ljo^{3} ljeu^{4}.
144	对就是对，不对就是不对。	ʔda:u^{3} ku^{3} ʔda:u^{3}, me^{2} ʔda:u^{3} ku^{3} me^{2} ʔda:u^{3}.
145	他就是王老五。	man^{1} tjeŋ^{3} va:ŋ^{4} lau^{6} u^{6}.
146	昨天乡长是来过。	van^{1} ʔȵu^{1} ɕa:ŋ^{3} tsa:ŋ^{6} taŋ^{1} ljeu^{2}.
147	我是跟他说了，他不信。	ʔai^{2} ʔnjam^{5} man^{1} fan^{1} ljeu^{2}, man^{1} me^{2} sin^{5}.
148	你的衣服总是脏兮兮的。	ʔduk^{7} ȵə^{2} ɕeŋ^{5} n̥u^{1} pu^{3} ʔnam^{3} pjek^{7} ljek^{7}.
149	他还是个小孩子。	man^{1} ɕən^{1} la:k^{8} ti^{3} ʔai^{5}.
150	你儿子现在是校长了。	na:i^{6} la:k^{8} ȵə^{2} ɕən^{1} ɕau^{1} tsa:ŋ^{6} ljeu^{4}.
151	你儿子当干部了。	la:k^{8} ȵə^{2} fe^{4} t̥ən^{1} ljeu^{4}.
152	这条河叫什么？	tjeu^{2} ʔnjə^{1} na:i^{6} ʔnjə^{1} ni^{6} ma:ŋ^{2} ɣo^{1}.
153	经常去。	ʔnam^{3} pa:i^{1}.
154	没有做。	mi^{4} li^{4}.
155	天天喝酒打牌。	jən^{2} van^{1} tsjə^{1} ha:u^{3} ta^{6} pa:i^{2}.
156	去年出生。	me^{2} ȵu^{2} ha:ŋ^{4}.
157	屋里谈。	pa:i^{1} ʁa:u^{3} ɣa:n^{2} fan^{2}.
158	怎么写。	va^{5} nu^{1}.
159	一口一口地吃。	pjən^{5} ti^{3} pa:k^{7} ti^{3} pa:k^{7} tsjə^{1}.
160	很难找。	joŋ^{6} tha:u^{3}.
161	（水）哗哗地流。	nam^{3} lui^{5} kə^{1} lwa^{2} kə^{1} lwa^{2}.
162	杀猪一样地叫。	ɕin^{3} ɕeŋ^{5} m̥u^{1} ha^{3} na:i^{6}.
163	在河里洗澡。	ȵa:u^{6} ʁa:u^{3} ʔnje^{1} ʔa^{5} ʔa:m^{5} nam^{3}.
164	用刀慢慢坐着砍。	tai^{2}mit^{8} hui^{1} fon^{1} te^{5}.
165	从树上突然跳下来。	ȵa:u^{6} phje^{1} mai^{4} zak^{7} mbə^{1} la:t^{8} tiu^{2} taŋ^{1} te^{3}.

续表

序号	例句	国际音标
166	晚上在山上过夜。	ʔȵam^{5} ȵa:u^{6} nu^{2} tsən^{2} nun^{2}.
167	明天从镇里坐车去。	ʔmu^{3} ȵa:u^{6} qa:i^{1} hui^{6} tshə^{3} pa:i^{1}.
168	太多。	kuŋ^{2} ljə^{4}.
169	这么多。	ja:ŋ^{3} na:i^{6}ve^{2}.
170	那么重。	zan^{1} ja:ŋ^{3} na:i^{6}ve^{2}.
171	一拃长。	ti^{3} sa:p^{7} ʔɣa:i^{3}.
172	三尺宽。	ha:m^{1} mai^{4} fa:ŋ^{3}.
173	比我高。	voŋ^{1} to^{1} ʔai^{2}.
174	对你好。	toi^{5} ȵə^{2} ʔda:i^{1}.
175	你慢慢走。	ȵə^{2} fon^{1} pa:i^{1}.
176	他刚刚回家来。	man^{1} ȶha^{2} taŋ^{1} ɣa:n^{2} na:i^{6} ha^{1}.
177	弟弟先走了。	nu^{4} pa:i^{6} kon^{5} ljeu^{2}.
178	你每天很早起来。	jən^{1} van^{1} tsən^{2} ham^{1}.
179	今天赶集的人很多。	van^{1} na:i^{6} ʔda:u^{3} tjem^{5} naŋ^{1} zən^{1} kuŋ^{2}.
180	你没出生姐姐就出嫁了。	mi^{4} ha:ŋ^{4} ȵə^{2} fe^{2} qo^{3} ȶa^{5} ljeu^{2}.
181	我们一天吃两顿。	ti^{3} van^{1} nda:u^{1} tsjə^{1} ɣa^{2} lan^{5}.
182	我们平时说水话。	nda:u^{1} jən^{2} lan^{2} fan^{2} sui^{3}.
183	我们要快点吃饭。	nda:u^{1} ʔa:u^{1} tsjə^{1} ʔau^{4} hoi^{5} ʔdət^{7} ti^{3}.
184	我是昨天到家的。	van^{1} ʔȵu^{1} ʔai^{2} thau^{5} ɣa:n^{1}.
185	他以前当过兵。	ʔjət^{7} man^{1} ta:ŋ^{3} pin^{3} ljeu^{2}.
186	我们一直住在山上。	ndjeu^{2} ʔnam^{3} ȵa:u^{6} nu^{2} tsən^{2} ȵa:u^{6}.
187	李麻子经常打孩子。	li^{6} ma^{4} tsʅ^{6} ʔnam^{3} qui^{5} qə^{0} la:k^{8} ti^{3}.
188	我过一会再去。	njo^{3} ti^{3} ɕa:ŋ^{3} ʔai^{2} si^{3} pa:i^{1}.
189	我去过一次北京。	ʔai^{2} thau^{5} pə^{2} ȶin^{3} ti^{3} thaŋ^{1} ljeu^{2}.
190	你再说一次。	ȵə^{2} fan^{2} ti^{3} phja^{3} ʔai^{2}.
191	这鸡刚刚赶出去，又来了。	to^{2} q:ai^{5} na:i^{6} si^{2} na:i^{6} si^{3} lau^{4} pa:i^{1} ʔduk^{7}, qo^{3} taŋ^{1} ʔai^{5} lja^{3}.
192	我们这里经常下雨。	ndjoŋ^{3} ndjeu^{1} na:i^{6} ʔnam^{3} ʔjau^{4} fən^{1}.
193	弟弟还在家里玩。	nu^{4} ȵa:u^{6} ɣa:n^{2} ma:ŋ^{4} ʔai^{5}.
194	我的肚子也饿了。	ʔai^{2} pu^{3} ʔjek^{7} ljeu^{4}.
195	那两个人在河边钓鱼。	ɣa^{2} ʔai^{3} za^{5} ȵa:u^{6} ȶa:i^{5} ʔnje^{1} tjeu^{5} mom^{6}.

续表

序号	例句	国际音标
196	你白天在家里睡大觉。	ʔbən^{1} van^{1} ȵə^{2} pu^{3} ȵa:u^{6} ɣa:n^{2} nun^{2} ŋ̊a:k^{7}.
197	王老五和李麻子在山上打猎。	va:ŋ^{4} lau^{6} u^{3} kap^{7} li^{6} ma^{4} tsɿ^{6} ȵa:u^{6} ʔdoŋ^{1} ho^{4} nan^{4}.
198	小孩们在外面玩耍。	qə^{0} la:k^{8} ti^{3} ȵa:u^{6} ta^{5} mba:n^{3} zə^{5} maŋ^{4} qha^{1} ʔna^{1}.
199	阿哥在县城打工。	fa:i^{4} ȵa:u^{6} ɕen^{1} tshən^{4} pe^{1} qoŋ^{1}.
200	我在集市上碰到你弟弟了。	ʔai^{2} ȵa:u^{6} tjem^{5} tjet^{8} nu^{4} ȵa^{2}.
201	你顺着这条老路走。	ȵə^{2} thjep^{7} khun^{1} qa:u^{5} na:i^{6} pa:i^{1}.
202	那匹马沿着河边跑了。	ta^{2} ma^{4} za^{5} thjep^{7} ȶa:i^{5} ʔnje^{1} za^{5} pja:u^{5} pa:i^{1} ljeu^{4}.
203	你朝前面看。	ȵə^{2} ʔniŋ^{5} pa:i^{1} ʔna^{3}.
204	这孩子好听话。	la:k^{8} ti^{3} na:i^{6} naŋ^{1} ʔdi^{3} sot^{7}.
205	这孩子很不听话。	la:k^{8} ti^{3} na:i^{6} me^{2} ʔdi^{3} sot^{7}.
206	我很怕狗。	ʔai^{2} naŋ^{6} ho^{1} m̥a^{1}.
207	我头有点痛。	ʔai^{2} ŋ̊ai^{5} ȶit^{7} ku^{3} ʔdət^{7} ti^{3}.
208	那个小孩很乖。	la:k^{8} ti^{3} za^{5} naŋ^{6} ɕai^{1}.
209	我肚子好饿。	loŋ^{2} ʔai^{2} naŋ^{6} ŋ̊ai^{5} ʔjek^{7}.
210	这个人好坏。	ta:k^{8} na:i^{6} ton^{4} n̥au^{5}.
211	他差点被车子撞到了。	man^{1} tsa^{1} ʔdət^{7} ti^{3} ʔi^{6} ŋa:i^{4} tshə^{3} tam^{3} ljeu^{2}.
212	这种野菜稍微有点苦。	pən^{3} m̥a^{1} pa^{5} na:i^{6} qam^{2} ʔdət^{7} ti^{3}.
213	这个桃子一点都不甜。	lam^{1} faŋ^{1} na:i^{6} ti^{3} tiu^{4} ti^{6} me^{2} fa:n^{1}.
214	我一点也不怕。	ʔai^{2} ʔdət^{7} ti^{3} tək^{7} me^{2} ŋ̊ai^{5} ho^{1}.
215	偷钱的人真的是他。	man^{1} lja:k^{7} ɕen^{2} ȶhən^{1} ȶhu^{5}.
216	下雨天这条路好滑好滑。	tjeu^{2} khun^{1} na:i^{6} van^{1} fən^{1} ton^{4} ʔdjən^{1}.
217	村子里的人都认得他。	ʔba:n^{3} ʔai^{3} nu^{1} pu^{3} ɣo^{4} ʔme^{1} man^{1}.
218	大家都喜欢他。	jən^{2} ʔai^{3} tjeŋ^{3} man^{1}.
219	你光选肉吃。	man^{1} la:i^{1} la:u^{3} na:n^{4} tsjə^{1}.
220	他多拿了一个。	man^{1} ʔa:u^{1}to^{1} ti^{3} lam^{1} ljeu^{4}.
221	我们村子就你爷爷 90 岁了。	ʔba:n^{3} ndjeu^{1} la:u^{3} qoŋ^{5} ȵə^{2} ʔdai^{3} ȶu^{3} sup^{8} mbe^{1}.
222	就我们两个人晓得这个事。	la:u^{3} ɣa^{2} nda:u^{1} ɕau^{3} ʔdət^{7} ȶən^{1} na:i^{6} ha^{1}.
223	他偷偷把钱给了别人。	man^{1} tsum^{5} ha:i^{1} ɕen^{2} ha:i^{1} ʔai^{3} ɣo^{2} ljeu^{2}.
224	他明明错了。	man^{2} tsho^{1} ɣa:ŋ^{5} ɣau^{1} ljeu^{2}.
225	这种病一定要打针才能治好。	pən^{3} ȶit^{7} na:i^{6} he^{4} nu^{1} tək^{7} ʔa:u^{1} ta^{6} tsən^{3} si^{3} ʔda:i^{1}.

续表

序号	例句	国际音标
226	你没有做好，重新做。	ȵə^{2} fe^{4} mi^{4} ɕən^{1}, fe^{4} phja^{3} ʔai^{5}.
227	（分东西）你们简直是打劫。	fən^{3} ɣau^{1} saːu^{1} ɕeŋ^{5} tu^{3} tseŋ^{1} naːi^{6}.
228	我反正什么也不晓得。	tsui^{2} ni^{4} maːŋ^{2} ʔai^{2} me^{2} ɕau^{3}.
229	叫你别去，你偏偏要去。	me^{2} haːi^{1} ȵə^{2} paːi^{1}, ȵə^{2} heu^{5} paːi^{1}.
230	明天可能下大雨。	van^{1} ʔmu^{3} kho^{6} nən^{4} ʔjaːu^{5} fən^{1} laːu^{4} lja^{2}.
231	他可能不来。	man^{1} kho^{6} nən^{4} me^{1} taŋ^{1}.
232	你可能感冒了。	ȵə^{2} laːŋ^{2} ɕən^{1} sa^{3} ljeu^{4}.
233	风呼呼地刮。	lum^{2} khaːŋ^{5} vu^{2}vu^{2}.
234	幸亏你昨天晚上开车把我父亲送到了医院。	ʔn̥aːm^{5} ʔn̥u^{1} si^{3} ʔdaːi^{1} ȵə^{2} ŋ̊ai^{1} tshə^{3} tai^{2} poi^{4} ʔai^{2} paːi^{1} ji^{3} vjen^{1}.
235	老鼠在咯咯地咬东西。	n̥o^{3} ɣən^{5} ŋau^{1} ɣet^{8} ɣet^{8}.
236	我从舅舅那里借了一辆摩托车。	ʔai^{2} ʔnjam^{5} tsu^{2} khjeŋ^{1} ʔdai^{3} ti^{3} lam^{1} mo^{2} tho^{2} tshə^{3}.
237	这条路从头到尾都铺了石板。	tjeu^{2} qhun^{1} naːi^{6} tsaːm^{1} pja^{1} tham^{3} ku^{3} ljeu^{4}.
238	你从这里开始挖起。	ȵə^{2} ken^{4} ndjoŋ^{3} naːi^{6} tsət^{8} paːi^{1}.
239	你就照他说的那样做。	ȵə^{2} tsau^{1} ɕeŋ^{5} man^{1} fan^{2} tsa^{5} fe^{4}.
240	我们以前用竹筒背水。	haŋ^{2} ʔjət^{7} ndjeu^{1} ʔnam^{3} ʔaːu^{1} taːu^{4} fan^{1} ʔam^{5} nam^{3}.
241	我们这里用骡子运东西。	ndjoŋ^{3} ndaːu^{1} ʔaːu^{1} li^{2} to^{4} ŋau^{1}.
242	我弟弟替我去喝结婚酒。	noi^{4} ʔai^{2} thi^{5} ʔai^{2} paːi^{1} tsjə^{1} haːu^{3} hek^{7}.
243	没有人替他说话。	me^{2} ʔnaŋ^{1} zən^{1}thi^{5} man^{1} fan^{2}.
244	他向乡里申请了一万块钱。	man^{1} ʔnjam^{5} ɕaːŋ^{3} li^{6} sən^{3} ȶhin^{6} ʔdai^{3} faːn^{6} vjen^{4} ɕen^{2}.
245	王老五的女儿对他很孝顺。	laːk^{8} ʔbjek^{7} vaːŋ^{4} lau^{6} u^{3} tsau^{3} fu^{3} ʔdai^{3} man^{1}.
246	老板对我们很好。	lau^{6} paːn^{6} tui^{1} ndjeu^{1} naŋ^{1} ʔda.
247	你给牛喂一些青草。	ȵə^{2} ho^{4} ʔdet^{7} ti^{3} kaŋ^{1} ho^{4} po^{4} ʔi^{6}.
248	舅舅帮我们家买了一栋房子。	tsu^{2} paːŋ^{3} ndjeu^{1} ndjai^{3} ʔai^{3} ti^{3} tjeu^{2} ɣaːn^{2}.
249	你不要跟妹妹争东西。	ȵe^{1} me^{2} ʔnjam^{5} nu^{4} ʔbjek^{7} tsən^{3} ŋau^{1} ha^{1}.
250	村主任要跟你说一些事。	tsən^{3} tsaːŋ^{6} ʔnjam^{5} ȵə^{2} fan^{2} ti^{3} qhun^{1} ȶən^{1}.
251	他对你家的事很关心。	ȶən^{1} ɣaːn^{2} ȵə^{2} man^{1} ʔnam^{3} ȶi^{5} ho^{4} loŋ^{2}.
252	这种核桃像石头一样硬。	pən^{3} hə^{2} thau^{4} naːi^{6} ʔda^{3} ʔdot^{7} ɕeŋ^{5} pja^{1}.
253	天还没有亮。	ʔbən^{1} mi^{4} ndaːŋ^{1}.

续表

序号	例句	国际音标
254	我没有去过北京。	ʔai^{2} pən^{3} mi^{4} thau^{5} pə^{2} ȶin^{3}.
255	他不知道你来。	man^{1} me^{2} ɕau^{3} ȵə^{2} taːŋ^{1}.
256	他没有去我家。	man^{1} me^{2} paːi^{1} ɣaːn^{2} ʔai^{2}.
257	这个事我也不好跟村主任说。	ʔdət^{7} ȶən^{1} naːi^{6} ʔai^{2} pu^{3} me^{2} ʔdaːi^{1} ʔnjam^{5} tsən^{3} tsaːŋ^{6} fan^{2}.
258	这么多钱不容易还清。	jeŋ^{3} naːi^{6} ɕen^{1} ʔȵam^{1} faːn^{6} ȶhin^{3}.
259	这条山路不好走。	tjeu^{1} khun^{1} naːi^{6} me^{2} ʔdaːi^{1} paːi^{1}.
260	他没有来。	man^{1} mi^{4} taŋ^{1}.
261	他不来了。	man^{1} me^{2} taːŋ^{1} ha^{1} ljeu^{4}.
262	我不吃早饭。	ʔai^{2} me^{2} tsjə^{1} ʔau^{4} ȶhjət^{7} ha^{1}.
263	我还没有吃早饭。	ʔai^{2} mi^{4} tsjə^{1} ʔau^{4} ȶhjət^{7}.
264	这种萝卜煮不烂。	pən^{3} ʔma^{1} pak^{8} naːi^{6} ɕuŋ^{1} me^{2} ʔma^{3}.
265	萝卜没有煮烂。	ʔma^{1} pak^{8} ɕuŋ^{1} mi^{4} ʔma^{3}.
266	他一餐能吃二十个粑饼。	man^{1} ti^{3} lan^{5} tsjə^{1} ʔdai^{3} ȵi^{6} sup^{8} lam^{1} ʔau^{4} ɕi^{2}.
267	他能背两百斤米。	man^{1} ʔam^{5} ʔdai^{3} ɣa^{2} pek^{7} ȶən^{2} ʔau^{4}.
268	我会骑马。	ʔai^{2} haːŋ^{6} tsi^{6} ma^{4}.
269	现在的姑娘不会做鞋子。	qaːk^{8} laːk^{8} ʔbjək^{7} ȶhi^{5} naːi^{6} me^{2} ɣo^{4} li^{4} tsaːk^{7} ha^{1} ljeu^{4}.
270	我要打一把好刀。	ʔai^{2} ʔaːu^{1} tui^{2} ti^{3} paːk^{7} mit^{8} ʔdaːi^{1}.
271	你不该打人家。	ȵə^{2} me^{2} ʔdaːu^{3} kui^{5} he^{1}.
272	你去哪里啊？	ȵə^{2} paːi^{1} ndjoŋ^{3} nu^{1} ɣo^{1}?
273	爬上去。	haːt^{8} paːi^{1} ʔu^{1}.
274	跳下去。	tjeu^{2} paːi^{1} te^{3}.
275	掉下来。	tok^{7} taŋ^{1} te^{3}.
276	站起来。	tsən^{2} taːŋ^{1}.
277	走进去。	saːm^{3} paːi^{1} ʁaːu^{3}.
278	拿出来。	ʔaːu^{1} taŋ^{1} ʔnuk^{7}.
279	扔出去。	vət^{8} paːi^{1} lən^{2}.
280	走回来。	taŋ^{1} lən^{2}.
281	送过来。	haːi^{1} taŋ^{1}.
282	痛死了。	ȶit^{7} hai^{3} tai^{1} taŋ^{1}.

续表

序号	例句	国际音标
283	高两丈。	voŋ^{1} ɣa^{2} tsa:ŋ^{1}.
284	牛喂饱了。	ho^{4} ka:ŋ^{1} ho^{4} po^{4} tsjə^{1} tja:ŋ^{5} ljeu^{2}.
285	菜吃完了。	ʔma^{1} tsjə^{1} ljeu^{4} ljeu^{4}.
286	你的脸晒黑了。	ʔdət^{7} ʔna^{3} n̥ə^{2} ŋa:i^{4} ɕeŋ^{1} sut^{7} qam^{5} ljeu^{4}.
287	凳子坐断了。	ʔun^{1} hui^{1} tja:k^{7} ljeu^{4}.
288	他喝酒醉死了。	man^{1} tsjə^{1} tja:ŋ^{5} ha:u^{3} tai^{1} ljeu^{4}.
289	客人来齐了。	hek^{7} taŋ^{1} tsap^{8} ljeu^{2}.
290	村主任来看了我三次。	tsən^{3} tsa:ŋ^{6} taŋ^{1} ʔniŋ^{5} ʔai^{2} ha:m^{1} phja^{3} ljeu^{2}.
291	这个梨子你咬了一口？	lam^{1} ɣai^{2} na:i^{6} n̥ə^{2} ʈit^{8} ti^{3} pa:k^{7} lja^{5}?
292	他走了两天两夜。	man^{1} sa:m^{3} ɣa^{2} van^{1} ɣa^{2} sa:n^{2} ljeu^{2}.
293	他回来三天了。	ma:ŋ^{1} taŋ^{1} lən^{2} ʔdai^{3} ha:m^{1} van^{1} ljeu^{4}.
294	子弹打在墙上。	la:k^{8} ma^{4} tsuŋ^{5} peŋ^{5} toi^{5} nda:n^{1} fa:ŋ^{1} zək^{7}.
295	泥水溅在脸上。	hum^{5} na:m^{6} sən^{5} ljeu^{4} tək^{7} ʔna^{3}.
296	我走路走得脚都起泡了。	ʔai^{2} sa:m^{3} qhun^{1} tin^{1} ɕən^{1} qum^{4} ku^{3} ljeu^{4}.
297	他这个人懒得跟猪一样。	man^{2} hət^{7} ə^{4} m̥u^{1} na:i^{6}.
298	家里穷得什么也没有了。	ɣa:n^{2} ho^{3} taŋ^{1} ni^{6} ma:ŋ^{2} pu^{3} me^{2} ʔnaŋ^{1} ha^{1} ljeu^{4}.
299	太阳晒得头痛。	ɕeŋ^{1} sut^{7} ŋ̊ai^{5} ʈit^{7} ku^{3} taŋ^{1}.
300	弟弟哭得声音都嘶哑了。	nu^{4} ʔn̥e^{3} khip^{7} ljeu^{4} lo^{5} ljeu^{4}.
301	你说得我不敢去那里了。	n̥ə^{2} fan^{2} ʔai^{2} me^{2} su^{4} pa:i^{1} ndjoŋ^{3} za^{5} ha^{1} ljeu^{4}.
302	那个小孩乖得很。	la:k^{8} ti^{3} za^{5} naŋ^{1} ɕai^{1}.
303	我肚子饿得痛。	ʔai^{2} ŋ̊ai^{5} ʔjek^{7} kha:u^{1} ʈit^{7} loŋ^{1} taŋ^{1}.
304	他做事快得很。	man^{1} fe^{4} ndi^{6} ma:ŋ^{2} naŋ^{6} hoi^{5}.
305	出笋子了没有？	na:ŋ^{1} tum^{5} mi^{4} le^{2}?
306	竹凳子。	ʔun^{1} taŋ^{5} fan^{1}.
307	昨天的事你就不记得了？	ʈən^{6} van^{1} ʔn̥u^{1} n̥ə^{2} qo^{3} ʈi^{5} me^{2} ʔdai^{3} ha^{1} lja^{5}?
308	这里连个吃饭的地方也没有。	pa:ŋ^{2} na:i^{6} ndjoŋ^{3} tsjə^{1} ʔau^{4} tək^{7} me^{2} ʔnaŋ^{1}.
309	我家那只生蛋的老母鸡死了。	ɣa:n^{2} ʔai^{2} to^{2} ni^{4} qa:i^{5} ʔnam^{3} kai^{5} za:k^{7} tai^{1} ljeu^{4}.
310	拴在树下的那只羊是我的。	to^{2} fwo^{2} phan^{1} ʔnjam^{5} ni^{4} mai^{4} za^{5} tjeŋ^{3} fwo^{2} ʔai^{2}.
311	你的衣服破了。	ʔduk^{7} n̥ə^{2} tju^{5} ljeu^{4}.
312	这种红菌子吃不得。	pən^{3} ʁa^{1} ha:n^{3} na:i^{6} tjsə^{1} me^{2} ʔdai^{3}.
313	偷东西的那个人被抓到了。	ʔai^{3} lja:k^{7} ŋau^{1} za^{5} hap^{7} ʔdai^{3} ljeu^{2}.

续表

序号	例句	国际音标
314	山顶上那棵老树死掉了。	ni^{4} mai^{4} laːu^{4} kum^{4} nu^{2} za^{5} tai^{1} ljeu^{4}.
315	湿衣服不要穿在身上。	ʔduk^{7} ʔɣaːk^{7} me^{2} tan^{3} ha^{1}.
316	这棵树很高。	ni^{4} mai^{4} naːi^{6} lən^{4} voŋ^{1} ha^{1} wo^{2}.
317	我把鸡赶出去了。	ʔai^{2} lau^{4} qaːi^{5} paːi^{1} ʔnuk^{7} ljeu^{2}.
318	我弟弟把你的事情跟我说了。	ȶən^{6} ȵə^{2} zak^{7} nu^{4} ʔai^{2} fan^{2} haːi^{1} ʔai^{2} ljeu^{2}.
319	我把钱包藏在床下面了。	ʔai^{2} huŋ^{5} saːu^{1} ɕen^{1} ȵaːu^{6} te^{3} taːu^{2} za^{5}.
320	风把门吹开了。	lum^{1} khaːŋ^{5} to^{1} kaːŋ^{5} liu^{4}.
321	我让他去卖东西。	ʔai^{2} jap^{8} man^{1} paːi^{1} ndjai^{3} ŋau^{6}.
322	你弄坏了我的手机。	ȵə^{2} fe^{4} pha^{5} su^{6} ȶi^{3} ʔai^{2} ljeu^{4}.
323	你把我吓了一跳。	ȵə^{2} fe^{4} haːn^{6} ʔai^{2} ti^{3} thaŋ^{1}.
324	他把我的单车弄丢了。	taːn^{3} tshə^{3} ʔai^{2} man^{1} fe^{4} tha^{1} ljeu^{4}.
325	（你）把这根铁丝弄断。	ȵə^{2} fe^{4} tju^{5} tjeu^{2} tsjen^{6} naːi^{6}.
326	你把鸡弄死了。	to^{2} qaːi^{5} naːi^{6} ȵə^{2} fe^{4} tai^{1}.
327	我把这个椰子壳弄开了。	ʔai^{2} phjaŋ^{5} ʔdai^{3} kum^{4} lam^{1} jen^{3} tsʅ^{6} naːi^{6} ljeu^{2}.
328	这件事弄得我很恼火。	ʔdət^{7} ȶən^{1} naːi^{6} fe^{4} naŋ^{6} ŋ̊ai^{5} loŋ^{2} ndjən^{3}.
329	互相追赶。	tu^{3} naːk^{8}.
330	互相争吵。	tu^{3} tsən^{3}.
331	两头牛在斗架。	ɣa^{2} to^{2} po^{4} tu^{3} taːu^{3}.
332	今天水涨了。	van^{1} naːi^{6} nam^{3} laːu^{4} ljeu^{2}.
333	他被狗咬了。	man^{1} ŋaːi^{4} m̥a^{1} ȶit^{8} ljeu^{4}.
334	他被人下了蒙汗药。	man^{1} ŋaːi^{4} zən^{1} ho^{4} ha^{1} hum^{4} ljeu^{2}.
335	瓶子被鸡打破了。	qaːi^{5} fe^{4} he^{5} lək^{8} phin^{4} naːi^{6} ljeu^{4}.
336	玉米被老鼠吃光了。	n̥o^{3} tsjə^{1} ljeu^{4} ʔau^{4} mjek^{8} ljeu^{4}.
337	王老五的脚被石头砸断了。	vaːŋ^{4} lau^{6} u^{3} tin^{1} man^{1} ŋaːi^{4} pja^{1} tjap^{8} tju^{5} ljeu^{4}.
338	我栽的树被洪水冲掉了。	mai^{4} mje^{2} za^{5} nam^{3} laːu^{4} tjuŋ^{3} paːi^{1} ljeu^{4} ljeu^{2}.
339	我的山林没有被公家收掉。	ʔdoŋ^{1} ʔai^{2} me^{2} ŋaːi^{4} kwo^{2} ȶa^{3} mu^{2} su^{3}.
340	我晒在外面的衣服被风吹掉了。	ʔduk^{7} sa^{5} ɕeŋ^{1} ȵaːu^{6} ʔnuk^{5} zak^{7} lum^{1} khaːŋ^{5} paːi^{1} ljeu^{4}.
341	一座山被火烧掉了。	ti^{3} ʔdoŋ^{1} naːi^{6} ŋaːi^{4} vi^{1} sut^{7} ljeu^{4} ljeu^{4}.
342	他在路边被车子撞倒了。	man^{1} ȵaːu^{6} ȶaːi^{5} khən^{1} za^{5} ŋaːi^{4} tshə^{3} tjuŋ^{3} taːu^{5} ljeu^{2}.

续表

序号	例句	国际音标
343	那两只小鸡仔都被我的小妹妹踩死了。	ɣa^{2} to^{3} qa:i^{5} ti^{3} za^{5} ŋa:i^{4} nu^{4} ʔbjek^{7} ʔai^{2} tan^{4} tai^{1} ljeu^{4}.
344	他脑袋被掉下的瓦片砸伤了。	jeu^{2} tok^{7} taŋ^{1} te^{3} tjap^{8} ku^{3} man^{1} phja:t^{7} ljeu^{4}.
345	你们说的话被我听见了。	sa:u^{1} fan^{2} ʔai^{2} ŋ̊ai^{5} ljeu^{4} ljeu^{4}.
346	三个桃子被你偷吃了两个。	ha:m^{1} lam^{1} faŋ^{1} sa:u^{1} lja:k^{7} tsjə^{1} ljeu^{4} ɣa^{2} lam^{1}.
347	大家凑的钱都被他贪污掉了。	ɕen^{2} zən^{1} kuŋ^{2} tu^{1} za^{5} man^{1} tha:n^{3} u^{3} pa:i^{1} ljeu^{4}.
348	他被别人打了一顿。	man^{1} ŋa:i^{4} he^{1} qui^{5} ti^{3} thaŋ^{1}.
349	老三家被人偷了电视机。	tjen^{1} sʅ^{1} ɣa:n^{2} lau^{6} sa:n^{3} ŋai^{4} he^{1} lja:k^{7} pa:i^{1} ljeu^{4}.
350	你今天挨老师批评了。	van^{1} na:i^{6} ȵə^{2} ŋa:i^{4} lau^{6} sʅ^{3} ʔmui^{1} ljeu^{1}.
351	老三今天挨骂了。	van^{1} na:i^{6} lau^{6} sa:n^{3} ŋa:i^{4} ʔmui^{1} ljeu^{4}.
352	你们几个被骗了。	ȶi^{3} sa:u^{1} ŋa:i^{4} po^{5} ljeu^{4}.
353	家里的电视机给偷掉了。	tjen^{1} sʅ^{1} ȶi^{3} ɣa:n^{2} nak^{8} ŋa:i^{4} lja:k^{7} ljeu^{4}.
354	房子烧掉了。	ɣa:n^{2} sut^{7} ljeu^{4} ljeu^{4}.
355	被牛撞倒了。	ŋai^{4} po^{4} tjuŋ^{3} ta:u^{5} ljeu^{4}.
356	现在天天下雨。	ʔbjoŋ^{5} na:i^{6} jən^{1} van^{1} ʔjau^{5} fən^{1}.
357	外面正下着大雨。	na:i^{6} tsən^{1} taŋ^{1} fən^{1} la:u^{4} ʔai^{5}.
358	我经常在街上看见他。	ʔai^{2} ʔnam^{3} ȵa:u^{6} qa:i^{1} ndo^{3} man^{1}.
359	他有时来这里玩。	tam^{3} ɕaŋ^{3} man^{1} thau^{5} ndəŋ^{3} na:i^{6} fjen^{3}.
360	昨晚下了雨。	ʔȵam^{5} ʔȵu^{1} ʔjau^{5} fən^{1}.
361	他刚才来过这里。	ȶhət^{7} ʔdju^{1} man^{1} si^{3} thau^{5} tsə^{1} na:i^{6}.
362	我刚刚在街上看见他。	ȶhət^{7} ʔdju^{1} ʔai^{2} ȵa:u^{6} qa:i^{1} ndo^{3} man^{1}.
363	我以前看见过他，现在没有再见过他了。	ʔjət^{7} ʔai^{2} ndo^{3} man^{1} ljeu^{2}, na:i^{6} pən^{3} me^{2} ha^{1}.
364	明天会下雨。	van^{1} ʔmu^{3} ŋo^{4} fən^{1}.
365	他等一会来这里。	ti^{3} ɕaŋ^{3} man^{1} taŋ^{1} ndəŋ^{3} na:i^{6}.
366	他可能到这里了。	man^{1} laŋ^{2} taŋ^{1} thau^{5} na:i^{6} ha^{1}.
367	我洗了手。	ʔai^{2} suk^{8} mje^{1} ljeu^{4}.
368	我上午去赶集了。	ȶhjət^{7} ʔai^{2} pa:i^{1} tjem^{5} ljeu^{4}.
369	我吃了中午饭就回家了。	ʔai^{2} tsjə^{1} ʔau^{4} ȶhjət^{7} von^{2} na:i^{6} qo^{3} pa:i^{1} ɣa:n^{2} ha^{1}.
370	我吃过中午饭了。	ʔai^{2} tsjə^{1} ʔau^{4} ȶhjət^{7} ljeu^{2}.
371	杜鹃花已经开了。	nuk^{8} joŋ^{2} tja^{1} ljeu^{4}.

续表

序号	例句	国际音标
372	我来的时候他已经走了。	ʔai^{2} taŋ^{1} man^{1} qo^{3} pa:i^{1} ljeu^{2}.
373	外面已经开始下雨了。	ʔnuk^{7} na:i^{6} ȶha^{2} taŋ^{1} fən^{1} ljeu^{4}.
374	河水已经开始涨了。	nam^{3} ʔnje^{1} ȶha^{1} ʔɣok^{7} ljeu^{4}.
375	他已经病了半年了。	man^{1} ȶit^{7} ʔdai^{3} ȶot^{8} mbe^{1} ljeu^{4}.
376	张三已经等了一天了。	tsa:ŋ^{3} sa:n^{3} ka^{3} ʔdai^{3} ti^{3} van^{1} ljeu^{4}.
377	以前也下过这么大的雨。	haŋ^{2} ʔjət^{7} pu^{3} fən^{1} la:u^{4} he^{4} na:i^{6} ljeu^{2}.
378	我去过城里两次。	ʔai^{2} pa:i^{1} thau^{5} qa:i^{1} ɣa^{2} thaŋ^{1}.
379	他坐过两年牢。	ma^{1} hui^{6} la:u^{2} ɣa^{2} mbe^{1}.
380	我吃过蛇肉。	ʔai^{2} tsjə^{1} na:n^{4} hui^{2} ljeu^{2}.
381	我好像在哪里见过这个人。	ʔai^{2} çən^{1} ȵa:u^{6} çeŋ^{5} ȵa:u^{6} ndəŋ^{3} za^{5} ndo^{3} ta:k^{8} zən^{1} na:i^{6} ljeu^{2}.
382	猫吃鼠，狗吃屎。	meu^{4} tsjə^{1} n̥o^{3}, m̥a^{1} tsjə^{1} ȶe^{4}.
383	他常常来我家。	man^{1} ʔnam^{3} thau^{5} ɣa:n^{2} ʔai^{2}.
384	他总是打赤脚。	hə^{4} n̥u^{1} man^{1} pu^{3} ʔnam^{3} ɣam^{2} tin^{1}.
385	他以前经常吸毒。	ʔjət^{7} man^{1} ʔnam^{3} çut^{7} ja:ŋ^{4} jen^{3}.
386	外面正在下雨。	ʔnuk^{7} na:i^{6} ʔjau^{5} vən^{1}.
387	我在吃饭。	ʔai^{2} tsjə^{1} ʔau^{4}·ti^{3} ȶot^{8}.
388	弟弟在睡觉。	na:i^{6} nu^{4} ʔai^{2} nun^{2} n̥a:k^{7}.
389	他们两个在喝酒。	na:i^{6} ɣa^{2} man^{1} ɣum^{4} ha:u^{3}.
390	他提着一个包。	na:i^{6} man^{1} tjoŋ^{1} ti^{3} lam^{1} sa:u^{1}.
391	那个人手里拿着一把尖刀。	na:i^{6} ʔai^{3} zən^{1} za^{5} mje^{1} man^{1} tai^{2} ti^{3} pa:k^{7} mit^{8} çə^{1}.
392	墙上贴着一张画。	na:i^{6} nda:n^{1} fa:ŋ^{1} za:k^{7} ʔnaŋ^{1} ti^{3} va^{5} ȶen^{5}.
393	他的小女儿要出嫁了。	la:k^{8} ʔbjək^{7} ti^{3} man^{1} hai^{3} ȶa^{5} ljeu^{4}.
394	我要去城里。	ʔai^{2} ʔa:u^{1} pa:i^{1} qa:i^{1}.
395	我快要吃饱了。	ʔai^{2} hai^{3} ʔa:u^{1} tsjə^{1} tja:ŋ^{5} ljeu^{4}.
396	花就要开了。	nuk^{8} ʔa:u^{1} tja^{1} ljeu^{4}.
397	外面就要下雨了。	pək^{7} ʔnuk^{7} hai^{3} ʔa:u^{1} ʔjik^{7} fən^{1} ljeu^{4}.
398	我们先吃饭再去干活。	nda:u^{1} tsjə^{1} ʔau^{4} kon^{5} von^{2} fa:n^{1} fe^{4} qoŋ^{1}.
399	补好了网再去打鱼。	fa:ŋ^{1} çən^{1} khe^{1} von^{2} fa:n^{1} pa:i^{1} ho^{4} mom^{6}.
400	这种花闻起来很香。	pən^{3} nuk^{8} na:i^{6} nən^{4} taŋ^{1} naŋ^{6} nda:ŋ^{1}.
401	他说起话来口水飞溅。	man^{1} tu^{3} fan^{2} taŋ^{1} naŋ^{6} çən^{5} li^{5} mbən^{1} mbən^{1}.

续表

序号	例句	国际音标
402	他走起路来飞快。	man^{1} sa:m^{3} qhun^{1} ɕən^{1} ɕeŋ^{5} ʔai^{3} vjən^{3} na:i^{6}.
403	衣服没有洗干净，再洗一次。	ʔduk^{7} la:k^{7} mi^{4} ʔo^{3}, la:k^{7} ti^{3} phja^{3} ʔai^{5}.
404	以前的老事情说了又说。	ȶən^{6} ʔjət^{7} za^{5} fan^{2} lju^{2} naŋ^{6} ljam^{5} ʔai^{5}.
405	你俩走路走一下停一下。	ɣa^{1} man^{1} sa:m^{3} qhun^{1} ti^{3} ɕaŋ^{3} pa:i^{1} ti^{3} ɕaŋ^{3} ʔdi^{3}.
406	他已经走了。	man^{1} pa:i^{1} ljeu^{4}.
407	袋子里有几个苹果。	ʁa:u^{3} sa:u^{1} a^{5} ʔnaŋ^{1} ȶi^{3} lam^{1} phin^{4} ko^{6}.
408	里面有人。	ʁa:u^{3} zək^{7} ʔnaŋ^{1} zən^{1}.
409	洞里有条大蟒蛇。	ʁa:u^{3} qa:m^{1} ʔnaŋ^{1} ti^{3} to^{2} hui^{2} la:u^{4}.
410	河里有鱼。	ʁa:u^{3} ʔnje^{1} a^{3} ʔnaŋ^{1} mom^{6}.
411	他家有四兄弟、三姐妹。	ɣa:n^{2} man^{1} ʔnaŋ^{1} ɕi^{5} fa:i^{4} nu^{4} lək^{8} mba:n^{1} ha:m^{1} fe^{2} nu^{4} lək^{8} ʔbjek^{7}.
412	村里有一百多户人。	ʔba:n^{3} ʔnaŋ^{1} pek^{7} to^{1} ɣa:n^{2}.
413	这些布红的、蓝的、绿的都有。	ljeu^{4} ʔje^{1} na:i^{6} ʔje^{1} ha:n^{3}, ȶhu^{1}, ȶam^{5} tu^{3} ʔnaŋ^{1}.
414	井里没有水。	ʁa:u^{3} ʔbən^{5} na:i^{6} me^{2} ʔnaŋ^{1} nam^{3}.
415	这棵树没有叶子。	ni^{4} mai^{4} na:i^{6} me^{2} ʔnaŋ^{1} va^{5}.
416	路上一辆车也没有。	tək^{7} khun^{1} ti^{3} lam^{1} tshə^{3} ti^{6} me^{2} ʔnaŋ^{1}.
417	没有人在家。	me^{2} ʔnaŋ^{1} zən^{1} ȵa:u^{6} ɣa:n^{2}.
418	以前没有饭吃。	haŋ^{2} ʔjət^{7} me^{2} ʔnaŋ^{1} ʔau^{4} tsjə^{1}.
419	山上有人偷砍树木。	ʔdoŋ^{1} ʔnaŋ^{1} zən^{1} lja:k^{7} mai^{4}.
420	街上有人打架。	qa:i^{1} ʔnaŋ^{1} zən^{1} tə^{3} kui^{5}.
421	到处都是人。	tsap^{8} ndjoŋ^{3} ʔnaŋ^{1} zən^{1}.
422	学校前面是一块空地。	ʔbət^{7} ʔna^{3} ɕo^{2} ɕau^{1} ʔnaŋ^{1} ti^{3} tək^{7} pjeŋ^{2}.
423	他脸上、身上全是泥。	tə^{6} ʔna^{3} man^{1}, ʔu^{1} ndən^{1} jən^{2} ndoŋ^{3} pjek^{7} hum^{5}.
424	锅里炖着鸡肉。	ʁa:u^{3} tsjeŋ^{6} za^{5} nan^{1} qa:i^{5}.
425	街上挤满了人。	qa:i^{1} tik^{7} ljeu^{4} zən^{1} ljeu^{4}.
426	天上飞的是白鹭。	vjən^{3} ȵa:u^{6} ʔbən^{1} za^{5} tjeŋ^{3} to^{2} ha:u^{5}.
427	锅里煮的是竹笋。	ʁa:u^{3} tseŋ^{1} za^{5} ɕuŋ^{1} tjeŋ^{3} na:ŋ^{1}.
428	屋里坐了很多人。	ʁa:u^{3} ɣa:n^{2} za^{5} hui^{6} tik^{7} ljeu^{4} zən^{1} ljeu^{4}.
429	桌子上摆着许多吃的东西。	ʔu^{1} ɕi^{3} za^{5} pai^{5} ljo^{2} lja:ŋ^{5} pən^{3} tsjə^{1}.
430	门口停了很多摩托车。	pək^{7} to^{1} a^{5} ʔdi^{3} lo^{3} lja:ŋ^{5} mo^{2} tho^{2} tshə^{3}.
431	山上栽了很多木棉树。	nda:n^{1} nu^{2} u^{6} mje^{2} lja:ŋ^{5} mai^{4} fje^{3}.

续表

序号	例句	国际音标
432	山上开满了山茶花。	kum^{4} nu^{2} za^{5} tja^{1} tik^{7} ljeu^{4} nuk^{8} tsje^{2}.
433	岩石上站着一只老鹰。	phje^{1} khən^{5} za^{5} ʔnaŋ^{1} ti^{3} to^{2} ȵa:u^{2}.
434	头发上插着一朵花。	ʔu^{1} ku^{3} za^{5} ŋ̊jap^{7} ti^{3} pup^{7} nuk^{8}.
435	寨子里住着汉族、布依族、水族人。	ʔba:n^{3} na:i^{6} ʔnaŋ^{1} ka^{4}, ʔja:i^{3}, sui^{3}.
436	他奶奶还在世。	ja^{4} man^{1} han^{5} ʔai^{5}.
437	饭菜都在锅里。	ʔau^{4} ʔa:m^{3} toŋ^{2} ȵa:u^{6} ʁa:u^{3} tseŋ^{1} za:k^{7} ha^{1}.
438	村里来了两个乡干部。	tshə^{3} li^{6} taŋ^{1} ɣa^{2} ʔai^{3} ɕa:ŋ^{3} li^{6} mjen^{1} ka:n^{1} pu^{1}.
439	屋里飞进来一只鸟。	vjən^{3} ti^{3} to^{2} nok^{8} taŋ^{1} ɣa:n^{2} na:i^{6}.
440	树上飘来一股花香。	ʔnaŋ^{1} ti^{3} puŋ^{5} nda:ŋ^{1} kha:ŋ^{5} ȵa:u^{6} phje^{1} mai^{4} taŋ^{1}.
441	墙壁上挖了一个洞。	nda:n^{1} fa:ŋ^{1} za^{5} hok^{8} ti^{3} tsum^{2}.
442	昨天村子里生了两个小孩。	van^{1} ʔȵu^{1} ʔba:n^{3} ha:ŋ^{4} ɣa^{2} la:k^{8} ti^{3}.
443	家里丢了两只鸡。	ɣa:n^{2} tha^{1} ɣa^{2} to^{2} qa:i^{5}.
444	昨天晚上村子里死了两个人。	ʔȵam^{5} ʔȵu^{1} ʔba:n^{3} tai^{1} ɣa^{2} ʔai^{3} zən^{1}.
445	晚上还有车吗？	ʔȵam^{5} ʔnaŋ^{1} tshə^{3} ai^{5} ha^{1}?
446	他年龄和我一样大。	man^{1} ka:k^{7} ʔai^{2} la:u^{4} la:u^{3} ɕeŋ^{5}.
447	你家和我家一样远。	ɣa:n^{2} ȵə^{2} ka:k^{7} ɣa:n^{2} ʔai^{2} ʔdi^{1} la:u^{3} ɕeŋ^{5}.
448	这棵树有那栋房子那么高。	ni^{4} mai^{4} na:i^{6} voŋ^{5} ɕeŋ^{5} tjeu^{1} ɣa:n^{2} za^{5}.
449	我也有一双你这样的鞋子。	ʔai^{2} ʔnaŋ^{1} ti^{3} tsau^{6} tsa:k^{7}ɕən^{1} ɕeŋ^{5} tsa:k^{7} ȵə^{2}.
450	你和你弟弟性格不一样。	ȵə^{2} kək^{7} nu^{4} ȵə^{2} ɕin^{1} kə^{2} me^{2} la:u^{3} ɕeŋ^{5}.
451	李麻子的个子跟我差不多。	li^{6} ma^{4} tsɿ^{6} ʔnja:m^{5} ʔai^{2} hai^{3} voŋ^{1} la:u^{3} ɕeŋ^{5}.
452	你的身体比我的身体好。	sən^{3} thi^{6} ȵə^{2} pi^{6} sən^{3} thi^{6} ʔai^{2} ʔda:i^{1} to^{1}.
453	他比你更加老练。	man^{2} pi^{6} ȵə^{2} sok^{8} to^{2}.
454	你比我还起得早。	ȵə^{2} tsən^{2} ham^{1} to^{1} ʔai^{2} ʔai^{5}.
455	他比我会说话。	man^{1} ha:ŋ^{6} fan^{2} to^{2} ʔai^{2}.
456	女孩子比男孩子爱哭。	nu^{4} ʔbjek^{7} han^{5} ʔȵe^{3} to^{1} nu^{4} mba:n^{1}.
457	我现在身体不如以前了。	ʔu^{1} ndən^{1} ʔai^{2} na:i^{6} me^{2} mbjeŋ^{5} ʔjət^{7} han^{5} ha^{1} ljeu^{2}.
458	我不比他吃得少。	ʔai^{2} pi^{6} man^{1} tsjə^{1} me^{2} sjeu^{3}.
459	他们那里没有这里冷。	ndoŋ^{3} qa:k^{8} man^{1} za^{5} me^{2} ʔȵit^{7} ɕeŋ^{5} ndoŋ^{3} na:i^{6}.
460	你妹妹比你更像你妈妈。	nu^{4} ʔbjek^{7} ȵə^{2} pi^{6} ȵə^{2} tsup^{7} ni^{4} ȵə^{2} to^{1}.
461	我没有他来得那么早！	ʔai^{2} me^{2} taŋ^{1} ham^{1} mbjeŋ^{5} man^{1}!

续表

序号	例句	国际音标
462	你们村子没有这个村子大。	ʔba:n^{3} sa:u^{1} me^{2} la:u^{4} ɕeŋ^{5} ʔba:n^{3} na:i^{6}.
463	我高出你一个头。	ʔai^{2} voŋ^{1} to^{2} ȵə^{2} ti^{3} lam^{1} ku^{3}.
464	你比我大不了几岁。	ȵə^{2} to^{1} ʔai^{2} me^{2} ʈi^{3} kuŋ^{2} mbe^{1}.
465	这袋米比那袋米重 5 斤。	sa:u^{1} ʔau^{4} na:i^{6} pi^{6} sa:u^{1} ʔau^{4} za^{5} zan^{1} to^{1} ŋo^{4} ʈən^{2}.
466	这捆甘蔗比那捆要重多少斤？	ʔun^{1} ʔui^{3} na:i^{6} pi^{6} ʔun^{1} ʔui^{3} za^{5} zan^{1} to^{1} ʈi^{3} kuŋ^{2} ʈən^{2}?
467	骑摩托车比骑马快多了。	hui^{6} mo^{2} tho^{2} tshə^{3} pi^{6} tsi^{6} ma^{4} hoi^{5} to^{1} kuŋ^{2} ljeu^{2}.
468	做生意比种树赚钱。	fe^{4} fa:n^{5} pi^{6} mje^{2} mai^{4} m̥a^{3} to^{1}.
469	喝酒我喝不过我弟弟，寨子里谁都喝不过他。	ɣum^{4} ha:u^{3} ʔai^{2} me^{2} han^{5} ɕeŋ^{5} nu^{4} ʔai^{2}, ljeu^{4} ʔba:n^{3} ʔai^{3} nu^{1} tək^{7} me^{2} han^{5} ɣum^{4} ɕeŋ^{5} nu^{4} ʔai^{2}.
470	喝茶比喝酒对身体更好。	ɣum^{4} tsje^{2} pi^{6} ɣum^{4} ha:u^{3} tui^{1} sən^{3} thi^{6} ʔda:i^{1} to^{1}.
471	他家是村里最富的。	ʔba:n^{3} la:u^{3} ɣa:n^{2} man^{2} ʔda:i^{1} to^{1}.
472	我们三个人里他年纪最大。	ha:m^{1} ʔai^{3} ndjeu^{1} man^{1} ʔdai^{3} mbe^{1} to^{1}.
473	每天干点活比吃什么补药都好。	jən^{1} van^{1} fe^{4} qoŋ^{1} pi^{6} tsjə^{1} ha^{2} pu^{6} ʔda:i^{1} to^{1}.
474	你越骂他，他就越不听你的。	ȵə^{2} san^{4} sot^{7} man^{1} san^{4} me^{2} ʔdi^{3} ȵə^{2}.
475	你睡得越多，就越会发胖。	ȵə^{2} san^{4} nun^{6} qo^{3} san^{4} pi^{2}.
476	欲速则不达。	pja:u^{5} fuan^{1} luan^{2} hoi^{5}.
477	（你）走吗？	ȵə^{2} pa:i^{1} me^{6}?
478	（你）要吗？	ȵə^{2} ʔa:u^{1} me^{6}?
479	（你）吃吗？	ȵə^{2} tsjə^{1} me^{6}?
480	（你）来吗？	ȵə^{2} taŋ^{1} me^{2}?
481	（你）砍（树）吗？	ȵə^{2} te^{5} mai^{4} me^{6}?
482	丢掉吗？	vət^{8} pa:i^{1} me^{2}?
483	他是老张吧？	man^{1} tju^{2} la:u^{6} tsa:ŋ^{3} me^{6}?
484	你是问我姓什么吗？	ȵə^{2} sa:i^{3} ʔai^{2} sin^{1} ni^{6} ma:ŋ^{2} me^{6}?
485	你能上去吗？	ȵə^{2} pa:i^{1} ʔu^{1} ʔdai^{3} me^{2}?
486	天亮了吗？	ʔbən^{1} ʔda:ŋ^{1} mi^{4} ɣo^{1}?
487	你记住了吗？	ȵə^{2} ʈi^{5} ʔdai^{3} mi^{4}?
488	这个姑娘好吗？	la:k^{8} ʔbjek^{7} na:i^{6} ʔda:i^{1} me^{2}?
489	你认得村主任吧？	ȵə^{2} ɣo^{4} ʔme^{1} tshən^{3} tsa:ŋ^{6} me^{2}?
490	是的，我认得他。	ʔi^{5}, ʔai^{2} ɣo^{4} ʔme^{2} man^{1}.

续表

序号	例句	国际音标
491	不，我不认得他。	me^{2}, ʔai^{2} me^{2} ɣo^{4} ʔme^{1} man^{1}.
492	他不认识你吗？	man^{1} me^{2} ɣo^{4} ʔme^{1} ȵə^{2} me^{6}?
493	是呀，他不认识我。	ʔi^{1}, man^{1} me^{2} ɣo^{4} ʔme^{1} ʔai^{2}.
494	不是，他认识我。	me^{2}, man^{1} ɣo^{4} ʔme^{1} ʔai^{2}.
495	谁拉屎拉在了路中间？	ʔai^{3} nu^{1} ȶe^{4} ta^{5} qhun^{1} naːi^{6} kə^{3} ndi^{2}?
496	这条狗是谁家的？	to^{2} m̥a^{1} naːi^{6} m̥a^{1} ɣaːn^{2} ʔai^{3} nu^{1}?
497	（敲门声）谁啊？	ʔai^{3} nu^{1} kwaːk^{7} to^{1}?
498	你弟弟什么时候开学？	nu^{4} ȵə^{2} ʔbən^{1} nu^{1} paːi^{1} qa^{1} le^{1}?
499	我们什么时候吃晚饭？	ndaːu^{1} ʔbən^{1} nu^{1} tsjə^{1} ʔau^{4} ʔȵam^{5}?
500	他打算怎样去北京？	man^{1} fon^{5} fe^{4} he^{4} nu^{1} paːi^{1} pə^{2} ȶin^{3}?
501	“赶集”本地话怎么说？	“ʔdaːu^{3} tjem^{5}” sui^{3} fan^{2} he^{4} nu^{2}?
502	家里没有米了，怎么办呢？	ɣaːn^{2} me^{2} ʔnaŋ^{1} ʔau^{1} ha^{1}, fe^{4} nu^{1} ni^{6}?
503	要是他不给钱，怎么办呢？	tsoŋ^{1} si^{6} man^{1} me^{2} haːi^{1} ɕen^{2}, fe^{4} nu^{1} ni^{6}?
504	你怎么越来越瘦了？	ȵə^{2} fe^{4} nu^{1} kən^{5} fe^{4} kən^{5} ȶoŋ^{3} naːi^{6} ɣo^{1}?
505	我怎么不知道这个事呢？	ʔai^{2} he^{5} nu^{1} me^{2} ɕau^{3} ʔdət^{7} ȶən^{1} naːi^{6} kə^{3} ni^{6}?
506	他在做什么呢？	naːi^{6} man^{1} fe^{4} ndi^{3} maːŋ^{2} ni^{6}?
507	你找我有什么事？	ȵə^{2} thaːu^{3} ʔai^{2} ʔnaŋ^{1} ȶən^{1} maːŋ^{2}?
508	你想说什么？	ȵə^{2} ɕeŋ^{6} fan^{2} ndi^{6} maːŋ^{2}?
509	为什么不行呢？	ʔnaŋ^{1} hək^{7} nu^{1} me^{2} ʔdaːu^{3} we^{3}?
510	你为什么打人啊？	ȵə^{2} ʔnaŋ^{1} he^{4} nu^{1} qui^{5} zən^{1}?
511	那个人为什么在那里走来走去？	taːk^{8} zən^{1} za^{5} he^{4} nu^{1} ȵaːu^{6} ndjoŋ^{3} za^{5} saːm^{3} ʔna^{3} saːm^{3} lən^{2} ɣo^{1}?
512	为什么到了雨季还不下雨呢？	ʔnaŋ^{1} he^{4} nu^{1} ʔdaːu^{3} ʔdjaːk^{7} ʔjik^{7} fən^{1} ljeu^{4} man^{1} me^{2} fən^{1} ɣə^{3} ni^{6}?
513	这棵树为什么只开花不结果呢？	ni^{4} mai^{4} naːi^{6} ʔnaŋ^{1} he^{4} nu^{1} ɕən^{1} laːu^{3} nuk^{8} me^{2} ɕən^{1} lam^{1} ɣə^{3} ni^{6}?
514	我的砍柴刀在哪里？	mja^{4} te^{5} ndjət^{7} ʔai^{2} ȵaːu^{6} ndjoŋ^{3} nu^{1} ɣə^{3} ni^{6}?
515	你们是哪里人？	tau^{2} saːu^{1} zən^{1} ndjoŋ^{3} nu^{1}?
516	手电筒在哪里啊？	tjen^{1} thuŋ^{4} ȵaːu^{6} ndjoŋ^{3} nu^{1} a^{3}?
517	村主任呢？他到哪里去了？	tshən^{3} tsaːŋ^{6} ni^{6} man^{1} paːi^{1} ndjoŋ^{3} nu^{1} ljeu^{1}?
518	你刚才去哪里了？	ȶhit^{7} ʔdju^{1} ȵə^{2} paːi^{1} ndjoŋ^{3} nu^{1} ljeu^{1}?

续表

序号	例句	国际音标
519	哪栋房子是你家？	tjeu^{2} ɣa:n^{2} nu^{1} ɣa:n^{1} ȵə^{2} ɣə^{2} ni^{6}?
520	你究竟选哪个？	ȵə^{2} fon^{5} la:i^{6} lam^{1} nu^{1}?
521	你弟弟出去几天了？	nu^{4} ȵə^{2} pa:i^{1} ʔduk^{7} ʈi^{3} van^{1} ljeu^{2}?
522	我们会在那里住几天？	nda:u^{1} ȵa:u^{6} ndjoŋ^{3} za^{5} ʈi^{3} van^{1}?
523	你打算请几个人帮工？	ȵə^{2} fon^{5} tha:u^{3} ʈi^{3} ʔai^{3} pa:ŋ^{3}?
524	这只鸡有几斤重？	to^{1} qa:i^{5} na:i^{6} zan^{1} ʈi^{3} kuŋ^{2}?
525	你妹妹去泰国玩多久？	nu^{4} ʔbjek^{7} ȵə^{2} qon^{6} pa:i^{1} thai^{1} kwo^{2} ʈi^{3} kuŋ^{2} tja:ŋ^{1}?
526	他家离昆明有多远？	ɣa:n^{2} man^{1} pa:i^{1} khwən^{3} min^{4} ʈi^{3} kuŋ^{2} ʔdi^{1}?
527	今天几号？	van^{1} na:i^{6} ʈi^{6} hau^{1}?
528	这条河有多深？	tjeu^{2} ʔnje^{1} na:i^{6} ʔnaŋ^{1} ʈi^{3} kuŋ^{1} ʔjam^{1}?
529	他的孩子多大了？	la:k^{8} man^{1} la:u^{4} ʈi^{3} kuŋ^{2} ljeu^{2}?
530	这样的好事为什么不做？	pən^{3} ʈən^{1} ʔda:i^{1} na:i^{6} he^{4} nu^{1} me^{2} fe^{4}?
531	先吃饭还是先洗澡？	tsjə^{1} ʔau^{4} kon^{5} ɣə^{1} si^{3} ʔa:p^{7} nam^{3} kon^{5}?
532	你是来讲和的，还是来打架的？	ȵə^{2} si^{6} ta:ŋ^{1} fan^{1} lje^{4}, ɣə^{2} si^{3} tu^{3} qui^{5}?
533	你是吃饭、吃面，还是吃米线？	ȵə^{2} sjeŋ^{3} tsjə^{1} ʔau^{4}, ɣə^{6} si^{3} tsjə^{1} mjen^{6}, ɣə^{6} si^{3} tsjə^{1} vən^{6}?
534	明天开会我去还是你去？	van^{1} ʔmu^{3} kha:i^{3} fai^{1} ʔai^{2} pa:i^{1} si^{3} ȵə^{2} pa:i^{1}?
535	你去北京，还是去上海？	ȵə^{2} pa:i^{1} pə^{2} ʈin^{3}, ɣə^{3} si^{3} pa:i^{1} sa:ŋ^{1} hai^{6}?
536	你是肚子痛，还是想偷懒啊？	ȵə^{2} ʈit^{7} loŋ^{2}, ɣə^{1} si^{3} hət^{7} tu^{2}?
537	这是驴子还是骡子？	ȵə^{2} ton^{5} to^{1} na:i^{6} tjeŋ^{3} lo^{2} ɣə^{2} si^{3} tjeŋ^{3} li^{2} le^{2}?
538	是骡子。	tjeŋ^{3} li^{2}.
539	两个都不是。	ɣa^{2} pən^{3} na:i^{6} tu^{3} me^{2} tjeŋ^{3}.
540	你去广东打工，那我呢？	ȵə^{2} pa:i^{1} kwa:ŋ^{6} tuŋ^{3} pe^{1} qoŋ^{1}, za^{6} ʔai^{2} ni^{6}?
541	你是来帮忙的，还是来捣乱的？	ȵə^{2} fon^{5} ta:ŋ^{1} pa:ŋ^{3} qoŋ^{1}, kə^{1} si^{3} ȵə^{2} ta:ŋ^{1} ndəŋ^{3} na:i^{6} peu^{2}?
542	要是坐不上车，怎么办？	tsoŋ^{1} si^{6} me^{2} ʔdai^{3} tshə^{3}, fe^{4} nu^{1} pa:i^{1}?
543	你说呢？	ȵə^{2} fan^{2} ni^{6}?
544	我们要不要等他一下？	nda:u^{1} ka^{3} man^{1} ljeu^{3} i^{6} ha^{1}?
545	里边有没有人？	ʁa:u^{3} ʔnaŋ^{1} zən^{1} me^{2}?
546	这件事他会不知道吗？	ʔdət^{7} ʈən^{1} na:i^{6} man^{1} naŋ^{6} me^{2} ɕau^{3} a^{6}?
547	谁说我答应他了？	ʔai^{3} nu^{1} fan^{2} sək^{7} ʔai^{2} liŋ^{4} man^{1} ljeu^{2}?

续表

序号	例句	国际音标
548	你去过外国没有？	ȵə^2 thau^5 wai^1 kwo^2 mi^4?
549	我没告诉你吗？	ʔai^2 mi^4 fan^2 ha:i^1 ȵə^2 a^6?
550	他早上去没去砍柴？	ƫhət^7 na:i^6 man^1 pa:i^1 ʔa:u^1 ndjət^7 me^2 le^2?
551	你喝不喝茶？	ȵə^2 ɣum^4 tsjə^2 me^2?
552	我说的对不对？	ʔai^2 fan^2 ʔda:u^3 me^2?
553	这种人该骂不该骂？	pən^3 zən^1 na:i^6 ʔda:u^3 ʔmui^1 me^2?
554	是不是做完这些事就没有了？	tjeŋ^3 me^2 tjeŋ^3 fe^4 von^2 ʔdət^7 ƫən^1 na:i^6 qo^3 von^2 ljeu^4?
555	他是不是当过兵？	man^1 ta:ŋ^3 pin^3 mi^4 ɣo^1?
556	你是不是李麻子那个村的？	ȵə^2 tju^2 li^6 ma^4 tsɿ^6 ʔba:n^3 za^5 me^2?
557	你带我去村主任家，好不好？	ȵə^2 tai^2 pa:i^1 ʔai^2 ɣa:n^2 tshən^3 tsa:ŋ^6, ʔȵi^6 me^2?
558	哪里都能种苹果，对吗？	ndjoŋ^3 nu^2 mje^2 phin^4 ko^6 pu^3 ʔdai^3, tju^2 me^2?
559	吃了饭再去，好吗？	tsjə^1 ʔau^4 von^2 fon^1 pa:i^1, ʔȵi^6 me^2?
560	你家在城里有亲戚，是不是？	ɣa:n^1 ȵə^2 ʔnaŋ^1 hek^7 ȵa:u^6 qa:i^1, tju^2 me^2 tju^2?
561	你想休息一下，是不是？	ȵə^2 sjeŋ^3 lwo^5 ljeu^3, tja:ŋ^3 me^2 tja:ŋ^3?
562	是的，说累了，休息一下。	tju^2 ljeu^2, ŋ̊ai^5 ʔne^2 ljo^3 ljeu^4, lwo^5 lja:u^3.
563	不是，不休息。	me^2, me^2 lwo^5 ha^1.
564	这么多菜你吃不吃得完？	ja:ŋ^2 na:i^6 ʔa:m^3 ȵə^2 tsjə^1 ljeu^4 me^2 o^1?
565	吃得完。	tsjə^1 ljeu^4.
566	吃不完。	tsjə^1 me^2 ljeu^4 ʔdai^3.
567	你哥哥在家吗？	fa:i^4 ȵə^2 ȵa:u^6 ɣa:n^2 me^2 le^2?
568	请过来一下吧。	ta:ŋ^1 ljeu^3 ve^2.
569	请把窗户打开。	ŋ̊ai^1 to^1 fa:ŋ^1 ve^2.
570	帮帮我吧！	ȵə^2 pa:ŋ^3 ʔai^2 ndi^2!
571	你就让他去吧！	ȵə^2 ha:i^1 man^1 pa:i^1 ve^2!
572	你就按我说的办吧！	ȵə^2 tsau^2 ɕeŋ^5 ʔai^2 fan^1 na:i^1 za:k^7 pa:i^1 fe^4!
573	拿酒来！	tai^2 ha:u^3 taŋ^1!
574	你一定要去！	ȵe^1 he^4 nu^1 pu^3 pa:i^1!
575	滚出去！	pa:i^1 lən^2 za^5!
576	你不能进去！	ȵə^2 me^2 nən^4 pa:i^1 ʁa:u^3!
577	不准大声说话！	me^2 ha:i^1 fan^2 lo^5 la:u^4!

续表

序号	例句	国际音标
578	别动！	me^{2} n̥ai^{1}!
579	不要吵！	me^{2} peu^{2} ha^{1}!
580	千万别在意。	tsui^{2} he^{4} nu^{2} pu^{3} me^{2} ƫi^{5} ndi^{2}.
581	不要再生气啦。	me^{2} loŋ^{2} ndjən^{3} ha^{1} lja^{2}.
582	你不要让小孩抽烟！	ȵə^{2} me^{2} haːi^{1} qaːk^{8} laːk^{8} ti^{3} ɕut^{7} ʔjen^{1} ha^{1}!
583	你老人家就别出去啦。	ȵə^{2} ʔai^{2} laːu^{4} me^{2} ʁaːt^{7} paːi^{1} ʔduk^{7} ha^{1}.
584	禁止砍柴！	me^{2} tsun^{6} te^{5} ndjət^{7}!
585	不准烧山。	me^{2} haːi^{1} taːu^{3} ʔdoŋ^{1}.
586	你给我小心点！	ȵə^{2} ʔnjam^{5} ʔai^{2} tsu^{1} ji^{1} ʔdət^{7} ti^{3}!
587	你等着瞧吧！	ȵə^{2} si^{5} ka^{3} tsjeu^{5}!
588	我对你不客气了！	ʔai^{2} me^{2} ʔnjam^{5} ȵə^{2} fan^{2} kuŋ^{2}!
589	你不该告诉他！	ȵə^{2} me^{2} ʔdaːu^{3} fan^{2} haːi^{1} man^{1}!
590	路上小心车子啊！	tok^{7} qhun^{1} ʔaːu^{1} tsjaːk^{7} tshə^{3} o^{3}!
591	要注意身体啊！	ȵa^{2} ʔaːu^{1} tsu^{1} ji^{2} ʔu^{1} ndən^{1} ndjai^{2}!
592	（在外面）自己照顾好自己啊！	ȵə^{2} qaːk^{8} tse^{2} meŋ^{2} ʔu^{1} ndən^{1} ȵə^{2} ndi^{2}!
593	天黑了，你该走了！	ndjəŋ^{5} ljeu^{4}, ȵə^{2} pu^{3} ʔdaːu^{3} paːi^{1} ljeu^{1}!
594	你别买这样的衣服！	ȵə^{2} me^{2} ndjai^{3} pən^{3} ʔduk^{7} naːi^{6}!
595	不要惹那个疯子。	me^{2} peu^{2} ʔdət^{7} taːk^{8} ŋaːn^{5} zaːk^{7} ha^{1}.
596	有贼！	ʔnaŋ^{1} ljaːk^{7} ʔə^{6}!
597	有电！小心！	ʔnaŋ^{1} tjen^{1}! tsjaːk^{7} ʔdət^{7} ti^{3}!
598	当心受骗。	tsu^{1} ji^{1} ŋaːi^{4} po^{5}.
599	你说说吧！	ȵə^{2} fan^{1} ma^{1}!
600	你问问他吧！	ȵə^{2} paːi^{1} saːi^{3} man^{1} ndi^{2}!
601	轮到你了，去啊！	thau^{5} ȵə^{2} ljeu^{4}, paːi^{1} ve^{3}!
602	我们走！不管他！	paːi^{1} to^{4} ndaːu^{1}! me^{2} khaːm^{3} man^{1}!
603	快点收拾，我们走了！	tsup^{7} hoi^{5} ljeu^{4} ndaːu^{1} paːi^{1} lja^{3}!
604	我们走吧。	paːi^{1} tək^{7} ndaːu^{1}.
605	你早点睡吧！	ȵə^{2} jaːp^{7} paːi^{1} nun^{2} ndi^{3}!
606	你说呀，嘴巴哑了！	ȵə^{2} fan^{2} ve^{2}, ȵə^{2} ʔnja^{5} lja^{5}!
607	住口！我不听你的！	ʔdet^{7} lam^{1} paːk^{7}! ʔai^{2} me^{2} ʔdi^{3} ȵə^{2}!
608	看什么，还不快点走路！	n̥jo^{5} ni^{4} maːŋ^{2}, me^{2} jau^{4} ʔjaːŋ^{5} ʔdət^{7} ti^{3}!

续表

序号	例句	国际音标
609	吃吧，都给你吃！	tsjə¹ ve³, ha:i¹ n̥ə² tsjə¹ ljeu⁴!
610	你慢慢看吧！	n̥ə² fon¹ ʔniŋ⁵ ndi²!
611	你还是过几天再来吧！	ʈi³ van² ni⁶ n̥ə² fon¹ taŋ¹ ndi²!
612	你问问他去不去。	n̥ə² si⁵ sa:i³ man¹ pa:i¹ me² pa:i¹.
613	你闻闻香不香。	n̥ə² si⁵ nən⁴ nda:ŋ¹ me² nda:ŋ¹.
614	你快去打听打听！	n̥ə² n̥am² pa:i¹ si⁵ n̥ek⁸!
615	这事由你来做！	ʈən¹ na:i⁶ tsui¹ n̥ə² qa:n⁵!
616	你可以住我家！	n̥ə² kho⁶ ji⁶ n̥a:u⁶ ɣa:n² ʔai²!
617	爱惜粮食！	ʔa:u¹ ʔmai⁵ ʔau⁴!
618	好好读书！	niŋ⁵ qa¹ le¹!
619	对大人要礼貌！	tui¹ ʔai³ la:u⁴ ʔa:u¹ ɕau³ lje⁴!
620	听老师的话！	ʔdi³ lau³ sɿ³ fan²!
621	要孝敬父母！	ʔa:u¹ tsau³ fu³ ʔai³ la:u⁴!
622	读书要勤快一点！	qa¹ le¹ kha:k⁷ ʔdət⁷ ti³!
623	这种酒好喝！	ha:u³ na:i⁶ ʔda:i¹ tsjə¹!
624	多好看啊！	naŋ⁶ ʔda:i¹ ɣa:k⁸ ʔa²!
625	哇，好大的树啊！	ʔai² ju², ni⁴ mai⁴ la:u⁴ lan² no²!
626	这医生是个大好人啊！	ta:k⁸ ji³ sən³ na:i⁶ naŋ⁶ loŋ² ʔda:i¹!
627	哇，山顶上好凉快啊！	ʔai² ju², kum⁴ nu² na:i⁶ kai² ɣa:ŋ⁵ la:k⁷!
628	哇，你真行啊！	ʔo⁵, n̥ə² naŋ⁶ ha:ŋ⁶ o¹!
629	咦！你的脸肿得好大啊！	ʔi⁶ ʔi²! tak⁷ ʔna³ n̥ə² ʔɣum⁵ la:u⁴ he⁴ na:i⁶ n̥e⁶!
630	啊！火烧山了！	oi⁵ jo², sut⁷ pa⁵ ljeu⁴!
631	哎呀，你吓死我啦！	ʔai³ ja², ʔai² n̥ai⁵ ha:n¹ n̥ə² hai³ tai¹ taŋ¹ a¹!
632	哎呀！河那边塌方了！	ʔai³ ja²! ʔui⁵ ʔnje¹ ʔdot⁷ nu² taŋ¹ te³ ljeu⁴!
633	哎哟！好烫！	ʔui² ju²! sut⁷ nda²!
634	哎，怎么回事啊？	ʔi⁵, ɕeŋ⁵ n̥u¹ ku³ ni⁶?
635	哎，你也在这里？	ʔi⁵, n̥ə² pu³ n̥a:u⁶ tsəŋ¹ na:i⁶ a³?
636	哎，小声点儿！	ʔa:i², fan² lo⁵ ti³ ʔdət⁷ ti³!
637	哎呀！蛇！	ʔui³ jo²! hui²!
638	我的妈呀，有鬼！	ni⁴ a¹, tjet⁸ tsap⁸ ljeu⁴!
639	噢，我懂了！	o⁶, ʔai² ɕau³ ljeu⁴!

续表

序号	例句	国际音标
640	哦，原来是这样的！	ʔo^{6}, ʔjət^{7} ndo^{3} ɕən^{1} he^{4} na:i^{6} o^{2}!
641	哦，这东西是你的！	ʔo^{6}, ʔdət^{7} ŋa:u^{1} na:i^{6} tjeŋ^{3} to^{4} ȵɤ^{2} o^{1}!
642	我有钱就好了！	ʔai^{2} ʔnaŋ^{1} ɕen^{2} i^{6} ku^{3} ʔda:i^{1} ljeu^{1}!
643	没办法，家里穷啊！	me^{2} ɕau^{3} he^{4} ŋ̊u^{1} fe^{4}, ɣa:n^{2} khui^{3} taŋ^{1}!
644	嗨，过去的事就别说了！	ʔa:i^{2}, ȶən^{1} ha:ŋ^{2} te^{3} zak^{7} me^{2} fan^{2} ha^{1} ljeu^{1}!
645	唉，真的没有办法呐！	ʔa:i^{2}, lau^{6} sʅ^{2} me^{2} ɕau^{3} fe^{4} ŋ̊u^{1} fe^{4} o^{2}!
646	唉，好惨！	ʔi^{3}, ʔi^{2} lən^{4} ha:i^{5} ljeu^{4}!
647	唉，今天运气不好！	ʔi^{6}, van^{1} na:i^{6} miŋ^{6} me^{2} ʔda:i^{1}!
648	唉！好好的一个人，就这样死了！	ʔi^{6}! ʔai^{3} zən^{1} haŋ^{5} ha:ŋ^{1}, he^{4} nu^{1} ko^{3}tai^{1} ljeu^{2} le^{2}!
649	哎哟，救命哟！	hoi^{5} o^{6}, kiu^{5} miŋ^{6} o^{1}!
650	哎哟，我肚子好痛！	ʔai^{3} jo^{2}, a^{6} ȶit^{7} loŋ^{2} o^{1}!
651	天哪！我怎么生了你这个没良心的儿子！	ʔbən^{1} no^{1}! ʔai^{2} he^{4} nu^{1} ha:ŋ^{4} ȵə^{2} ʔdət^{7} na:i^{6} loŋ^{2} ŋ̊au^{5} tai^{1}!
652	天啊！老天爷啊！	ʔbən^{1} no^{6}! ʔbən^{1} no^{1}!
653	啊！太苦了！	a:i^{6}! lən^{4} ho^{3} o^{1}!
654	哼，有什么了不起！	ŋ̊^{1}, ʔnaŋ^{1} ni^{3} ma:ŋ^{2} ljo^{3} lja:ŋ^{5} ma^{2}!
655	呸，真不要脸！	ŋ̊^{2}, me^{2} ɕau^{3} pha:k^{7} ʔui^{1}!
656	好大的架子啊！	ɣo^{4} la:k^{7} la:u^{4} man^{1} han^{1} na:i^{6}!
657	哈，太笨了你！	a^{1}, ȵə^{2} ton^{4} pən^{1} a^{1}!
658	祝你长命百岁！	phi^{3} ȵə^{2} ʔdu^{1} va:ŋ^{6} taŋ^{1} ndi^{2}!
659	他已经走了。	man^{1} pa:i^{1} ljeu^{4}.
660	你骑马，我骑车。	ȵe^{1} tsi^{6} ma^{4}, ʔai^{2} hui^{6} tshə^{3}.
661	山上种旱谷，坝子种水稻。	nda:i^{5} pa:n^{5} nu^{2} ho^{4} ʔau^{4} liŋ^{3}, tə^{3} vjen^{5} ho^{4} ʔau^{4} tsjem^{1}.
662	我们住在山上，他们住在河边。	ʔba:n^{3} ndjeu^{1} ȵa:u^{6} hən^{1}, qa^{1} man^{1} ȵa:u^{6} ȶek^{7} ʔnje^{1}.
663	我弟弟睡里面那间房子，我睡外面这间房子。	noi^{4} ʔai^{2} ȵa:u^{6} hum^{4} tən^{3}, ʔai^{2} ȵa:u^{6} hum^{4} ʔnuk^{7}.
664	鸭已经放出去了，鸡还在笼子里关着。	ep^{7} huŋ^{5} pa:i^{1} ljeu^{4}, qa:i^{5} tam^{3} ȵa:u^{6} ɣu^{2} ʔai^{5}.
665	你去捡柴火，我下地干活。	ȵə^{2} pa:i^{1} ʔa:u^{1} ndjət^{7}, ʔai^{2} pa:i^{1} nda:i^{5} fe^{4} qoŋ^{1}.

续表

序号	例句	国际音标
666	砂锅里炖着肉，铁锅里煮着饭。	na:n^{4} nan^{1} ȵa:u^{6} ʁa:u^{3} sa^{3} ko^{3} za:k^{7}, ʔau^{4} ɕuŋ^{1} ȵa:u^{6}tseŋ^{6} ɕət^{7} tsak^{7}.
667	你去赶集，我也去赶集。	ȵə^{2} pa:i^{1} tjem^{5}, tsa^{5} ʔai^{2} pu^{3} pa:i^{1} tjem^{5}.
668	你们家是你去，还是你弟弟去（修路）？	ɣa:n^{2} ȵə^{2} nu^{4} ȵə^{2} pa:i^{1}, ɣə^{1} si^{3} ȵə^{2} pa:i^{1} fe^{4} qhun^{1}?
669	他不是病了，就是家里有事。	man^{1} me^{2} ɕən^{1} sa^{3}, ɣa:n^{2} man^{1} qo^{3} ʔnaŋ^{1} ʈən^{1}.
670	这个不是你干的，就是他干的。	ʔdət^{7} na:i^{6} me^{2} tjəŋ^{3} ȵə^{2} fe^{4}, tsiu^{1} sɿ^{1} pu^{3} tjeŋ^{3} man^{1} fe^{4} za^{5} ha^{1}.
671	你不是不知道，而是装作不知道。	ȵə^{2} me^{2} sɿ^{1} me^{2} ɕau^{3}, ȵə^{2} poi^{5} ɕən^{1} ɕeŋ^{5} me^{2} ɕau^{3} na:i^{6}.
672	你是真的有病，还是装病？	ȵə^{2} ʈit^{7} ʈe^{2} ʈhu^{5}, ɣə^{3} si^{3} fe^{4} po^{5}?
673	我喜欢吃酸的辣的，不吃甜的苦的。	ʔai^{2} hai^{3} tsjə^{1} hum^{3} kək^{7} ljen^{5}, me^{2} hai^{3} tsjə^{1} fa:n^{1} kək^{7} qam^{2}.
674	闲在家里，还不如出去打工。	ʔnam^{3} ȵa:u^{6} ɣa:n^{2}, me^{2} mbjeŋ^{5} pa:i^{1} ʔnuk^{7} pe^{1} qoŋ^{1}.
675	把钱借给他，还不如送给别人。	kheŋ^{1} ɕen^{2} ha:i^{1} man^{1}, ȵoi^{6} ha:i^{1} ɕeŋ^{5} ha:i^{1} ʔai^{3} ɣo^{2} ʔda:i^{1} to^{1}.
676	这片地种玉米，还不如种甘蔗。	nda:i^{5} na:i^{6} ho^{4} ʔau^{4} mek^{8}, me^{2} mbjeŋ^{5} ɕeŋ^{5} ho^{4} ʔui^{3}.
677	我宁愿讨饭，也不求他。	ʔai^{2} ȵon^{6} pa:i^{1} fwo^{1} pu^{3} ʔda:i^{1}, pu^{3} me^{2} ȵon^{6} ʔdi^{5} man^{1}.
678	他俩吃完早饭，就上山打猎去了。	ɣa^{2} man^{1} tsjə^{1} ʔau^{4} ʈhət^{7}, von^{2} qo^{3} pa:i^{1} ʔdoŋ^{1} ho^{4} na:n^{4} ljeu^{4}.
679	孩子穿着新衣服，高高兴兴上学去了。	qa:k^{8} la:k^{8} ti^{3} tan^{3} ʔduk^{7} m̥ai^{5}, ma:ŋ^{4} khup^{7} ljup^{8} i^{6} pa:i^{1} qa^{1} le^{1} ljeu^{4}.
680	这只鸡开始动了几下，后来就死了。	to^{2} qa:i^{5} na:i^{6} ʔjət^{7} ʔnaŋ^{1} tsun^{3} ʔdət^{7} ti^{3} i^{6} a^{1}, von^{2} na:i^{6} qo^{3} tai^{1} ljeu^{4}.
681	你先去，我等一下就去。	ȵə^{2} pa:i^{1} kon^{5}, ka^{3} ljeu^{3} i^{6} ʔai^{2} taŋ^{1}.
682	弟弟才回家一天，又到外地去了。	nu^{4} ʈha^{2} taŋ^{1} ɣa:n^{2} ti^{3} van^{2} a^{1}, qo^{3} pa:i^{1} ʔnuk^{7} ʔai^{5} ljeu^{4}.
683	他说着说着，就哭起来了。	man^{1} kon^{6} fan^{2} von^{2}, na:i^{6} qo^{3} ʔȵe^{3} lja^{3}.
684	他把牛喂饱了，才去地里干活。	ʔmo^{5} seŋ^{1} tsjə^{1} tja:ŋ^{5} von^{2}, na:i^{6} si^{3} pa:i^{1} tə^{6} ta^{3} li^{4} qoŋ^{1}.

续表

序号	例句	国际音标
685	他会讲汉话，也会讲布依话，还会讲水话。	man^{1} ɣo^{4} fan^{2} ka^{4} fan^{2} ʔja:i^{3}, jiu^{1} ɣo^{4} fan^{1} sui^{3}.
686	弟弟会开车，还会修车。	nu^{4} ɣo^{4} ŋ̊ai^{1} tshə^{3}, jau^{1} ɣo^{4} li^{4} tshə^{3}.
687	这个姑娘不但嘴巴会说，而且做事也麻利。	la:k^{8} ʔbjek^{7} na:i^{6} me^{2} la:m^{3} lam^{1} pa:k^{7} ha:ŋ^{6} tu^{3} fan^{2}, fe^{4} qoŋ^{1} pu^{3} kwən^{1} ʁa:t^{7}.
688	这双鞋既好看，也经穿。	tsa:k^{7} na:i^{6} ju^{6} ʔda:i^{1} ʔniŋ^{5}, tan^{3} pu^{3} tseŋ^{4}.
689	他帮我治了病，还送我一百块钱。	man^{1} ʔnjam^{5} ʔai^{2} ho^{4} ha^{2}, jau^{6} ha:i^{1} ti^{3} pek^{7} vjen^{4} ɕen^{1} ha:i^{1} ʔai^{1} ʔi^{5}.
690	来喝喜酒的人很多，有亲戚、有朋友、有邻居。	ta:ŋ^{1} tsjə^{1} ha:u^{3} hek^{7} na:i^{1} naŋ^{6} ʔnaŋ^{1} zən^{1} kuŋ^{2}, ʔnaŋ^{a} hek^{7} ɕeŋ^{2}, ʔnaŋ^{1} ȶiu^{5} kwa:i^{1}, ljeu^{4} zən^{1} ʔba:n^{3} ɣa:n^{2} i^{6}.
691	他一边看电视，一边抽烟。	man^{1} kon^{3} tsjeu^{5} tjen^{2} sɿ^{2}, kon^{3} ɕut^{7} ʔjen^{1}.
692	她一边给孩子喂奶，一边织毛衣。	man^{1} kon^{1} ha:i^{1} ho^{4} tju^{4} ha:i^{1} nu^{4} tsjə^{1}, kon^{1} ha:n^{1} ʔduk^{7} ʔai^{5}.
693	他又当爸又当妈。	man^{1} jau^{6} ɕən^{1} pu^{4} jau^{6} ɕən^{1} ni^{4}.
694	你越骂他，他越不听你的。	ȵə^{2} san^{4} ʔmui^{6} man^{1}, man^{1} san^{4} me^{2} ʔdi^{3} ȵə^{2}.
695	吸鸦片越吸越上瘾。	tsjə^{1} ʔjen^{1} ja:ŋ^{4} jen^{3} vje^{2} ɕut^{7} vje^{2} hai^{3} ɕut^{7}.
696	你越吃咸辣，就越口干。	ȵə^{2} san^{4} tsjə^{1} ljen^{5} tsjə^{1} ʔnaŋ^{5}, qo^{3} san^{4} siu^{5} pa:k^{8}.
697	我早上起来的时候，天上还有星星。	ȶhjet^{7} ʔai^{2} tsən^{2} ham^{1} taŋ^{1}, ʔbən^{1} ʔnaŋ^{1} ndo^{3} zət^{7} ʔai^{5}.
698	我在地里干活的时候，你在家里睡觉。	ʔdja:k^{7} ʔai^{2} pa:i^{1} ta^{5} ta^{3} fe^{4} qoŋ^{1}, ȵə^{2} si^{3} ȵa:u^{6} ɣa:n^{2} nun^{2} ŋ̊a:k^{7}.
699	你想吃什么就买什么。	ȵə^{2} hai^{3} tsjə^{1} ni^{6} ma:ŋ^{2} qo^{3} ndjai^{3} ni^{6} ma:ŋ^{2}.
700	我们走到哪里，就在哪里下旅馆。	nda:u^{1} pa:i^{1} thau^{5} ndjoŋ^{3} ŋ̊u^{1}, tsiu^{1} pa:i^{1} thau^{5} ndjoŋ^{3} za^{5} ɣa:n^{2} tjet^{8} nun^{2}.
701	明天下雨就不走了。	van^{3} ʔmu^{3} ʔȵit^{7} fən^{1} qo^{3} me^{2} pa:i^{1} ha^{1}.
702	昨天下大雨，所以我没有去。	van^{1} ʔȵu^{1} ʔjik^{7} fən^{1} la:u^{4}, za^{5} ʔai^{2} me^{2} pa:i^{1} ha^{1}.
703	因为家里有事，所以我不去了。	ʔdi^{5} ɣa:n^{2} ʔnaŋ^{1} ȶən^{1} ʔai^{2}, me^{2} pa:i^{1} ha^{1} ljeu^{2}.
704	昨晚喝了冷酒，所以肚子有点不舒服。	ʔȵam^{5} ʔȵu^{1} ɣum^{4} ha:u^{3} ŋ̊a:n^{5}, za^{5} loŋ^{1} naŋ^{6} me^{2} ŋ̊ai^{5} ʔda:a^{1} ȵa:u^{6}.

续表

序号	例句	国际音标
705	我们寨有汉族、布依族和水族，所以个个会讲汉语、布依语和水语。	ʔba:n^{3} ndjeu^{1} ʔnaŋ^{1} ka^{4}, ʔja:i^{3}, sui^{3}, za^{5} ljeu^{4} jən^{2} ʔai^{3} ɣo^{4} fan^{2} ka^{4}, fan^{2} ʔja:i^{3}, fan^{2} sui^{3} ljeu^{4}.
706	既然你的病好了，就可以出院了。	tsa^{5} ȶit^{7} ȵə^{2} ʔda:i^{1} ljeu^{4}, qo^{3}tshu^{1} vjen^{1} pa:i^{1} ʔnuk^{7}.
707	去街上的路修好了，明天我们可以上街了。	qhun^{1} pa:i^{1} qa:i^{1} li^{4} ʔda:i^{1} ljeu^{4}, ʔmu^{3} nda:u^{1} qo^{3} pa:i^{1} qa:i^{1} ʔdai^{3} ljeu^{4}.
708	既然来了，就多住几天再走。	za^{5} taŋ^{1} ljeu^{4}, qo^{3} ȵa:u^{6} ti^{3} van^{1} i^{6} fon^{1} pa:i^{1}.
709	为了病早点好起来，你要好好吃药。	ʔa:u^{1} lam^{1} ȶit^{7} na:i^{6} ʔda:i^{1} hoi^{5}, ȵə^{2} qo^{3} ʔa:u^{1} niŋ^{5} tsjə^{1} ha^{2}.
710	为了多收点粮食，现在要多多积肥。	sjeŋ^{6} ʔa:u^{1} ʔau^{4} kuŋ^{2}, na:i^{6} nda:u^{1} qo^{3} ʔa:u^{1} ȵap^{8} tjum^{1} ma:u^{2}.
711	你们不要在这里说话，好让他早点休息。	sa:u^{1} me^{2} ȵa:u^{6} na:i^{6} tu^{3} fan^{2} ha^{1}, huŋ^{5} man^{1} ja:p^{7} ʔda:i^{1} nun^{2} n̥a:k^{7}.
712	你告诉我们放在哪里，免得我们一间一间地找。	ȵə^{2} fan^{2} ha:i^{1} ndjeu^{1} huŋ^{5} ndjoŋ^{3} n̥u^{1}, me^{2} ndjeu^{1} joŋ^{6} ti^{3} loŋ^{5} ti^{3} loŋ^{5} ti^{3} tha:u^{3}.
713	他个子小，但力气很大。	m̥a^{1} ʔai^{3} zən^{1} tswa:ŋ^{3} ti^{3}, ljek^{8} naŋ^{6} la:u^{4}.
714	这种桃子不红，可是很甜。	pən^{3} faŋ^{1} na:i^{6} me^{2} ha:n^{3}, za^{5} pu^{3} naŋ^{6} fa:n^{1}.
715	小的可以吃，只是有点酸。	ti^{3} tsjə^{1} pu^{3} ʔdai^{3}, za^{5} hum^{3} ʔdət^{7} ti^{3}.
716	我会骑马，但是现在不想骑。	ʔai^{2} ŋo^{4} tsi^{6} ma^{4}, na:i^{6} ʔai^{2} me^{2} hai^{3} tsi^{6}.
717	有车坐我就去，走路我就不去。	ʔnaŋ^{1} tshə^{3} ʔai^{2} qo^{3} pa:i^{1}, sa:m^{3} qhun^{1} ʔai^{2} me^{2} pa:i^{1} ha^{1}.
718	你去，我才去。	ȵə^{2} pa:i^{1}, ʔai^{2} si^{3} pa:i^{1}.
719	酒喝多了，就头痛。	ɣum^{4} ha:u^{3} kuŋ^{2}, qo^{3} ȶit^{7} ku^{3}.
720	他怎么说，你就怎么做。	man^{1} fan^{2} ʅ^{6} n̥u^{1}, ȵə^{2} fe^{4} ʅ^{6} za^{5}.
721	支书一到，咱们就开会。	tsʅ^{3} su^{3} ta:n^{1} thau^{5}, nda:u^{1} qo^{3} kha:i^{3} fwai^{1} lja:k^{7}.
722	你来早一点，就见到他了。	ȵə^{2} jau^{4} taŋ^{1} ham^{1} ti^{3}, qo^{3} ndo^{3} man^{1} ljək^{7}.
723	如果你问我一下，就不会上他的当了。	tsoŋ^{1} si^{6} ȵə^{2} sa:i^{3} ʔai^{2}, ȵə^{2} qo^{3} me^{2} su^{1} man^{1} ha^{1} ljeu^{4}.
724	你不相信的话，就自己去看吧。	ȵə^{2} me^{2} sja:ŋ^{3} sin^{1}, ȵə^{2} qo^{3} qa:k^{7} pa:i^{1} tsjeu^{5} za^{5} ha^{1}.
725	如果我是你的话，就不会轻易放了那个小偷。	tsoŋ^{1} si^{6} ʔai^{2} ɕən^{1} ȵə^{2}, ʔai^{2} ko^{3} me^{2} foŋ^{1} huŋ^{5} la:k^{8} lja:k^{7} za:k^{7}.

续表

序号	例句	国际音标
726	李麻子坏透了，连老父老母都敢打。	li^{6} ma^{4} tsi^{6} ton^{4} loŋ^{2} ȵ̥au^{5}, ljen^{4} pu^{4} ni^{4} man^{1} tu^{3} su^{4} kui^{5}.
727	今年干旱得很，连山上的溪流都干了。	mbe^{2} na:i^{6} ton^{4} liŋ^{3} ha^{1}, ljeu^{4} kui^{3} qhop^{7} nu^{2} na:i^{6} pu^{3} siu^{5} sja:ŋ^{1}.
728	他走山路也东看西看，结果掉到坑里了。	man^{1} sa:u^{3} qhun^{1} ti^{3} pu^{3} ȵ̥jo^{5} ʔui^{5} ȵ̥jo^{5} na:i^{6}, za^{5} si^{3} tok^{7} pa:i^{1} khuŋ^{1} za:k^{7}.
729	我出门忘了带钥匙，结果回来开不了门。	ʔai^{2} pa:i^{1} ʔnuk^{7} qa^{3} la:m^{2} mai^{4} fuŋ^{3}, taŋ^{2} lən^{2} ni^{6} ŋ̊ai^{1} to^{1} me^{2} ʔdai^{3} ha^{1}.
730	你虽然会说水语，但不会写水文。	ȵə^{2} sui^{3} za:n^{4} ɣo^{4} fan^{1} sui^{3}, ta:n^{1} ȵə^{2} me^{2} ɣo^{4} va^{5} le^{1} sui^{3}.
731	不管有多远，我都愿意去。	tsui^{2} ʔnaŋ^{1} ʔdət^{7} ŋ̊u^{1} ʔdi^{1}, ʔai^{2} pu^{3} ȵon^{6} pa:i^{1}.
732	就是砸锅卖铁，也要供孩子读书。	tsiu^{1} sɿ^{1} tjap^{8} tsjeŋ^{6} pa:i^{1} pe^{1}, pu^{3} ʔa:u^{1} tai^{2} la:k^{8} ti^{3} pa:i^{1} qa^{1} le^{1}.
733	就算你挑得起，扁担也会断掉。	tsiu^{1} fon^{5} ȵə^{2} ljek^{8} ta:p^{7} ʔdai^{3}, mai^{4} ʁa:n^{1} pu^{3} ʔa:u^{1} tja:k^{7}.
734	这个门怎么关也关不上。	lam^{1} to^{1} na:i^{6} ŋap^{8} he^{4} nu^{1} pu^{3} me^{2} ʔdai^{3}.
735	不管下不下雨怎么也要走。	tsui^{2} fən^{1} liŋ^{3} he^{4} nu^{1} pu^{3} ʔa:u^{1} pa:i^{1}.
736	你好！	ən^{6} ȵə^{2} ʔda:i^{1}!
737	吃饭了没有？	tsjə^{1} ʔau^{4} mi^{4}?
738	早上好！	ʔɿ^{2} tshət^{7} ha:m^{1} kho^{6} ji^{6}!
739	你起得好早啊！	ȵə^{2} ton^{4} tsən^{2} ha:m^{1} ljeu^{2}!
740	进屋里坐坐。	ta:ŋ^{1} ɣa:n^{2} hui^{6}.
741	喝杯茶吧。	ɣum^{4} tsuŋ^{1} tsje^{1} mba^{2}.
742	好久没有看见你了。	tjaŋ^{1} ljo^{3} me^{2} ndo^{3} ȵə^{2} ha^{1} ljeu^{2}.
743	近来过得怎么样？	ʈi^{3} mbe^{1} na:i^{6} sən^{3} ho^{2} ȵə^{2} ŋ̊ai^{5} he^{4} nu^{1} a^{3}?
744	这段日子你在干什么呢？	ʔboŋ^{5} na:i^{6} ȵə^{2} fe^{4} ni^{6} ma:ŋ^{2} ɣo^{1}?
745	到哪里发财去了？	ȵə^{2} pa:i^{1} ndjoŋ^{3} nu^{1} fe^{4} m̥a^{3} ɕen^{1} ɣo^{1}?
746	家里人还好吧？	ɣa:n^{2} tsap^{8} ʔai^{3} han^{5} kə^{2} ma^{2}?
747	老样子，和以前一样。	ɕeŋ^{5} ʈhen^{5}, ɕeŋ^{5} ʔjət^{7} ʔdə^{1} han^{1}.
748	你看起来比以前气色好啊。	na:i^{6} ndo^{3} ȵə^{2} han^{5} to^{1} tsa:u^{4} za^{6} i^{6}.
749	马马虎虎。	tu^{3} ʔda:u^{3} za:k^{7} ho^{1}.

续表

序号	例句	国际音标
750	挺好的。	ʔda:i1 ɣo1.
751	你越长越漂亮了。	ȵə2 san4 la:u4 san4 ʔda:i1 ɣa:k8 ljeu4.
752	真的吗？这话我爱听。	ȶhu5 me6? lam1 huŋ1 na:i6 ʔai2 naŋ6 hai3 ʔdi3.
753	老王在不在家里？	lau6 va:ŋ4 ȵa:u6 ɣa:n2 me2 ɣo1?
754	我就是。	ʔai2 tjeŋ3 ha1 ɣo1.
755	您找哪个？	ȵə2 tha:u3 ʔai3 nu1 ɣo1?
756	我找老李有点事。	ʔai2 tha:u3 lau6 li6 ʔnaŋ1 ʔdət7 ti3 ȶən1.
757	你等一下，我去喊他。	ȵə2 ka3 ljeu3, ʔai2 pa:i1 ju5 man1.
758	我带你去他家吧。	ʔai2 tai2 ȵə2 pa:i1 ɣa:n1 man1 ndjai2.
759	你叫什么名字？	ȵə2 nda:n1 ni6 ma:ŋ2 le2?
760	我叫王明。	ʔai2 ʔda:n1 va:ŋ4 min4.
761	你姓什么？我姓排。	ȵə2 sin1 ni6 ma:ŋ2 ɣo1? ʔai2 sin1 phai4 a1.
762	您这个姓我以前没有听过。	pən3 sin1 ȵə2 na:i6 ʔjət7 ʔai2 pən3 mi4 ŋ̥ai5.
763	姓我们这个姓的人很少。	pən3 sin1 ndjeu1 na:i6 zən1 sjeu3.
764	我来介绍一下，这是刘主任。	ʔai2 fan2 taŋ1 na:i6 tjeŋ3 liu4 tsu6 zən1.
765	这是村组长，他以前当过兵。	ta:k8 na:i6 tjeŋ3 tshən3 tsu6 tsa:ŋ6 haŋ2 ʔjət7 man1 ta:ŋ3 pin3 ljeu2.
766	我好像在哪里见过你。	ʔai2 ɕən1 ɕeŋ5 ȵa:u6 ndjoŋ3 nu1 ndo3 ȵə2 ljeu2.
767	你好像有点面熟。	ȵə2 ɕən5 ndjoŋ3 nu1 nda:u1 tjet8 ljeu2 ɣo1.
768	不要在外面站着，进来喝杯茶吧。	me2 ʔjon1 ȵa:u6 ʔboŋ5 ʔnuk7 ha1, ta:ŋ1 ʁa:u3 ɣum4 tsuŋ1 tsje2.
769	时候不早了，我得回去了。	me2 ham1 ȶi3 kuŋ2 ha1 ljeu4, ʔai2 ʔda3 pa:i1 lən2 ljeu2.
770	不着急，再坐一会儿聊聊天嘛。	me2 san4, hui6 taŋ1 nda:u1 pai6 pai6 ʔai5.
771	有空来我家坐坐。	pin1 taŋ1 ɣa:n2 ʔai2 fjen3 ndi2.
772	不坐了，家里还有事。	me2 hui6 ha1, ɣa:n2 ʔnaŋ1 sai6 kuŋ2.
773	你有事，我就不留你了。	ȵə2 ʔnaŋ1 qoŋ1, ʔai2 me2 jap8 ȵə2 ȵa:u6 ha1 ljeu4.
774	有空我会来看你的。	pin1 ʔai2 taŋ1 tsjeu5 ȵə2.
775	有空再来啊。	pin1 taŋ1 ʔai5 ndi2.
776	慢走啊！	fuan1 pa:i1 ndei2!
777	再见。	phja3 lən2 nda:u1 tjet8 i6.

续表

序号	例句	国际音标
778	就那样。	za^5 $lə^0$ ma^2.
779	现在是几月份？	$na\!:\!i^6$ $njen^2$ ni^6 $ma\!:\!ŋ^2$ $ɣə^2$ ni^6?
780	今天是几月几号？	van^1 $na\!:\!i^6$ $sɿ^1$ $njen^1$ ni^6 $ma\!:\!ŋ^1$ van^1 ni^6 $ma\!:\!ŋ^2$?
781	今天是 3 月 17 日，星期二。	van^1 $na\!:\!i^1$ $sək^8$ $ɕət^7$ van^1 $njen^2$ $ha\!:\!m^1$, sin^3 $ȶhi^3$ $ə^1$.
782	阴历是初几？	jin^3 li^2 so^1 $ȶi^3$ $ljeu^2$ ni^6?
783	今天阴历十六了。	van^1 $na\!:\!i^6$ $sək^8$ $ljok^8$ van^1 $njen^2$ jin^3 li^2.
784	今年是不是闰年？	mbe^1 $na\!:\!i^6$ $tjeŋ^3$ mbe^1 $la\!:\!u^4$ $ɣə^3$ me^2 ni^6?
785	今年闰四月。	mbe^1 $na\!:\!i^6$ $ɣa^2$ $njen^2$ $pa\!:\!t^7$.
786	明天就是立春了。	van^1 $ʔmu^3$ li^2 $tshun^3$ $ljeu^4$.
787	现在几点了？	$ɕaŋ^3$ $na\!:\!i^6$ $ʔdja\!:\!k^7$ nu^1 $ljeu^1$?
788	快 11 点了。	hai^3 $sɿ^2$ ji^2 $tjen^6$ $ljeu^4$.
789	你的表准不准？	su^6 $pjeu^6$ $ȵə^2$ $ʔda\!:\!u^3$ me^2 $ɣo^2$?
790	我昨天跟广播对过的。	van^1 $ʔȵu^1$ $ʔai^2$ tui^1 $kwa\!:\!ŋ^6$ po^1 $ljeu^2$.
791	这只表好像慢了一点。	$pjeu^6$ $na\!:\!i^6$ $ɕən^1$ $mbjeŋ^5$ fon^1 $ʔdət^7$ ti^3.
792	不用看表，看太阳就知道是什么时候。	me^2 $joŋ^6$ $ʔniŋ^5$ $pjeu^6$, $ʔniŋ^5$ $ʔbən^1$ qo^3 $ɕau^3$ $ʔdja\!:\!k^7$ nu^1 $ljeu^2$.
793	下午几点天黑？	$ɕa^1$ u^3 $ʔdja\!:\!k^7$ nu^1 $ndjəŋ^5$ $ɣə^2$ ndi^2?
794	我们这里要 8 点才天黑。	$ndjoŋ^3$ $ndjeu^1$ $na\!:\!i^6$ pa^2 $tjen^3$ $ʔbən^1$ si^3 $ndjəŋ^5$ wa^2.
795	晚上 6 点，村里开大会。	$ʔȵam^5$ lu^2 $tjen^3$, $ʔba\!:\!n^3$ $khai^3$ fui^1.
796	你在这里等我一会。	$ȵə^2$ $ȵa\!:\!u^6$ $ndjoŋ^3$ $na\!:\!i^6$ ka^3 $ʔai^2$ $ljeu^3$.
797	现在去你家会不会太晚？	$ʔdja\!:\!k^7$ $na\!:\!i^6$ $pa\!:\!i^1$ $ɣa\!:\!n^2$ $ȵə^2$ ho^1 fe^2 $ljek^7$ $ɣə^6$ ndi^2?
798	不晚，才 9 点，早着呢。	me^2 fe^1, $ȶiu^6$ $tjen^6$ $tsuŋ^3$ ha^1, ham^1 $ʔai^5$.
799	到你那里还要多久？	$pa\!:\!i^1$ $thau^5$ $ndjoŋ^3$ $ȵə^2$ za^5 $ʔa\!:\!u^1$ $ȶi^3$ $kuŋ^2$ $tja\!:\!ŋ^1$ $ʔai^5$?
800	再走一会儿就到了。	$sa\!:\!m^3$ ti^3 $ɕaŋ^3$ i^6 qo^3 $thau^5$ $ljeu^4$.

参考文献

[1] 《三都水族自治县概况》编写组．三都水族自治县概况 [M]．贵阳：贵州人民出版社，1986.

[2] 三都水族自治县概况资料汇编编写组．三都水族自治县概况资料汇编 [M]．内部资料，1984.

[3] 《水族简史》编写组．水族简史 [M]．贵阳：贵州民族出版社，1985.

[4] 陈稠彪．走进神秘三都 [M]．贵阳：贵州人民出版社，2005.

[5] 陈国安．水族 [M]．北京：民族出版社，1993.

[6] 陈思．水书揭秘 [M]．北京：光明日报出版社，2010.

[7] 程瑜．三都水族：贵州三都水族自治县塘党水乡调查与研究 [M]．北京：知识产权出版社，2008.

[8] 党秀云、周晓丽．水族水各村调查 [M]．北京：中国经济出版社，2010.

[9] 范禹等．水族文学史 [M]．贵阳：贵州人民出版社，1987.

[10] 冯举高．弯路直走 潘一志传奇人生实录[M]．贵阳：贵州人民出版社，2006.

[11] 冯英．水语复音词研究 [M]．北京：中华书局，2008.

[12] 富源县民宗局．富源水族民歌 [M]．昆明：云南民族出版社，2004.

[13] 杨庭硕．三都水族人家（水族）[M]．昆明：云南人民出版社，云南大学出版社，2003.

[14] 广西壮族自治区编辑组和《中国少数民族社会历史调查资料丛刊》修订编辑

委员会. 广西彝族仡佬族水族社会历史调查 [M]. 北京：民族出版社，2009.
[15] 贵州民族学院，贵州水书文化研究院. 水族学者潘一志文集 [M]. 成都：巴蜀书社，2009.
[16] 贵州省档案馆，贵州省史学会. 揭秘水书：水书先生访谈录（上下册）[M]. 贵阳：贵州民族出版社，2010.
[17] 荔波县政府. 泐金、荔波县精品水书译著馆藏丛书 . 祭日卷 [M]. 贵阳：贵州人民出版社，2007.
[18] 贵州省民族古籍整理办公室，贵州省黔南南布依族苗族自治州民族宗教事务局，贵州省三都水族自治县人民政府. 水书 丧葬卷 [M]. 王品魁，潘朝霖，译注. 贵阳：贵州民族出版社，2005.
[19] 贵州省民族事务委员会，中国民间文艺研究会贵州分会. 民间文学资料第46集（水族双歌单歌集）[M]. 内部刊印，1981.
[20] 李平凡，颜勇. 贵州"六山六水"民族调查资料选编 水族卷 [M]. 贵阳：贵州民族出版社，2008.
[21] 贵州省民族事务委员会少数民族古籍整理办公室等. 水书正七卷，壬辰卷 [M]. 王品魁，译注. 贵阳：贵州民族出版社，1994.
[22] 贵州省水家学会. 中华水族儿女名录 [M]. 内部刊印，1999.
[23] 何积全. 水族民俗探幽 [M]. 成都：四川民族出版社，1992.
[24] 黄桂秋. 水族故事研究 [M]. 南宁：广西人民出版社，1999.
[25] 李方桂，丁邦新. 莫话记略 水话研究 [M]. 北京：清华大学出版社，2005.
[26] 李方桂. 水话词汇 [M]. 北京：清华大学出版社，2008.
[27] 李平凡，颜勇. 贵州世居民族迁徙史 [M]. 贵阳：贵州人民出版社，2011.
[28] 何羡坤. 荔波水族 [M]. 中国文史出版社，2009.
[29] 李德洙，梁庭望. 中国民族百科全书 11 布依族、侗族、水族、仡佬族卷 [M]. 西安：世界图书出版西安有限公司，2015.
[30] 刘世彬. 中国水族文化散论 [M]. 贵阳：贵州人民出版社，2005.
[31] 刘之侠，潘朝霖. 水族双歌 [M]. 贵阳：贵州人民出版社，1997.
[32] 刘之侠，石国义. 水族文化研究 [M]. 贵阳：贵州人民出版社，1999.

[33] 蒙爱军．水族经济行为的文化解释 [M]．北京：人民出版社，2010.
[34] 蒙光仁．中国双语水族村寨资料集第 1 辑 [M]．内部刊印，2010.
[35] 潘朝霖等．中国水书 [M]．成都：巴蜀书社，2007 年．
[36] 潘朝霖，唐建荣．水书文化研究 [M]．贵阳：贵州民族出版社，2009.
[37] 潘朝霖，韦宗林．中国水族文化研究 [M]．贵阳：贵州人民出版社，2004.
[38] 潘瑶．三都水族自治县非物质文化遗产名录图典 [M]．贵阳：贵州人民出版社，2013.
[39] 贵州省水家学会．水家学研究（1）[M]．贵阳：贵州民族出版社，1993.
[40] 黔南布依族苗族自治州人民政府．水书婚嫁卷 [M]．梁光华，蒙景村，蒙耀远，蒙君昌，译注．贵阳：贵州民族出版社，2010.
[41] 黔南布依族苗族自治州人民政府．水书秘籍卷 [M]．陆春，译注．贵阳：贵州民族出版社，2011.
[42] 黔南州水书抢救工作领导小组．水书 正五卷 [M]．贵阳：贵州民族出版社，2010.
[43] 黔南布依族苗族自治州人民政府．水书麒麟正七卷 [M]．贵阳：贵州民族出版社，2010.
[44] 黔南文学艺术研究室，三都水族自治县文史研究组．石马宝 庆祝三都水族自治县成立二十五周年 [M]．内部刊印，1981.
[45] 黔南文学艺术研究室．水族情歌选 [M]．贵阳：贵州人民出版社，1986.
[46] 三都水族自治县民族文史研究组．水族源流考 [M]．内部刊印，1985.
[47] 潘一志．水族社会历史资料稿 [M]．内部资料，1982.
[48] 龚正栋，韦锦诗．三都年鉴 2007[M]．北京：中国文史出版社，2009.
[49] 三都水族自治县志编纂委员会．三都水族自治县志 [M]．贵阳：贵州人民出版社，1992.
[50] 石国义．水族村落家族文化 [M]．贵阳：贵州民族出版社，2007.
[51] 司有奇，陆龙辉．中国水族医药宝典 全彩集 [M]．贵阳：贵州民族出版社，2007.
[52] 贵州省荔波县地方志编纂委员会．荔波县志 [M]．北京：方志出版社，1997.

[53] 王厚安．水族医药 [M]．贵阳：贵州民族出版社，1997.

[54] 王学文．规束与共享：一个水族村寨的生活文化考察 [M]．北京：民族出版社，2010.

[55] 韦绍凯．贵州三都水族自治县概况 [M]．北京：民族出版社，2007.

[56] 韦世方．水书常用字典 [M]．贵阳：贵州民族出版社，2007.

[57] 韦学纯．水语描写研究 [J]．上海：上海师范大学博士论文，2011.

[58] 韦学纯．中国水族 [M]．银川：宁夏人民出版社，2012.

[59] 韦学纯．水族 [M]．沈阳：辽宁民族出版社，2014.

[60] 韦章炳．水书与水族历史研究 [M]．北京：中国戏剧出版社，2009.

[61] 韦章炳．中国水书探析 [M]．北京：中国文史出版社，2007.

[62] 徐非．水族 [M]．长春：吉林出版集团有限责任公司，2010.

[63] 中共三都自治县党委史研究室．中共三都水族自治县历史第 1 卷（1949—1978）[M]．北京：中共党史出版社，2006.

[64] 玉时阶等．现代化进程中的岭南水族：广西南丹县六寨龙马水族调查研究 [M]．北京：民族出版社，2008.

[65] 曾晓渝，姚福祥．汉水词典 [M]．成都：四川民族出版社，1996.

[66] 曾晓渝．汉语水语关系词研究 [M]．重庆：重庆出版社，1994.

[67] 张巨成．云南民族村寨调查 水族 富源古敢乡都章村 [M]．昆明：云南大学出版社，2001.

[68] 张均如．水语简志 [M]．北京：民族出版社，1980.

[69] 张振江，姚福祥．水书与水族社会：以《陆道根原》为中心的研究 [M]．广州：中山大学出版社，2009.

[70] 张振江．荔波水尧水族：贵州荔波水尧乡调查与研究 [M]．北京：知识产权出版社，2008.

[71] 张振江．荔波永康水族：贵州荔波永康乡调查与研究 [M]．北京：知识产权出版社，2008.

[72] 张振江．三都三洞水族：贵州三都三洞乡调查与研究 [M]．北京：知识产权出版社，2012.

[73] 张振江. 双星水族：贵州独山双星水族调查与研究 [M]. 北京：知识产权出版社，2012.

[74] 张人卓. 贵州少数民族音乐文化集粹 仡佬族篇、水族篇：山奇水秀 [M]. 贵阳：贵州人民出版社，2009.

[75] 中国曲艺志贵州卷编辑部，中国曲艺音乐集成贵州卷编辑部，黔南布依族苗族自治州文艺集成办公室等. 水族曲艺旭早研究 [M]. 贵阳：贵州人民出版社，1989.

[76] 中国水书编委会. 水书 全真彩色影印本（5 卷本）[M]. 贵阳：贵州民族出版社，2006.

[77] 周崇启，韦族安，石国义. 水族教育史 [M]. 贵阳：贵州教育出版社，2009.

[78] 周隆渊. 明珠撒遍月亮山 水族的故事 [M]. 贵阳：贵州人民出版社，1988.

[79] 祖岱年，周隆渊. 水族民间故事选 [M]. 上海：上海文艺出版社，1988.

[80] 岱年，世杰. 水族民间故事 [M]. 贵阳：贵州人民出版社，1984.

[81] 钟敬文. 民俗学概论 [M]. 上海：上海文艺出版社，1998.

后　记

1984年，我考入中央民族学院（现中央民族大学），学的专业是数学本科。由于对水族文化和语言学感兴趣，我分别在中央民族学院民语系和中文系学习了语言学、现代汉语和古代汉语等相关课程。希望自己在大学毕业后利用业余时间从事有关水族语言文化方面的研究。选修语言学的相关课程，不仅使我学到了数学以外的其他知识，也使我的眼界更为开阔。临近毕业时，我毫不犹豫地选择报考了中文系但国干教授的研究生，专业是语言学，研究方向是词汇教学与研究。研究生毕业时，凭着数学本科和语言学硕士的学历，我走进了中国电子信息产业发展研究院，从事汉字输入系统和英汉汉英机器翻译系统的研发工作，由于数学知识和语言学知识都能够用得上，我一干就是十五年。2006年，我有幸被调到中国社会科学院民族学与人类学研究所语言研究室任职。

为了及时“充电”、补充必要的知识，2008年，我又到上海师范大学进行了系统的专业知识学习，师从潘悟云教授和江荻教授，专业是中国民族语言文学，博士学位论文是《水语描写研究》，本书参照了学位论文的部分内容。当我被调到中国社会科学院民族学与人类学研究所工作后，水语以及水族文化成了我的研究对象。我也写了一些有关水族文化的普及性读物，如《中国水族》《水族》等，为本书的完成储备了相关知识。

在本书交稿之际，我需要表示我的敬意。中央民族大学在读博士石丽菊为本书的完成付出了很大的精力，特别是对第四章的词汇部分和附录部分的注录进行了整理，本人表示由衷感谢。首先需要感谢的是我的两位导师潘悟云教授和江荻教授，导师的关心是我终生不能忘记的。其次我需要感谢的是单位领导的关怀和关心以及同事们的支持。最后也十分感谢贵州大学出版社领导和编辑王印娟、高雪蓉和潘莎路付出的辛勤劳动，衷心地感谢你们。

希望这本书的出版能为水语及水族文化发展尽一份力量。由于水平有限，书中的错误在所难免，敬请广大读者批评指正。

韦学纯

2021 年 9 月 30 日